INNOVATION IN
PERFORMANCE
EVALUATION SYSTEM

绩效考评
变革研究

杜 旌 著

社会科学文献出版社
SOCIAL SCIENCES ACADEMIC PRESS (CHINA)

国家 "985" 三期 (2010～2013 年) 创新研究平台建设项目

"中国经济发展与国际竞争力创新基地"

国家 "211 工程" 三期 (2010～2013 年) 重点学科建设项目

"开放经济条件下中国金融发展与产业升级研究"

国家自然科学基金项目 (项目编号：71172202)

教育部人文社会科学研究项目 (项目编号：09YJC630173)

摘　要

　　改革开放三十多年以来，我国企业人力资源管理发生了翻天覆地的变化，而绩效考评变革又是这些变化的核心。为了更深入理解绩效考评，本书运用多种研究方法来探索我国企业已经或正在进行的绩效考评变革。全书共分为上下两篇，上篇通过实证研究方法探究绩效考评变革时，采用不同绩效考评方法对知识员工中工程设计人员的影响。研究在全国 10 个城市的 30 家工程设计单位获取实证数据。一系列数据分析揭示了员工对不同绩效考评方法的情感和行为反应，以及员工的个体、工作和企业状况对这些反应的影响。基于这些分析，本书对企业采取何种绩效考评方法给出了建议。

　　本书下篇对如何有效推进绩效考评变革进行了探索，具体是：高绩效人力资源管理系统对员工参与变革的促进作用、多层领导行为对员工变革行为的动态影响机制、创新与团队在变革中的地位和角色。在具体探讨时，我们首先介绍了相关概念和当前研究现状，而后提出了相应的理论模型，最后对未来如何开展实证研究或如何在企业中应用提出了建议。在下篇中，我们还将绩效考评变革泛化为一般组织变革，从而使理论探讨有更广泛的适用性。本书适合从事人力资源管理工作和研究的人士使用，也适合于从事组织变革研究和实践的人士参考。

Abstract

Since the implementation of economic reforms in China, the practice of human resource management has changed greatly in Chinese enterprises. Among these innovation in performance evaluation is the main change. To enhance our understanding of innovation in performance evaluation, this monograph explores its process and effect in China. This monograph has two parts. The first part empirically examines the effect of performance evaluntion on employees, by collecting data from 30 construction design companies located in 10 cities in China. A series of data analysis demonstrates affective and behavioral responses to performance evaluntion, and moderating effects of demographic factors, positions and company characteristics, and performance evaluntion process.

The second part explores several issues that occur during the implementation of innovations to performance evaluntion, including the positive effect of high performance HRM system, the dynamic effect of multilevel leadership, and the role of creativity and team in innovation. For each issue, we review previous research, build theoretical framework, and provide the avenue for empirical research to researchers and advice to practitioners. In these discussions, we focus on general organizational innovations instead of just innovations in performance evaluntion, to extend the applicability of the research. This monograph provides useful guidelines for further research and beneficial insights for managers at the workplace.

目　录

1

下篇　绩效考评变革执行研究

第一章

概　述

第一节　选题背景

一　中国人力资源管理实践

中国自 1978 年改革开放以来，人力资源管理也发生了巨大的变化。在改革开放前，劳动管理给企业提供了一些基本的人事管理，例如工资单、技能培训等。而真正意义上的人力资源管理的引进还是得益于第一轮外国企业的进入。改革开放后，中国政府一直强调以劳动人事、社会保险和工资制度三方面为代表的人力资源改革（Warner，1996）。随着中国经济社会的发展，人力资源管理越来越为企业和社会所接受和重视。由于行业类型、地域经济发展程度以及企业所有制（如国有、合资、外资等）的不同，人力资源管理的发展也呈现出多样化和差异性，但所有制的不同会对企业人力资源管理实践有更为显著的影响。表1－1是在 Zhu、Warner 和 Rowley（2007），Yu 和 Egri（2005）研究的基础上，对中国改革开放前后不同所有制企业人力资源管理实践作出的总结。

表 1－1　中国人力资源管理实践总结

人力资源管理实践	改革开放前	改革开放至今		
		外资企业	国有企业	民营企业
人力资源策略	集权式	承诺式	集权式	顺从式
招聘				

1

续表

人力资源 管理实践	改革开放前	改革开放至今		
		外资企业	国有企业	民营企业
自由的市场选择	不可以	高	中等	高
雇佣合同	终身雇佣制	是	是，但是鲜有 开除	是
新员工培训	无	中等	低	低
培训和开发				
硬技能培训	高	高	中等	低
软技能培训	无	高	中等	低
晋升机制导向	绩效导向与关 系导向并存	绩效导向	绩效导向与关 系导向并存	绩效导向
绩效管理				
考核导向	无明显导向	效率与效果	效率与效果	效率与效果
考核范围	出勤率	任务完成结果 额外角色绩效	任务完成结果	任务完成结果
考核结果	无	晋升与奖金	奖金	额外奖金
主要的激励 措施	晋升与非物质 激励	晋升、工资提 升、奖金	晋升、奖金、避 免惩罚	晋升、奖金、避免 惩罚
薪酬体系				
收入差异	非常低	高	低	中等
工资组成	固定工资	固定基本工资和 个人绩效工资	固定基本工资、 利润分享、个人 绩效、职级奖金	固定基本工资、 利润分享、个人 绩效、职级奖金
绩效工资比例	无	低	高	低
福利	无	高	高	低
工作安全性				
劳动力总量 年增长	零	中等	基本为零	低
员工离职率	零	高	低	高
辞退不合格员工	不可以	可以	可以（不经常）	可以
专业人力资源管理				
HRM 教育或 培训	无	高	中等或低	中等或低

外资企业在中国至今已有几十年的发展史，其较高的薪酬水平、完善的福利、简单的人际关系以及更好的职业发展前景，使之成为众多中国大学生就业的首选。这些企业通常采取承诺式人力资源策略。当然也有许多外资企业，尤其是在劳动力密集型的行业中，企业所感兴趣的是中国相对低廉的劳动力成本，在这种企业中往往采取顺从式人力资源策略，降低劳动力成本是其在中国的主要竞争手段。

近年来，不断推进的国企改制对国有企业的组织结构、组织效率以及组织策略等都有很大的改变，但是不得不说大多数国企目前仍然保留了很多传统的国企文化，例如论资排辈、终身雇佣制等，这部分也是由国企所承担的社会角色和责任所决定的。不过值得注意的是，现在已经有一些知识密集型的国企开始注重引进市场机制、采用现代的人力资源管理来对企业进行管理。即使同为国企，不同地域、不同行业之间的差距也是十分明显的，相对来说，在经济较发达地区，现代的人力资源管理更多地被接受和应用。

民营企业近年来逐渐吸引了国人的眼球。由于社会和政府的限制较少，民企更易于根据它们的需求采用灵活的人力资源策略。它们对于高层管理者可以采用承诺式管理策略，从而保证它们的管理才能得以发挥；而对于基层员工采用顺从式管理策略，用以降低劳动力成本。家长式领导或是家族企业常常会有更高的关系导向性。有些民营企业也会采用组织承诺式管理来吸引和留住高水平人才。

以上仅是对中国改革开放前与改革开放后的人力资源管理实践规则和特征进行了对比总结。鉴于中国企业在所有制形式、规模、行业以及地域差异等方面的多样性，要了解和分析某一企业的人力资源管理的最佳方式，还是应该对该企业进行具有针对性的案例分析。

二 中国绩效考评

1. 绩效考评在中国的发展

绩效考评方法如同无形的指挥棒，引导着员工的行为，也影响着员工的心理感受。Robbins（1988）认为绩效考评是一种控制工具，它所提供的回馈，是管理者针对员工的行为，决定采取奖惩的依据。因此，绩效考评不仅评估员工的行为，而且是纠正员工行为的第一步。Byars 和 Rue（1994）认为，绩效考评是涉及对员工决定和表达如何执行其工作，以及如何建立改善计划的过程。如果能适当执行，则绩效考评不仅可以使员工了解绩效评估执行的情况，而且会影响员工未来的努力水平和任务指向。

中国自古以来就注重绩效考评。《春秋繁露·考功名》中记载："诸侯月试其国，州伯时试其部，四试而一考。天子岁试天下，三试而一考。"由此可见，中国古代的考勤制度自先秦开始，不仅历史悠久，而且体系完整、庞大。北宋著名学者苏洵曾说："夫有关必有课（指考课、考核），有课必有赏罚。"由此深刻揭示了绩效考评在中国的运用不仅仅是一种对官员政绩的评价，同时与奖惩制度已然建立起必然联系。

我国现代绩效考评是在 20 世纪 90 年代从美国引入的。现代企业中，很多管理者都希望能够通过绩效考评来确认员工的绩效水平，并通过对绩效考核的合理运用来激励员工，改善或提高员工绩效，最终达到提高企业绩效水平的目的。但是，在实际应用和操作过程中，不论是管理者还是员工，对绩效考评大多又爱又恨。不仅在中国，即使是被普遍评价为向西方学习中卓有成效的日本，企业对绩效考评的发展也是褒贬不一。日本索尼公司原董事天外伺郎曾在 2007 年撰文《绩效主义毁了索尼公司》，矛头直指绩效考评的实施给企业发展带来了诸多弊病。国内有学者认为，绩效考评在中国之所以应用得不尽如人意，可能的解释是中国企业在向西方学习时，并没有认识到西方企业管理过程中已有的量化管理体系，绩效考评是在此基础上的辅助管理。中国的管理者在引进西方绩效管理的同时，却忽略了作为基础管理手段的量化管理，因此，中国的绩效考核往往只能是隔靴搔痒，缘木求鱼。尽管存在诸多问题，但在中国的企业中绩效考评是需要的。

2. 我国知识员工兴起及其对绩效考评的挑战

知识员工是由美国管理大师彼得·德鲁克首先提出的，具体是指"那些掌握和运用符号和概念，利用知识或信息工作的人"。对我国知识员工的界定，可以从知识员工所应具备的特质、所从事的工作过程和工作结果特征三个方面进行。由此，可以首先通过员工的受教育程度对我国知识员工进行界定，而后再通过员工的工作过程和工作结果特征对知识员工的范围进行修正。目前，在我国受过高等教育的员工实质上都已具备了知识员工的特质，即受过普通高等教育或成人高等教育的专科教育（学制二至三年）、本科教育（学士学位）或研究生教育（包括硕士和博士学位）的员工，都可以认为其具备了知识员工的特质。这些具备知识员工特质的员工在工作后，还须通过其工作过程和工作结果来判断其是否从事了知识性工作，是否成为一个知识员工。判断标准是在工作过程中是否运用所学的知识和是否需要进一步学习新的知识，也可以是其工作结果的创新性、知识性等。更为详尽的对知识员工的解读将在稍后章节中具体介绍。随着经济的日趋快速发展，知识员工成为人力资源的主流已是大势所趋，目前，中国的知识员工群体已日渐壮大，并逐渐成为企业快速发展、获取持续竞争优势的主要因素与驱动力量。因此，关注绩效考评对知识员工的影响不仅是完善绩效管理理论体系的需要，更是未来管理实践的需要。

知识员工作为在很多企业中被公认为是"最难管理的人"，其原因主要表现在三个方面：

首先是劳动过程很难监控。知识员工的工作主要是思维性活动，依靠大脑而非肌肉，劳动过程往往是无形的，而且可能发生在每时每刻和任何场所。

其次是工作产出难以衡量。知识员工的工作产出常常是无形的、难以量化的，有时这些产出被认可还需要时间的检验，具有一定的滞后性。而在知识型企业中，知识员工的工作产出多是团队智慧和努力的结晶，这给衡量个人工作结果也带来了困难，因为难以进行分割（杜爽，2003）。

最后是知识员工的流动性难以控制。知识工作的内隐性使得知识员工的专业知识和技能具有易于携带、不易模仿、稀缺性和高价值性的特点，因此，他们更换工作和任务时的成本较小，易于更换工作，而他们的流失往往对企业的损失很大。

最难管理的知识员工恰恰是现代企业的核心竞争力，如何有效管理知识员工，提高他们的绩效水平和组织忠诚度，是关系到企业能否长期健康发展，能否在激烈的市场竞争中立于不败之地的核心。新经济浪潮已开始在全球引发，作为最强大的助力器——知识员工，人们对他们的关注已超越了对其他推动力的关心，管理好知识员工已成为公司竞争力的关键所在。Drucker 认为在今后 50 年内，提高知识员工的生产率将成为管理的重心，正如 100 年前（自泰勒以后），提高体力劳动者的生产率是当时管理的重心一样（Drucker，2000）。

第二节 问题提出和全书结构

一 选题原因

1. 在中国研究绩效考评变革的必要性

尽管西方有关绩效考评的研究已经很多，但在中国仍有必要展开相关的研究，其原因有两个方面：

第一，以 1978 年开始的经济体制改革为开端，我国政府一直在大力推行影响劳动人事、社会保险和工资制度三方面的人力资源改革（Warner，1996）。作为工资制度改革的重要组成部分，有越来越多的公共和私营机构引进了绩效薪酬。从 1978 年到 1993 年这 15 年间，计件工资和奖金占我国员工的总工资的比例从 3.1% 上升到 23.3%（Warner，1996）。Chiu、Luk 和 Tang（2002）称，我国城镇员工的绩效薪酬大约占薪酬总额的 40%。绩效薪酬与基于能力的工资（固定或基本工资）的集合已成为我国占主导地位的薪酬制度。但还没有研究检验这种绩效工资快速变化中员工的反应。我国巨大的市场潜力和快速增长的经济，各种管理制度的实施效果，其中包括绩效工资的实施效果，已经引起了国际商务学者和管理者的关注（Gong et al.，2005；Witt，2008）。

第二，中国传统的集体主义和儒家文化反映了亚洲地区许多其他新兴市场的文化价值观及其取向（Chua，Morris & Ingram，2009；Wei & Lau，2008）。这种文化对绩效工资的实施效果有着必然的影响。根据中国改革之前所使用的传统支付体系，不考虑员工的绩效水平，随着他们的任期增长，员工会得到越来越多的工资和福利（包括住房福利），同时工作安全会得到保障，这些都给工人提供了一个"铁饭碗"（lifelong guaranteed employment）。这种支付体系反映了强调"不患寡而患不均"（在资源分配方面）的中国传统儒家思想和集体主义文化，强调成员间的平等而非基于个体的功过价值（Hofstede，1993）。绩效考核与绩效薪酬的引入，打破了"铁饭碗"的思想和传统的补偿主义，并在薪酬和绩效之间建立了较强的联系（Rousseau，1995）。而这种变化及其所带来的一系列改变必将影响甚至打破员工的原有心理契约，在员工和组织之间构建一个新的双向责任关系，进而对员工的态度和行为有显著性的影响。考虑到中国在新兴市场中的重要地位以及绩效薪酬在中国的迅速变化，有必要探究在不同国家和文化背景下绩效薪酬能否影响员工的产出。

2. 知识员工绩效考评的重要性

在过去的几十年中，管理者、组织学家、经济学家、新闻媒体都认识到全球经济已经从工业时代进入信息时代（information age），在这个时代中，组织与个人都和知识与信息紧密地联系在一起。其中的一个关键角色就是"知识员工"（knowledge worker）（Micklethwait & Wooldridge，1996）。而如何吸引、激励与留住知识员工，以及提高他们的生产力，则成为企业创造与保持竞争优势的重要方法（Drucker，1999）。知识经济时代的到来，使得基于知识和知识员工的企业竞争优势受到了人们广泛的关注，人们将更多的目光投向知识员工的管理问题，开始关注如何进一步提高知识员工的绩效、如何对知识员工进行绩效考评以及如何减少知识员工流失等问题。

绩效考核以及在其基础上的绩效薪酬被认为是适应知识型员工管理的良好的人力资源实践。绩效考核通常也称为业绩考评或"考绩"，是针对企业中每个职工所承担的工作，应用各种科学的定性和定量的方法，对职工行为的实际效果及其对企业的贡献或价值进行考核和评价。它是企业人事管理的重要内容，更是企业应对知识员工进行管理强有力的手段之一。绩效考核的目的是通过考核提高每个个体的效率，最终实现企业的目标。

绩效薪酬（PFP，也被称为绩效工资（PRP）），是效率导向的薪酬制度，是西方人力资源实践的重要组成部分，因为它与员工的收入直接相关。与其他西方人力资源实践（如面试、培训、团队工作）相比，由于新兴市场中绩效薪酬的个人主义取向和集体主义价值观之间貌似合理的文化冲突，使绩效薪酬更容易受文化距离的影响（Chang & Hahn，2006；Hofstede，1993）。考虑到新兴市场中西方人力资源实践的引进以及新兴市场在全球经济中的重要性日益增加，全面理解在新兴市场中绩效薪酬如何被员工接受至关重要。

目前，只有少数研究从影响员工态度、行为的维度对绩效考核和绩效工资的角色进行了验证，而这些研究大多数还是在西方国家开展的。例如，Schay 发现绩效工资有效提高了美国某科研机构中的科研人员的工作满意度，降低了他们的离职倾向。但是，在西方国家进行的一些研究显示，绩效薪酬是产生负面结果的一个来源，例如，Kellough 和 Nigro 研究了美国佐治亚州州政府中实施绩效工资的情况，结果发现绩效工资使员工工作满意度降低、离职倾向升高。这可能是由于目标设定不当以及绩效考评过程不公平导致的。Brown 在澳大利亚，Dowling 和 Richardson 在英国也发现了类似的消极作用，他们认为绩效工资产生积极作用还是消极作用，很可能与其执行的环境有关。国际商务学者认为，绩效薪酬在新兴经济体里的推行可能会引起新兴经济体中员工的消极反应，因为在新兴经济体制国家中，通常采取的做法是传统地将薪酬与资历、群组成员、平等问题等挂钩，而非绩效（Giacobbe - Miller，Miller，Zhang & Victorov，2003；Zhu et al.，2005）。

这些不一致的研究结果和反直觉的实证模型表明，绩效考评过程以及绩效薪酬的应用对员工成果的影响，可能决定于工作内容和其他在之前研究中未能兼顾的因素（Rynes，Gerhart & Parks，2005）。遗憾的是，在绩效薪酬越发盛行的新兴市场，到目前为止，没有研究识别并验证影响绩效考评以及以之为基础的绩效薪酬的潜在调节变量（Zhu et al.，2005）。

以往的绩效考评研究主要涉及绩效结构模型、绩效考评工具、绩效考评的过程等各方面。最初的研究对象集中在军队和体力工作者，随着研究的逐步展开，近几年，已有部分研究开始关注知识员工中的管理人员、医生、教师等群体。如果能在以往研究总结的基础上，结合知识员工的绩效特点，提出富有知识员工特色的绩效考评方法，无疑会对知识员工绩效考评有着巨大的贡献。也正是在此背景下，本书的研究者在研究绩效考评时选取知识员工作为研究对象，并以此展开对影响绩效考评变革的多重因素的探讨。

二　选题目的和拟解决的问题

本书选题的目的和拟解决的主要问题在于以下两个方面：

1. 绩效考评方法变革对员工的影响

具体的，我们将展开如下研究：

（1）在文献研究的基础上，通过实际调研，对目前知识员工绩效考评方法进行总结归纳，从理论角度提出符合知识员工特征的绩效考评方法。

（2）通过实证研究，探索采用不同绩效考评方法时，知识员工的行为反应。

（3）通过实证研究，探索企业特征对绩效考评方法的影响，并根据得出的各项结果，提出相应的知识员工绩效考评方法策略，协助企业有效改善知识员工绩效考评。

2. 如何有效执行绩效考评变革管理

（1）高绩效人力资源管理系统理念的建立和具体实践。

（2）变革中如何展现有效的领导行为。

（3）变革中的文化和创新管理。

通过以上这些研究，我们可以：

（1）在文献研究和实际调研的基础上，评述知识员工的各类绩效考评方法，并根据知识员工的工作与绩效特点以及企业的实际情况，将知识员工绩效考评方法分为三类：基于员工特质为主的考评方法、基于工作结果为主的考评方法、员工特质和工作结果相结合的综合考评方法。

在以上考评方法分类的基础上，通过问卷调查和统计分析，研究了绩效考评方法对知识员工的组织承诺和组织公民行为的影响，结果表明，当绩效考评方法不同时，知识员工的组织承诺和组织公民行为有显著性差异。有关这些差异性的研究结论为认识绩效考评对员工的影响提供了新的视角，如研究发现相对于基于员工特质为主的考评方法，基于结果为主的考评方法可以显著提高知识员工的组织公民行为水平；相对于综合考评方法，基于员工特质的考评方法则可以显著提高知识员工的组织承诺水平。

（2）在以上研究的基础上，通过问卷调查和统计分析，研究了在不同的个人统计学因素、不同的岗位和企业状况时，不同绩效考评方法对知识员工的组织承诺和组织公民行为的影响，结果表明，在上述大多数情况下，知识员工的组织承诺和组织公民行为水平有显著性差异。

有关这些差异性的研究结论为企业选择何种考评方法对知识员工进行绩效考评提供了一系列指导意见。如研究发现当企业效益不好和好时，无论采取何种绩效考评方法，知识员工的组织承诺均没有显著性差异，而只有当企业效益一般时，绩效考评方法才对知识员工的组织承诺有显著性影响。

研究还发现，为了更好地提高知识员工的组织承诺和组织公民行为的水平，在性质为国有、员工人数超过 200 人的设计企业中，基于结果为主的考评是值得推荐的，而基于员工特质为主的考评并不是很合适。这个结论与我国目前大型国有设计企业的改革方向是相吻合的。

（3）通过问卷调查和统计分析，研究了在采用不同绩效考评方法时，不同考评过程对知识员工的组织承诺和组织公民行为的影响，结果表明，在上述部分情况下，知识员工的组织承诺和组织公民行为存在显著性差异。

有关这些差异性的研究结论为企业如何更好地执行绩效考评提供了一系列的指导。如研究发现不论采取何种绩效考评方法，有效提高绩效考评中的程序公正感和过程满意度，都可以进一步提高知识员工的组织承诺，且在一定情况下，也可以进一步提高知识员工的组织公民行为水平，因此，重视绩效考评过程也是有效提高员工的组织承诺和组织公民行为的方法。

研究还发现，在采用基于结果为主的考评方法和综合考评方法时，知识员工的组织公民行为水平在考评过程满意与否上有显著性差异，这表明在采用这两种考评方法时，绩效考评的公开性、操作性和指标的制定是很重要的。

（4）通过问卷调查和统计分析，研究了个人统计学因素、岗位和企业状况因素，以及绩效考评过程对知识员工的组织承诺和组织公民行为的影响，研究结果表明，知识员工组织承诺和组织公民行为在部分上述不同变量的情况下，存在显著性差异。

研究发现，知识员工的组织承诺在不同年龄段上并没有显著性差异，这与以往组织承诺随年龄的增长而增加的结论不同。研究还发现，知识员工有很高的自我发展意识和行为，且这种意识和行为在年龄、学历、企业性质、考评方法、考评程序满意度上有显著性差异，而在性别、婚姻、工作岗位、企业规模、企业效益和考评程序的公平感上没有显著性差异。

（5）通过文献研究和案例分析，研究了高绩效人力资源系统对员工变革行为的影响机制。引入匹配理论，从动机和心理安全两方面考察，构建高绩效人力资源系统影响员工个体创造性产出的研究模型，并以情绪管理作为高绩效人力资源管理系统的应用实践进行案例分析。

在模型搭建过程中，考察了高绩效工作系统在员工成长、员工激励和工作设计三方面的特点，依据个体与环境（组织）的匹配程度来影响员工的创造性产出。研究同时发现，成就期望和社会比较，产出收益公平和资历导向文化会分别从动机和心理安全两方面来对个体的变革行为产生影响。在案例分析中，通过对组织情绪管理方法的研究和探讨，发现是否采取情绪管理及其方法选择确实会对员工（尤其是从事大量情绪劳动的服务业员工）变革行为产生重要影响。

（6）通过文献研究和构建理论模型，具体阐释了不同类型的领导行为及其对变革的影响。通过开展对不同层级领导行为对员工变革反应影响的横向静态研究与纵向动态研究，引入图式理论探讨员工心理认知的中介作用，并考虑本土文化因素的权变作用，由此讨论了领导行为与员工变革反应之间的复杂关系。

研究认为，高层领导与中层领导在变革的不同阶段会对员工的正负向变革反应产生不同的作用，其作用过程受到员工认知的变革公平和变革期望的中介作用。同时，在中国的企业变革中，中庸价值观、关系导向文化等本土文化因素都将对员工的变革反应产生权变作用。

（7）通过文献研究和构建理论模型，分别探索性地研究了集体主义文化与个人创新的关系，团队创新氛围对创新绩效的多重影响以及团队凝聚力与团队绩效间的作用机制。

研究认为，集体主义文化对个人创新的影响并不单纯是传统概念上的消极影响，在某种情况下也有可能对创新产生积极的作用，同时，集体主义文化与个体创新的关系受创新需求、团队风格以及团队工作特征等因素的调节作用；团队创新氛围受领导风格特征、集体主义以及工作特征的影响而形成，并从水平及强度两个维度对个体创新绩效和团队创新绩效产生直接或间接的作用；团队凝聚力可以提升团队绩效，但团队绩效的提高对团队凝聚力的影响更大，同时二者之间的关系还受绩效内容、团队规模以及工作流程等因素的影响。

三　全书结构

本书考察绩效考评对员工的影响，探讨绩效考评变革对员工心理层面和实际行为的作用。在实证验证了绩效考评对员工的影响之后，我们将目光拉回绩效考核变革本身，探索绩效考核变革管理中的领导、文化、创新等因素，同时，也通过案例研究揭示高绩效工作系统下的绩效考评系统是如何对情绪劳动员工产生影响的。

全书共有八章，其中第一章为概述，介绍了中国人力资源管理变革现状及其维度下的绩效考评发展与中国知识员工的兴起，作为本书的撰写背景。其余七章分为上、下两篇，上篇为第二至五章，通过实证研究论证了绩效考评这一人力资源管理变革对于企业员工行为的影响。具体的：

第二章为绩效考评变革研究现状；

第三章为绩效考评变革研究框架、方法与结果；

第四章为绩效考评变革对员工影响的讨论；

第五章为绩效考评变革研究总结。

第六至八章为本书的下篇，选取了高绩效人力资源管理系统、领导行为、创新和团队三个方面来对绩效考评的执行效果进行阐释。具体的：

第六章介绍了高绩效人力资源管理系统；

第七章介绍了变革中的领导；

第八章聚焦变革中的创新与团队，分别对变革中的集体主义与个人创新、团队创新氛围以及团队凝聚力进行探索性研究，并在相关研究的基础上提出了实证研究建议。

上篇　绩效考评变革对员工影响研究

　　在第一章中，我们已经对我国人力资源管理的现状进行了总结分析，在此基础上提出了研究我国人力资源管理变革中绩效考评变革的必要性。进入上篇，我们将关注本书的第一个目标，即通过实证研究，探索绩效考评变革对知识员工的组织承诺和组织公民行为的作用，进而解读绩效考评对于组织和员工的影响。

第二章

绩效考评变革研究现状

第一节 概念界定

一 知识员工

第一章对知识员工进行了简单的描述，在本节中将进行更为具体、更为规范的解读和研究。对知识员工定义的有关文献可以从三个方面来理解，即对知识员工所应具备特质的描述、知识员工工作过程的描述、知识员工工作产出特征的描述。

1. 知识员工所具备的特质

知识工作是以知识为基础的工作，和手工工作最大的不同是，它并不以经验为基础而是以学习为基础，其要求大量的正规教育，以及获得并应用理论性知识、分析式知识的能力（Drucker，1998）。因此，知识工作需要具备高技能或专业知识的专家来从事（Davenport，1996），它要求的是一种不同的工作方法和思维模式，以及持续学习的习惯。在企业中，知识员工是在工作中运用其拥有的知识来为企业增加价值的员工，而不是如传统员工一样靠自己的体力来为企业服务（Drucker，1999）。Drucker 在 2000 年又将知识员工概括为"掌握和运用符号和概念，利用知识或信息工作的人"。

Trevor（1990）发现，知识工作者具有以下特性：（1）他们通常会先接受较高级的教育训练，然后才开始工作；（2）他们需要持续的训练，以不断地更新他们的知识和技能。由此可以看出，知识工作者工作的基础是建立在"学习"之上，而不是"经验"之上，同时由于知识很容易受到挑战，因此，"终身学习"成为知识工作者的必需条件（黎昌意，1998）。

2. 知识员工工作过程特征

知识员工的工作即知识工作，它是以取得、创造、包装与应用知识为主要活动的工作，包括知识的收集、运用、积累、创造等工作，以及分析信息和应用特别的专业来解决问题、产生想法、创新产品或服务的工作。因此，诸如 know – what、know – how、know – why 与自有的创造力均属于知识工作的范围。此外，知识工作有许多例外性和多变性，因此并不属于高例行性的工作（Anderson Consulting，1999；Davenport，1996；Zidle，1998）。

弗朗西斯·赫瑞比指出"知识员工就是那些创造财富时用脑多于用手的人们。他们通过自己的创意、分析、判断、综合、设计给产品带来附加价值"（Horibe，2000）。西蒙认为："知识员工的工作主要就是信息加工和沟通。"Davenport（1996）认为知识工作者的主要活动在于寻找与获取现有知识、创造新的知识、包装与重组知识、应用现有的知识、重复使用知识（也就是执行知识工作）。

可以说，知识员工在工作中所使用的主要工具是他们自己的大脑，对其工作的对象——知识和信息进行处理和加工。他们专注于分析信息，并应用本是（身）的专长或专家能力来解决问题、产生创意、或发展新产品服务（Zidle，1998）。同时，他们也是企业里作决策的人，他们将获得的信息消化后再作决定，并由经验或教育训练获得关键的 know – how 以及 know – why（Dickeson，1999）。为达成使命，知识工作者将个人所拥有的知识转换为对企业有帮助的形式，并且有意识地运用这些知识（Anderson Consulting，1999）。

3. 知识员工工作结果特征

知识工作者做的许多事情是无法被观察的（Kanter，2000），他们的工作充满创造性，需要许多时间来思考、计算、搜寻信息和灵感，甚至和其他专家聊天，因而我们不应以产量作为衡量知识工作者工作绩效的标准。事实上知识性的工作，只有当品质已经达到一定的高标准之后，要求产量才有意义（Drucker，2000）。

知识员工的工作产出是无形的，其无形性可以分为以下三个不同的层次：①知识不同于信息（information）。信息是零碎的（pieces of information），但如果我们从中提升了一些抽象的看法，那么这些看法就是知识。②知识是指方法（know - how）。③第三类知识是指主意或想法（idea）。无论是抽象看法、方法，还是主意，都是无形的成分居多。知识员工的工作的无形性表现在：对这些无形看法、方法和主意的生产、存储和传播，并在生产、存储和传播过程中增值和产生企业经济效益和社会效益。因此，知识员工的价值创造过程也是无形的。知识产出的无形性导致无法用传统的计划和考评方式进行管理（陈荣平，2002）。

知识员工的工作产出具有专业性，难以量化，有时这些产出被认可还需要时间的检验，具有一定的滞后性。而在知识型企业中，知识员工的工作产出多是团队智慧和努力的结晶，这给衡量个人工作结果也带来了困难，因为难以进行分割（杜爽，2003）。

由以上几个方面的综述，可以看出，知识员工是一个教育水平高、高度专家化、具有创造性的群体，其工作具有如下特点（Western Management Consultants，2002）：问题解决者不是产品工人；更多借用智力而不是体力来谋生；需要高度的自治能力；符号的运用者，一个因为判断质量而不是工作速度而付酬的人；工作过程独特的员工；一个加工难以复制、未编码知识的人。而这些特点又决定了他们的工作结果是难以用传统的方式来进行检验的。

二　知识员工的范围

知识工作常见的工作形态有：研究、产品开发、广告、教育、专业服务及管理工作等，都是知识工作，而执行工作的人，则成为知识员工或知识工作者。目前，关于知识员工范围的界定大体有四种典型的观点。第一种观点通常认为除了蓝领之外，其他都是知识员工，包括科学家、工程技术人员、专业人士、管理者等，显得比较宽泛；第二种观点认为，只有从事知识密集型工作的人才能称为知识员工，并从是否进行知识创造将知识员工划分为知识创造者和知识应用者，前者通常只包括自然科学家、社会科学研究者；后者通常只包括高级工程技术专家、咨询专家（如律师、注册会计师）等，可见，此种范围界定较为狭窄；第三种观点是将第一种观点所涵盖的知识员工从工作的重复程度视角进一步作了划分，将知识员工划分为程序性知识员工和非程序性知识员工，前者通常包括基层管理者、一般技术人员、咨询专家（如律师、注册会计师）等，后者通常包括高层管理者、研究开发人员等；第四种观点从信息加工和信息传递占工作时间的比例对知识员工（仅包括管理者）进行分类，将管理者分为事务型和决策型知识员工。

杜爽认为我国当前的很多中层经理、管理者和专业技术人员都属于知识员工（杜爽，2003）。张望军等认为知识员工是专业人士、具有深度专业技能的辅助型专业人员、中高级经理等（张望军和彭剑锋，2001）。杨杰等（2004）学者的研究则进一步深入揭示了其范围：中国人在判断一项工作是否是知识性工作时，依据的主要标准是对专业技术知识的要求、知识技能的更新速度、对创新的要求、对最低学历的要求以及对质量的要求；中国人认为知识性工作的特点可以概括为更高的专业化、更快的更新、更高的创新、更高的入门学历以及更高的质量。

三　知识员工中的工程设计人员

本书所介绍的实证研究中将以工程设计人员作为研究对象进行开展。工程设计人员是指在建筑工程、桥梁工程、港口工程、水利工程、电力工程等工程项目中，为建设方提供设计、勘察、咨询等服务和指导的专业人士。设计人员须接受专科以上相关专业的高等教育，学习基础课、专业基础课和专业课等各门课程的理论知识，才具备从事这些专业服务和指导的基本要求。而后在工作岗位中，通过资深设计人员的指导和实际工程项目的锻炼，将书本知识和规范条文融会贯通、熟练运用，并不断学习新的设计理念和方法，方可成为一名称职的专业工程设计人员。

工程设计人员按专业划分可以分为建筑、结构、隧道、线路、电气、给排水、设备等专业人员，这些人员的工作内容按照工程项目的周期可以分为四个阶段：项目前期洽谈阶段、项目规划阶段、项目设计阶段、项目后期服务阶段。

项目前期洽谈阶段中，设计院的参与者一般由专业人员与业务人员组成，但随着各项工程技术的专业化程度不断进步和升级，以及员工各方面能力的提高，目前，项目前期洽谈阶段常常是由熟知各方面专业知识且具有商务洽谈能力的员工来完成。

项目规划阶段也称为项目方案阶段，是由部分专业人员提出项目的初步方案，供甲方决策。这个阶段只是提出大体的框架，并没有进行具体的设计，因而参与者只是部分专业人员。如建筑、规划、线路、设备等专业人员。

项目设计阶段是工程设计项目的核心阶段，该阶段参与者是项目所需的全部专业人员，同时还包括校对、审核等技术管理人员。这个阶段的工作主要体现为：各个专业人员根据国家规范，按照各专业的专业要求，通过计算完成设计，并将设计方案按照通用规则在图纸上表现出来。

项目后期服务阶段是指项目在现场建设期间，设计单位须根据现场实际情况，对设计进行说明或修改的工作。该项工作第一是须同参与建设的各方密切配合，第二是需要有根据现场情况及时作出变更的能力。

设计人员在写字楼、办公室或自己的家中，通过其主要的工作工具——电子计算机，借助各种计算机专业软件来表达他们的创意、完成计算等工作，其工作结果的表现形式就是图纸，图纸凝聚了设计人员在项目的整个过程中脑力劳动的成果，包括对项目的理解（信息接收）、创新和设计（信息加工），以及最后设计结果的表达（信息输出）。显然，这个过程中设计人员的工作是隐性的，不可见的，难以进行直接测量。设计人员的工作结果由于凝聚了很高的专业知识，其优劣必须由同行专家才能进行评价，而其市场价值有时并不能反映其真正价值，或者说其真正价值具有一定的时滞性。

通过工程设计人员所应具备的知识、工作过程和工作结果的分析，可以发现工程设计人员在这三个方面具备了知识员工的典型特征。他们首先需要至少3～4年的大学学习过程，在掌握基础理论和方法后方可走上工作岗位。在工作时，他们的工作过程又是难以检测的，是无法硬性约束的，而他们的工作结果首先是当品质已经达到一定的高标准之后，产量才有意义，他们工作结果的定量衡量也是难以实现，或即使实现，也不能够准确反映其真正价值。因此，工程设计人员是典型的知识员工，应结合知识员工的各方面特性，制定合适的人力资源管理策略，对他们进行管理。

该研究选取工程设计人员作为研究对象，由此来研究知识员工绩效考评方法对组织承诺和组织公民行为的影响。之所以选择工程人员作为研究对象，主要是因为：

第一，工程设计人员属于传统意义上的知识员工，他们无论是从所处组织的管理模式还是文化氛围等方面相对于其他新型知识员工都保留了更多传统员工的特点，因此，对于新的人力资源管理方式（在此我们主要关注的是绩效考核的改革以及相应的绩效工资的实施）他们会有更多的冲突需要解决，也就更加值得我们去关注和研究。另外，工程设计人员又是典型的知识员工，他们需要具有一定标准的知识储备、相关的项目经验，他们的工作过程需要时刻运用到他们的知识和创造力等，因此他们是非常具有代表性的研究对象。

第二，工程设计人员的绩效考核方法也经历了从中国改革之前所使用的以出勤率为代表的考核办法转向系统的、科学的基于员工特质或基于工作结果的绩效考核方法，绩效考核的实施必然会对工程设计人员的态度和行为产生影响。

第三，绩效考核及相应的绩效工资的实施对于以工程设计人员为代表的知识员工的绩效所产生的影响，目前，国内、国际对此的研究还很少，值得进一步探索。

四　绩效考评

英文中绩效考评常以"Performance Appraisal""Performance Assessment""Performance Evaluation""Performance Measurement"来表示，用来表示组织中有系统地评估员工个人之工作绩效与其发展潜力。Robbins（1986）认为绩效考评是一种控制工具，它所提供的回馈，是管理者针对员工的行为，决定采取奖惩的策略。因此，绩效考评不仅是评估员工的行为，而且是纠正员工行为的第一步。Byars 和 Rue（1994）认为绩效考评是涉及对员工决定和表达如何执行其工作，以及如何建立改善计划的过程。如果能适当执行，则绩效考评不仅可以使员工了解绩效评估执行的情况，而且会影响员工未来的努力水平和任务指向。

Latham 和 Wexley（1981）认为人力资源管理中有四种活动最为重要，它们是甄选、绩效考评、培训和激励。而这四种活动中，又以绩效考评最为重要。当一个组织甄选新员工进入组织后，员工的表现是否如当初所预计，必须靠绩效考评的结果来评定，并根据结果来评断甄选制度是否有效。而在员工的培训需求上，是否能有效地改善员工的工作能力，则必须由绩效考评来提供回馈。同时，在激励制度中，必须依靠绩效考评作为未来目标的设定和提供奖励的依据。

绩效考评研究和应用目前分为四个方面，分别是绩效结构模型、绩效考评工具、绩效考评的信息来源和误差、员工对绩效考评的感受。最初的研究对象集中在军队和体力工作者，随着研究的逐步展开，研究对象范围也开始扩展，近几年，已有部分研究开始关注知识员工中的管理人员、医生、教师等群体，以下就本研究所涉及的绩效结构模型、绩效考评工具等问题进行综述，并在综述的基础上讨论知识员工的绩效考评。

1. 绩效结构模型研究

绩效结构模型研究是剖析绩效内涵，揭示绩效考评对象的研究，是解决"绩效是什么"的问题。一般可以从组织、团队、个体三个层面给绩效下定义，层面不同，绩效所包含的内容、影响因素及其测量方法也不同。对个体绩效的内涵，有从工作行为、工作结果和个人特质的角度进行不同的理解。一种观点认为绩效是在特定的时间内，由特定的工作职能或活动产生的产出记录，如 Kane 等（1979）学者的看法就是如此；另一种观点从行为的角度来定义，如 Campbell 等（1993）学者认为绩效是人们所做的与组织目标相关的、可观测的行为；此种定义虽然更为全面，但也存在一个问题，那就是当完成工作任务的方式多样化时，通过行为观测来评价绩效将是一件比较难的事情。在工作结果和工作行为都难以界定绩效时，用个人特征来预测绩效不失为一种方法，于是，第三种绩效的定义就应运而生，绩效是完成工作的能力（Campbell，1993）。但是，能力毕竟是绩效的预测因素，而不是真正的绩效。事实上，这三类定义都有其合理之处，员工特征是员工行为产生的心理和生理基础，行为是产生绩效的手段，而组织成员对于组织的贡献，则主要通过其工作结果来体现。正因为如此，我国学者张德、张一弛、杨杰、方俐洛等（2001）认为绩效是某个个体在一定时间范围内所做的与组织目标相关的可评价的行为以及结果，即绩效既是行为，也是结果。

关于绩效的维度，人们从最初的单维，到两维，再到多维，经历了一个渐进的认识过程。历史上，早期的工业与组织心理学家通常不言而喻地将绩效视为单维度的，或者简单地将绩效等同于任务绩效，抑或将注意的焦点集中在整体绩效（overall performance）上（Benjamin，1989）。这种单维的绩效观念无助于进一步深入细致的研究。

Borman 和 Motowidlo（1993）在 Kataz 和 Kahan（1978）的三维绩效模型、Organ 的组织公民行为理论（OCB）、Brief 的亲社会行为理论（POB）、George 的组织奉献理论的基础上，提出了行为绩效包括任务绩效和关系绩效的二维结构模型，其中，任务绩效是指岗位所规定的行为或与特定的工作熟练有关的行为，即角色内行为；关系绩效指对组织目标完成有促进作用的自发行为或与非特定的工作熟练有关的行为，亦即角色外行为（Kataz & Kahan，1978）。Van Scotter 和 Motowidlo（1996）进一步将关系绩效分为人际促进和职务奉献两个维度加以研究，结果发现，对于非管理人员，任务绩效和人际促进对整体绩效的影响很大，可以通过对整体绩效的不同贡献将它们区分开，职务奉献也影响整体绩效，但它的作用被任务绩效和人际促进掩盖了，因此，任务绩效和人际促进都应该被修正为包括职务奉献的动机成分。在此项研究的基础上，Conwy（1999）又将 Van Scotter 和 Motowidlo 对非管理职务的研究扩展到对管理职务的研究。结果发现，关系绩效中的职务奉献独立地对管理职务的整体绩效起作用，而关系绩效中的人际促进与管理职务的任务绩效有重合。此结论刚好和 Van Scotter、Motowidlo 对非管理职务研究的结论相反，这两项研究结论说明，对非管理职务，任务绩效中包含职务奉献的成分，人际促进可以与任务绩效完全区分开；而对管理职务，任务绩效中包含人际促进成分，职务奉献可以与任务绩效完全区分开，所以，管理职务和非管理职务的关系绩效内容有所不同。在区分了任务绩效和关系绩效之后，Van Scotter 和 Motowidlo（1996）的研究表明，经验与任务绩效的相关比与关系绩效的相关高，人格与关系绩效的相关比与任务绩效的相关高，这说明经验能更好地预测任务绩效，人格能更好地预测关系绩效。

Cambell 等（1990）所提出的绩效理论则认为绩效这一概念由八个维度组成，它们分别是特定工作任务的熟练行为、非特定工作任务的熟练行为、书面与口头沟通能力、努力程度、个人自律、促进同事与团队的绩效表现、监督与领导以及行政管理，上述每一维度又包括许多更为具体的特征。从本质上看，Cambell 等人的绩效模型与 Motowidlo 的二维绩效模型是相同的。他将因特定任务而产生的组织成效的绩效行为与因其他方式而产生的组织成效的绩效行为进行了重要的区分，特定任务的因素更多地渗透在组织所规定的角色内行为里，其他的因素更多地渗透在角色外行为里。

目前，绩效既是行为，又是结果的观点被越来越被多的人接受，特别是二维绩效模型提出之后，关系绩效的重要性日益被人们重视，对于知识员工这一特殊群体，情况更是如此，这一趋势与组织所处环境的不断变化是密不可分的，随着团队工作方式的出现及被广泛地采用，知识员工不能只按严格的职务分析说明书所规定的任务而工作，而是需要更多的合作与相互支持，成为工作的促进者，对于团队的管理者而言，也很难仅从工作绩效的任务方面来评价知识员工的全部贡献，因此，关系绩效对知识员工是非常重要的。从已有的研究成果看，六多认为关系绩效可以通过行为表现出来，当然，不同类型知识员工关系绩效的具体内容及其任务绩效在结果方面的表现形式仍需要深入研究。

2. 绩效考评工具研究

绩效考评工具在整个人力资源管理与考评系统中都处于核心地位，其研究目的是找到更好的工具来提高绩效测评的效度、信度、客观性、

25

操作性等方面，即解决"拿什么工具来考评绩效更好"的问题。绩效考评方法可以分为基于员工特质、工作行为和工作结果三大类。

（1）基于员工特质的绩效考评方法。基于员工特质的绩效考评方法的核心是构建能力模型，即找出能够有效预测绩效的能力特质。第一个能力模型在 1970 年初由著名的心理学家 David McClelland（1973）和一个刚成立不久的叫作 McBer 的咨询公司开发出来。McBer 小组发明的这套能力模型构建方法主导了随后 10 ~ 15 年的能力构建实践。在近十几年中，特别是最近的 5 年里，一些咨询机构已经开始用新的方式构建能力模型。虽然能力模型多种多样，但它们与能力概念界定密切相关，总的来看，有三种较为典型的能力模型。第一种以英国学者的主流观点为代表，即工作导向型的能力模型，其能力特质指标的设计主要是通过对各种职业和工作进行分析，以确定完成这些工作所需的能力（Hoffman，1999）。第二种以美国学者的主流观点为代表，即员工导向型的能力模型，他们继承了 McClelland 的思想，其主要思路为能力是业绩的主要决定因素，通过将绩效优秀者与普通业绩者进行比较，找出那些有区别的能力要素，以此建立相应的能力模型，能力分析的中心是"人"而不是"工作"，是任职者的个人属性不是工作任务（Lyle & Signe，1993）。第三种是情景依赖的有机能力模型，该模型建立的出发点是，个人能力的有效性取决于个人所具有的能力同组织所需要的能力的匹配程度，因此，要在具体的组织取得较好的业绩，个人能力中应该具有相当一部分的组织专属能力，这部分能力在不同组织间的可转移性差，这种专属能力同个人能力中的其他通用能力共同构成了个人完整的能力，也就是有机能力（Garavan & David，2001）。

基于员工特质的绩效考评方法虽然长期以来一直备受关注，但其有效性众说纷纭而不能令人满意（Landy & Shankster，1994），这一状况随着大五人格和二维绩效结构模型的提出得到了较大的改变。国外已有大量研究证明，使用大五人格可以较好地预测绩效，特别是关系绩效。Ghiselli（1973）的研究发现，个性测验在经理、职员、销售员等职业的使用中，效度系数均超过 0.20（考虑这些样本都比较大，一般认为效度系数大于 0.20 其效果就比较好），这表明个性测验对于工作绩效具有一定程度的预测力。国内学者 Cheung 等（1996）通过跨文化研究，提出了中国人独立于"大五"之外的第六个人格"人际关系取向"，形成了中国人个性量表（CPAI），甘怡群等（2002）利用 CPAI 进行研究，结果也证实了人格特点与工作绩效的相关关系。

同时，胜任特征模型研究的进一步深入，使得基于员工特质的绩效考评方法有了更大的进步。这里所说的胜任力特征是指导致高绩效的知识、技能、个性以及价值观、动机等特征（王重鸣，2000）。胜任特征研究将以往研究员工个性对绩效的预测转变为研究胜任特征对绩效的预测，在应用胜任特征模型之前，必须首先针对不同的岗位获得不同的胜任特征指标，而后再运用这些指标对员工绩效考评。国外对胜任特征的研究起步较早，McClelland（1973）认为应该用胜任特征指标来代替传统的智力测验，因为它能预测工作绩效。Mansfield 和 Mathew 提出了基于工作学习的工作胜任特征模型。而美国管理协会（2000）则通过大样本研究，提出了四个维度的管理人员胜任特征：概念技能、沟通技能、效率技能和人际技能（叶龙、张文杰和姜文生，2003）。

近年来，我国学者对胜任特征也作了许多研究，探讨了胜任力相关因素的结构问题，如对综合素质各因素在测评中的权重进行了分析（赵一飞和胡近，1999），分为知识、技能、自我概念、特质、动机五个层面等，为员工的选拔和评价提供了一定的依据。总的来说，目前，学术界比较一致的看法认为，胜任特征是指在工作情景中员工的知识（knowledge）、技能（skill）、价值观（values）、个性（individuality）等关键特征（Vickie，1998；谢晋宇等，2000）。

（2）基于工作行为的绩效考评方法。基于工作行为的绩效考评方法的研究始于 20 世纪 60 年代，经过 20 年的研究，在 80 年代成为绩效考评的主流，至今，仍然是管理实践和理论研究的热点。引发基于行为的绩效考评方法兴起的主要原因有两个，一是由于行为的结果常常受个人控制之外因素的影响（如工作环境、经济形势等）；二是在许多职务中，根本就没有良好的客观绩效结果指标。但是，行为方法的适用条件是有严格限定的，那就是 Lee（1985）、Ouchi 等（1979）提出的，只有当手段—结果关系显性，知识转化程度高时，基于行为的绩效考评方法才比较有效。

在其后的研究中，研究者一直试图通过工作分析，去创造一种最佳的绩效评定工具，使它能够适用于所有的职务。但人力资源专家认为没有一种工作分析方法是最优的（Levine，Ash & Bennett，1980），对某一具体工作而言，一种方法却可能优于另一种方法。Levine 等（1980）对四种工作分析方法进行比较，即关键事件技术（CIT）、工作要素法、岗位分析问卷和任务分析法（PAQ），发现关键事件技术能够获得内容有效的考评工具。同样，Austin 和 Villanova（1992）指出，关键事件技术是以行为为基础的绩效测量方法的基石。因此，在众多考评工具中，基于关键事件技术分析而得到的行为锚定评价法和行为观察法颇具影响力。这两个方法的一个共同的特征是：通过关键事件技术进行职务分析，从而获得与绩效有关的行为指标，再采用等级评价方法将这些行为指标合成评价工具。

（3）基于工作结果的绩效考评方法。基于结果考评方法中，其关键是目标设置。在过去的 30 年中，目标设置受到了极大的关注，因为它是激励理论的基础（Locke & Latham，1990）。不管何时，当要求一个员工群体拥有具体的目标时，与那些没有设置目标的群体相比，这个群体的成员通常会大幅度地提高劳动生产率，不管是员工、工程师、科学家（Latham，Mitchell & Dossett，1978）还是伐木工人（Latham & Yukl，1975），这一规律都是成立的。员工从目标中获得一种责任感，他们先制定目标，然后对它负责（Tice，1989）。在制定目标时，员工参与目标制定所带来的目标的接受性，并不一定比合作型管理者所指定的目标的接受性高（Latham，Erez & Locke，1988）。然而，参与目标制定的结果之一是员工对实现目标的方式的理解加深了（Latham，Winters & Locke，1988）。

在结果考评方法中，基于成本相关产出法（Cost-Related Outcomes）的绩效考评工具是最为流行的，《财富》杂志对 100 家公司进行的调查表明，他们经常使用目标管理法（MBO）来评估员工对完成组织"最底限目标（bottom line）"的贡献（Bretz & Milkovich，1989）。但如何制定具体的、完成有一定难度但切实可行的目标，是提高员工绩效的一门激励艺术（Locke & Latham，1990）。同时，如何制定操作性强且真实反映绩效的评价指标也是一个很大的挑战。

表 2-1 显示的是采用特质、行为和结果作为绩效考评工具时有各自的适用范围与不足之处。显然，不存在普适的"万灵药"。研究表明：比较好的解决办法是折中，即将评价的维度贯以"特质"标签，而对维度的定义和量表锚点的选择则采取任务与行为定向的方法。然而这种对工作行为采取"特质"的操作性定义的方法并未完美地解决问题本身，但相比于单纯依靠特质或单纯依靠行为而言则有了很大的进步（Landy & Farr，1987）。

表 2-1　基于特质、行为、结果考评方法比较一览
（杨杰、方俐洛、凌文铨，2001）

	特质考评方法	行为考评方法	结果考评方法
适用范围	适用于选择和作为未来工作成功与否的预测工具	当工作所需要的结果通过单一的方法或一整套程序实现时适用	当工作所需要的结果可通过两种或多种方法达到时适用
不足	1. 未考虑情境的作用，通常是较差的绩效预测工具 2. 不能有效区分实际工作表现，易引发法律问题，并使员工产生不公正感 3. 对改进绩效作用不大，将注意的焦点放在短期内难以改变的特质上	1. 不能有效区分达到同样结果的不同方式中哪一种才是真正符合组织需要的 2. 当员工认为其完成的活动不重要时，意义不大	1. 结果的好坏、多少有时并不在个人、组织控制的范畴内 2. 结果导向使个人到组织可能为达到目的而不择手段

由上综述，我们可以看出：正如没有一种可以涵盖所有工作绩效特征的绩效结构模型，对于绩效测量工具而言，也没有可以测量所有工作的绩效测量工具。以上所列举的基于行为、个性、胜任特征以及基于目标而得到的各种绩效测量工具，是众多研究者和实践者根据不同的绩效特点不断摸索、不断完善的，这些工具的特色和适用范围，以及如何将不同模型相互融合，为后来的研究和实践提出了挑战。

五 知识员工绩效考评

1. 面向知识员工的绩效考评方法分析

知识员工的考核和评价研究最初主要集中于人力资本定价和知识员工团队的绩效研究上。关于知识员工的人力资本定价研究主要是从经济学角度和管理学角度进行研究，借助一些传统理论，如契约理论和委托—代理理论等、成本会计理论等。研究对象有个体也有群体（王新华和孙剑平，2003）。同时，有学者也对比了传统团队与知识员工团队的区别，提出了提高知识员工团队绩效的关键因素（Briand Janz，Jason A. & Raymonda A.，1997）。还有一部分研究涉及了对 R&D 员工的绩效考评问题，这些研究主要集中在从宏观层面对 R&D 项目和 R&D 部门的绩效进行评估，对 R&D 员工进行评估的研究较少（Davenport，1996；Alvesson，1995）。

在随后的研究中，知识员工的管理人员的绩效维度、管理人员的胜任特征等开始受到关注。如 Mansfield 和 Mathew 提出了基于工作学习的工作胜任特征模型。而美国管理协会（2000）则通过大样本研究，提出了四个维度的管理人员胜任特征：概念技能、沟通技能、效率技能和人际技能。我国学者也对管理人员胜任特征作了许多研究，探讨了胜任力相关因素的结构问题，如对综合素质各因素在测评中的权重进行了分析，分为知识、技能、自我概念、特质、动机五个层面，为员工的选拔和评价提供了一定的依据。甘怡群、张妙清等（2002）采用中国人个性量表（CPAI）测量了某国有企业的 38 名中高级管理人员，并获得了他们最近的上司评定绩效资料。分析表明，CPAI 的和谐维度与工作能力和工作态度的多个指标有正相关，CPAI 的领导维度与沟通能力有正相关。与假设相反，老实、圆滑和务实与沟通能力有负相关；越外控的员工，其合作态度的评价越高。这可能表明了国企管理的某些特点对人格—绩效关系的影响。本研究揭示了一些被西方心理学家忽视的人格维度对于中国企业人力资源管理的重要意义。

在绩效维度方面，孙健敏、焦长泉（2002）运用半结构化深度访谈的方法，调查了 109 名管理人员，采用类属分析和德尔菲法对访谈资料进行多层分析，最后归纳出描述管理者绩效的三个维度：任务绩效、个人特质绩效和人际关系绩效。

　　值得注意的是，廖建桥、张光进（2005）在文献研究的基础上，不仅对知识员工的绩效特征作了综述，指出知识员工任务绩效的特征是不易量化、重质量、团队倾向、时滞性、专业性、风险性、周期性，而且还阐述了在进行知识员工绩效考评时，基于员工特质、行为、结果的三种考评方法的应用方法。

　　由以上的分析可知，知识员工工作的最大特点是工作过程不可观测，工作成果难以评价。调研发现，知识型企业为了解决知识员工的考评问题，通常是将基于员工特质、工作行为和工作结果三大类考评方法综合使用。而其中又以基于员工特质和基于工作结果的考评为主要考评方法。为了在理论上对以上三种考评方法对知识员工进行绩效考评的各个方面进行阐述，本章在文献研究的基础上，将基于员工特质、工作行为和工作结果三大类考评方法与知识员工特性相结合，总结如表2－2所示。

表2－2　面向知识员工的绩效考评方法分析比较一览（本研究整理）

	基于特质考评方法	基于行为考评方法	基于结果考评方法
适用范围	通常作为绩效的预测工具有时也作为绩效考评的主要工具	主要针对关系绩效的考评	当目标或工作结果容易量化时，作为任务绩效的主要考评工具
原因	可以预测绩效	知识员工工作行为隐性	工作结果显性
优势	一定程度上有利于进行绩效反馈，且能够避免工作结果不易量化的缺点	有利于进行关系绩效反馈	一定程度上有利于进行绩效反馈
不足	未考虑情境的作用不能有效区分实际工作表现，并使员工产生不公正感	主要针对关系绩效的考评，对于任务绩效的考评仅起到辅助作用	结果的好坏、多少有时并不在个人、组织控制的范畴内；结果导向使个人到组织可能为达到目的而不择手段
目的	测评、晋升	培训、奖惩、晋升	奖惩、晋升
常用指标	学历、经验、性格、职称以及胜任力特征指标等	考勤、合作意识等	人均产值、人均产量等

续表

	基于特质考评方法	基于行为考评方法	基于结果考评方法
评价者	专家、主管	主管	专家、同行、主管
改进方向	应缩短基于特质考评方法的考评周期，且应逐步完善考评指标，方能够真正、准确、及时地反映知识员工能力及特质的变化	当知识员工的工作行为研究有新突破，且研究结果成熟时，应加强对知识员工的工作行为进行考评	指标设定时，应尽可能考虑员工的可控因素，避免不可控因素；抓住主要工作结果指标，提高指标量化的可操作性

当工作目标、工作结果评价易于量化评价，或定性化评价易于操作时，基于工作结果考评方法不失为一种很好的方法。但当工作目标、工作结果在评价过程中，易产生这样或那样的问题时，基于工作结果的考评方法则受到了限制，这常常体现在制定工作结果的评价标准和执行标准比较困难等方面。

关于知识员工绩效考评方法的调研发现，由于知识员工工作行为的不可观测性，或即便知识员工的工作行为可以被部分观测，但对于绩效考评实施者——部门或团队主管来讲，是很难观测到员工的工作行为的，因此，企业中基本上没有采用基于工作行为的考评方法来对知识员工进行绩效考评，或即使采用，其考评结果占整个考评的比重也非常小。

知识员工工作过程不易观测，工作结果不易评价，使得一些企业不得不对知识员工采用基于员工特质的考评方法。有时，是否采用这种考评方法也与企业的文化、理念有关。这些企业常常是传统的国有企业和外资企业，它们在使用基于员工特质的考评方法时，一般都需要先对本行业员工须具备的特质进行分析，得出员工特质的指标和标准，而后再对员工进行评价，这实际上是员工胜任特征的具体应用。

2. 工程设计人员绩效考评方法

如同以上理论分析结果一样，目前，在实际运用中，企业对知识员工进行绩效考评常采用的正是基于员工特质的考评方法和基于工作结果的考评方法。所不同的是，每个企业根据自己的文化、理念以及实际情况，往往是以一种方法为主，另一种方法为辅，或者是两种方法并驾齐驱，每种方法占整个考评结果的权重基本相当。

在实际调研中，企业界对如何运用这两种考评方法比较一致的反映是：

如果要使一种考评方法在企业整个考评中起主导作用，对员工有较强的导向性，则必须使该种考评方法的考评结果，占到整个考评结果的70%以上，才可以达到导向的效果。这时，另一种权重低于30%的方法只是起到辅助作用；

如果要使两种考评方法在企业整个考评中都起到主导作用，对员工都有较强的导向性，则必须使这两种考评方法的权重基本相当，或略有不同，也就是说，两种方法占整个考评结果的权重应在40%～60%之间。

因此，调研的结果分析显示，所调研的30家企业中，采用的考评策略都是两者选一，即采用某种考评方法的考评结果的权重占整个考评的70%以上，或者同时采用两种方法，且两种方法的考评权重在40%～60%之间。

调研中，没有企业的某种考评方法的考评权重在60%～70%，或者在30%～40%之间，其原因正如上面分析，权重在这个数值之间时，无法体现企业的意图，无法有效地对员工进行导向。其后的问卷调查也发现，调查对象所在企业采用某种考评方法的考评权重在60%～70%，或者在30%～40%之间的数目是零。

由此，本研究将目前企业中对知识员工的考评方法进行总结分类，归纳为三种考评方法：基于员工特质为主的考评方法、基于工作结果为主的考评方法和综合考评方法。

（1）基于员工特质为主的考评方法，是指基于员工特质的考评结果的权重占整个考评结果的70%以上，而基于工作结果的考评结果的权重占整个考评结果的30%以下；

（2）基于工作结果为主的考评方法，是指基于工作结果的考评结果的权重占整个考评结果的70%以上，而基于员工特质的考评结果的权重占整个考评结果的30%以下；

（3）综合考评方法，是指基于员工特质的考评方法和基于工作结果的考评方法被同时采用，且它们的考评结果在整个考评结果中所占比例均在40%～60%之间。

第二节　理论基础

一　绩效考评公正感和满意度

绩效考评公正感和满意度关注的是员工对绩效考评的感受，即"员工认为考评怎么样"的研究。本部分在研究绩效考评方法对员工心理和行为层面影响的同时，还尝试探索在我国企业环境下，绩效考评的公正感和满意度对员工的心理和行为的影响作用，因此，在本小节将对绩效考评的公正感研究和绩效考评满意度研究以及公正感和绩效考评满意度对员工的其他心理层面和行为层面的影响进行回顾。

1. 绩效考评的公正感研究

判断一个绩效考核过程是否适当，传统上是按照桑代克（Thorndike，1949）的标准来判断的，即分析它的效度、信度、实用性和是否无偏见。但 Folger、Konovsky 和 Cropanzano（1992）认为，人们过分强调了考核工具的效度、信度以及对考核者培训以提高其准确度的问题，而很少有人关注绩效考核中被认为的公正，恰恰是正当程序对产生公正考核感很重要。

早期公正研究的焦点集中在分配的"结果"，即分配公正（distributive justice）或结果公正的问题上。鉴于分配公正忽略了分配结果之前的分配程序，Thaibaut 和 Walker（1975）提出了程序公正（procedural justice）的概念。他们通过研究不同的司法审判程序如何影响诉讼者对审判结果的满意度以及他们对审判过程的公正知觉，提出了有关程序公正的两个重要概念，即过程控制（process control）和决策控制（decision control）。分配公正和程序公正由此成为组织公正研究的两个最基本的维度。随后，Bies 和 Moag（1986）又提出了"互动公正"的概念（interactional justice），互动公正关注的是在程序实行过程中程序的执行者对待员工的态度、方式等对员工的公正知觉的影响。Greenberg（1990）又将互动公正分解成两部分：人际公正（interpersonal justice）和信息公正（informational justice）。人际公正反映的是员工被那些与执行程序和决定结果有关的当权者以礼相待和尊重的程度；信息公正是指向员工传递有关信息，解释为什么采取某种分配程序和为什么是这样的分配结果的程度。

总的来说，有关公正感维度的观点可以归纳为四种：①双因素论（Thaibaut & Walker，1975），认为公正分为分配公正和程序公正两个维度，这是一种最常见的看法。②单因素论，认为分配公正和程序公正之间的联系太紧密以至于无法在实证上将二者加以区分，因此主张公正的结构是单维的。③三因素论（Masterson & Lewis et al.，2000），认为公正由分配公正、程序公正和互动公正三部分组成。④四因素论（Colquitt，2001），认为公正由分配公正、程序公正、人际公正和信息公正四部分组成。而国内的研究大多只涉及分配公正（含奖惩公正）和程序公正两个维度，或将互动公正作为程序公正的一部分，直接翻译和使用从西方组织公正的相关问卷较多，自下而上的建构较少。

本研究关注绩效考评的方法对知识员工的心理和行为层面的影响，也关注采用不同绩效考评方法时，绩效考评程序公正感对知识员工的心理和行为层面的影响，即本研究将主要关注公正感中的程序公正维度。因此，在以下的综述中，仅对目前最常见的双因素论进行回顾。

（1）分配公正（distributive justice）。分配公正（或称为结果公正、内容公正）是指员工得到或结果的公正，其研究起源最早，以 Adams 的研究为主。Adams（1965）综合分配公正理论、相对剥夺理论（relative deprivation）、社会比较理论（social comparision）及认知失调理论（cognitive dissonance theory）的论点而发展出著名的公正理论（equity theory）。该理论一直是社会科学家们最感兴趣，也是最受瞩目的议题。它在 20 世纪 60 年代以及 70 年代早期是一个极重要的激励理论（motivation theory），而且在公正理论上的研究，成为调查分配公正感的主体（Greenberg，1987）。

Adams 公正理论认为，员工会认知他们从工作中得到的结果（outcome）和他们所付出的投入（imput）有关，然后会以投入—结果比率跟相关的其他人的投入—结果比率加以比较，结果如表 2 - 3 所示。如果比较之后，他们认为自己的比率和他人相当，他们会认知自己所处的处境相当公正，从而公正得以伸张。如果比较之后觉得不同，他们会认为自己的报酬不足或是太多，然后试图去改正。

表 2 - 3　公正理论

认知比率的比较	员工评价
$\dfrac{结果\ A}{投入\ A} < \dfrac{结果\ B}{投入\ B}$	不公正（报酬不足等）
$\dfrac{结果\ A}{投入\ A} = \dfrac{结果\ B}{投入\ B}$	公正
$\dfrac{结果\ A}{投入\ A} > \dfrac{结果\ B}{投入\ B}$	不公正（报酬过高等）

注：A 代表员工，B 代表相关的其他人或参考目标。

公正理论认为个体不仅只关心自己努力所获取的绝对数字，而且也关心与他人报酬比较的关系。他们会将自己的投入—结果比率和他人的投入—结果比较，然后作出判断。根据一个人的投入，例如努力程度、经验、教育和能力等，和结果，如薪酬水平、加薪幅度、他人的认同以及其他因素来加以比较，当人们觉得自己的投入—结果和他人相比不平衡时，他们就会感到紧张（tension），这种紧张为激励作用提供了基础，因为人们会致力于达成其心目中的公平和公正。

（2）程序公正（procedure justice）。Folger 和 Greenberg（1985）指出程序公正是指在决策作出的过程中的公正感，也就是说，它是用于作出决策的政策和过程上的认知性公正。Folger 和 Cropanzano（1998）将程序公正定义为"在决定报酬时，所使用的方法、机制和过程中的公正事宜"。Cropanzano 和 Greenberg（1997）研究表明，不公正的决策过程与许多负面结果相关，如低工作表现、较高的流动意图、较低的组织承诺和公民行为。

程序公正的思想主要源于法学界，Folger 和 Greenberg（1985）指出，法律学者普遍认为：法院判决的过程会影响大众对判决结果的认可。Thibaut 和 Walker（1980）为最早研究程序公正的社会心理学者，并针对争议处理过程提出程序公正理论。Leventhal（1980）则针对奖金分配过程提出分配偏好理论（allocation preference theory）。二者从不同层面探讨程序公正，Thibaut 和 Walker 着重于控制观点，而 Leventhal 则说明程序的关键和评估的法则。另外，Bies 和 Moag（1986）强调程序进行时的人际互动，提出互动公正（interactional justice）观点，以补充早期学者所提出的程序公正观念中的不足。Folger（1986）则提出参考认知理论（referent cognitions theory），试图将分配公正以及程序公正在观念上予以整合。而 Tyler（1989）回顾有关程序公正的研究后，则提出个人的利益模式和群体模式，以解释程序公正的效果。有关程序公正的理论主要有以下三个方面：

A. Leventhal（1980）的程序公正判断模式：

Leventhal（1980）指出考核报酬分配的公正时，除了要考察结果是否公正外，还必须考虑到程序公正感。Leventhal、Karuza 和 Fry（1980）认为在评估报酬分配的程序是否公正时，必须从七个不同层面考察程序的要素（procedural elements）：

a）代理人的选择（selection of agents）：决定由谁负责制定分配决策的程序；

b）设定基本法则（setting ground rules）：决定必须达成的目标、评价标准以及可能的奖金的程序；

c）收集信息（gathering information）：收集和运用被考核者信息的程序；

d）决策结构（decision structure）：明确不同考评主体决策的权重；

e）申诉程序（appeals）：针对不满意的决策寻求救助的程序；

f）保护措施（safeguards）：为确保作决策的人不会滥用职权的程序；

g）更改机制（change mechanisms）：授权更改结果的程序。

为了检验组织中这些程序要素是否都具备，Leventhal、Karuza 和 Fry（1980）提出了六个鉴别问题，员工在判断决策是否公正前，可以根据这六个问题进行自测：

a）一致性法则（consistency rule）：指资源的分配程序中不会因人或因时而有所不同；

b）禁止偏见法则（bias suppression rule）：指在决策过程中必须避

免个人私利以及盲从偏见；

c）正确性法则（accuracy rule）：考核和分配决策过程中应依据正确的信息以及意见作决策；

d）可修正性法则（correctability rule）：考核程序中应具备修改决策的机制；

e）代表性法则（representatives rule）：指分配程序中的各阶段，均能反映各个团体的基本价值和观点；

f）道德性法则（ethicality rule）：分配程序应符合一般人接受的基本道德标准。

考核程序公正时，Leventhal（1980）认为个人将选择性地应用这些法则，在不同的时机，给予不同的权重。在个人判断程序不公正时，设立基本法则给予最大权重。但由于缺乏实证研究，因此无法推论各项法则的相对权重。

B. Greenberg（1986）的研究：

Greenberg 指出绩效考核的程序公正包括下列因素：

a）员工参与并发挥作用；

b）面谈时双向沟通；

c）有能力挑战或反驳考核结果；

d）考核者熟悉被考核者的工作；

e）一致的考核标准。

C. Kim 和 Mauborgnemrmt（1997）的研究：

Kim 和 Mauborgnemrmt 研究过许多不同的领域，请不同的受访者指出什么是公正程序的基本要素。不论是资深经理还是现场工人，均一再强调以下三个相互强化的原则：

a）参与：邀请员工对可能影响他们的决策提出看法，同时为他们提供就每个人观点的优缺点互相辩论的机会；

b）解释：凡参与决策或将来可能受该决策影响的所有人，都应该了解决策是如何制定的；

c）期望透明化：要求经理人作完决策后，必须明确说明新的游戏规则。

值得注意的是，建立公正程序并不等同于制定每个人都同意的决策。程序公正乃是提供每一个人发言的机会，帮助达成决策，重点是让员工提出他们的看法，而不是要所有人的意见一致。另外，公正程序也不等同于在工作场所说是民主。

2. 绩效考评公正感对组织承诺和组织公民行为的影响

公正感影响组织公民行为，是因为员工把自己与组织的关系看成一种社会交换关系。如果员工认为自己与组织是一种社会交换关系，则表现出组织公民行为的可能性就相当大。研究发现，工作公正、报酬公正与角色外行为有关。而 Organ（1995）的研究表明，当公正感与工作满意感分开测量时，工作满意感与组织公民行为之间不存在相关性。同时还发现，公正感与组织公民行为之间存在着因果关系，这一结论与公正理论的观点相一致：当员工感到不公正时，将减少组织公民行为发生的频率；而感到公正时则将持续表现出组织公民行为，以作为对组织的回报。

Kim 和 Mauborgne（1997）研究了 19 家公司，结果均显示程序、态度与行为之间有直接关联。相信公司程序公正的经理人，通常也展现出对公司高度的信任与奉献精神，愿意主动合作。有很多证据显示，只要过程是公正的，就算结果不利于自己，员工也是会接受的。当程序公正时，员工也会愿意为了企业的长远利益而牺牲自己的短期利益。

Lawer 和 Hall（1970）指出，当个人知道自己的努力可以获得预期的工作绩效时（公正观点），他就愿意在工作上投入。Alexander 和 Ruderman（1987）对美国联邦政府中的 2800 名员工进行调查发现，组织中的程序公正与离职倾向、对主管评价与信任以及工作满足等有着显著相关性，尤其在离职倾向上比分配公正扮演着更重要的角色。Folger 和 Konovsky（1989）探讨了绩效考核的程序公正、分配公王对工作满意度、组织承诺与主管信任的关系，结果也显示，程序公正比分配公正更能解释员工的组织承诺以及对管理层的信任关系，而分配公正在报酬的满足上，比程序公正有更大的影响力。Lind 和 Tyler（1988）认为，相对于对特定结果的态度，程序公正与对机构或授权的态度有更明显的关系，这似乎是合理的现象，因为程序是由制度产生的，而分配是由制度的结果产生的。Organ（1990）认为 OCB 很大程度上受公正感的驱使。许多研究认为，程序公正与 OCB 之间的关系比分配公正更密切。Mcfar-lin 和 Sweeney（1992）实地调查了美国中西部某家银行的 1100 名员工后发现，分配公正对工作满意度的变量具有显著正相关，而且分配公正对工作满意度的预测力，比程序公正更好。

此外，樊景立等（Jiing - Lih Farh）（1997）从不同的文化特征（传统和现代）和个体特征（性别差异）来研究中国情景下组织公民行为与公正感之间的关系，结果发现公正感包括分配式公正（distributive justice）和程序式公正（procedural justice）与现代文化价值观念较强的组织成员的组织公民行为有相当高的关系，而且男性高于女性。

Shore 和 Wayne（1993）的研究结果显示，情感承诺、组织支持知觉与组织公民行为呈正相关的关系，持续承诺与组织公民行为呈负相关的关系。同时，组织支持知觉比情感承诺、持续承诺更能解释组织公民行为中的变异，亦即组织支持知觉更能决定组织公民行为，并且对员工的工作满意感有显著的影响。

3. 绩效考评满意度及其对组织承诺、组织公民行为的影响

从提出工作满意的概念以来，有关工作满意的探讨相当多。然而，不论学者如何诠释这个概念，所谓的工作满意是指围绕在个人对其工作整体或不同层面上的情感的（affective）或情绪的（emotional）反应（Kreitner & Kinichi，1995）。整体的观点认为员工的工作满意是指员工对其所处工作环境所抱持的态度（Wiess et al.，1967）；而层面性观点对工作满意的定义是指员工根据参考架构对工作加以解释的结果（Smith，Kandall & Hulin，1969）。此外，Porter 和 Lawler（1971）从差异化（discrepancy）的观点定义工作满意，认为员工工作满意源于应得到的与知觉得到间的差异。

测量工作满意的常用工具主要有两种，第一种是 Weiss 等（1967）发展出来的"Minnesota 满意问卷"（MSQ），目的是测量员工对工作整体的满意程度。量表中包括"内在满意"（intrinsic satisfaction）及"外在满意"（extrinsic satisfaction）两个层面，前者指造成满意感的增强物（rein forcers）与工作本身有密切的关系，例如，从工作中获得的成就感、自尊、自主等；后者指造成满意感的增强物与工作本身无关，例如，主管的赞美、同事间的良好关系、良好的工作环境。第二种是Smith、Kendall 和 Hulin（1969）发展的"工作描述指标"（Job Descriptive Index，JDI），此量表主要是要求受测者就工作本身、薪资、升迁、管理（监督）及同事五个参考架构评估其满意度。Scaupello 和 Campbell（1983）认为利用此架构的测量方式可能会失去员工关心的层面或者使用的层面不是员工关心的，这意味着：来自 MSQ 所显示之工作满意与离职倾向的关系程度较来自 JDI 的高。

1990 年，Dobbins、Cardy 和 Platz - Vieno 提出，工作满意度中的各个维度忽视了有关绩效考评满意度的维度，这个维度包括对绩效考评的时效性、准确性、公正感、可操作性、透明性、目标设置的程序和绩效反馈机制的满意程度以及对绩效考评整体的满意程度。在通常的 JDI、JDS、MSQ 和 JSS 满意度问卷中都是测量对结果的满意度，如薪资、福利、晋升、管理、工作本身、同事和工作环境（Spector，1997），而没有测量对过程的满意度。Quarstein、McAfee 和 Glassman 于 1992 年证实了满意度在结果和过程上的区别，并指出过程的满意度影响结果的满意度。这里过程满意度就是指绩效考评满意度。

进一步的研究集中在绩效考评满意度与考评公正感、工作满意度、组织承诺之间的关系上。Tang 和 Saarsfield - Baldwin（1996）指出，分配公正与绩效考评满意度、薪酬和晋升满意度以及组织承诺等有着显著相关；而程序公正与管理满意度、组织承诺等有着显著相关。整体的公正感与绩效考评满意度和组织承诺都相关。Blau（1999）控制了其他的变量，对绩效考评满意度与工作满意度的关系进行了纵向研究，研究表明，绩效考核满意度可以全面提高工作满意度的各个方面，如晋升、薪资、管理、同事和工作本身等的满意度。

国内有关考评满意度的研究还处于起步阶段，廖建桥、杜旌（2004）调查了一些管理人员对一些工作测量方法的认可程度，这些方法是工业工程中的传统方法，包括工作日志、随机观察、问卷调查、强行排队、工作绩效、测定工作单元等。研究表明，知识员工对于不同的测量方法均有着较高的认可度，但不同测量方法的认可程度存在着很大的差异，这些差异并不是表明某个测量方法在某个企业应用时的认可程度，而是表明了不同测量方法应用领域的局限性大小，因此应因地制宜地运用这些测量方法。这些测量方法中，工作绩效法实际上就是基于结果的绩效考评方法，该方法得到了69.4%的认可，在所有方法中位居第三位。

尽管该研究的调查对象还是局限在一些普通管理人员，研究的内容也是工业工程中的工作测量方法，但该研究对研究知识员工的绩效考评进行了尝试、探索，为后来的研究提供了有价值的参考。

本研究将抽取Dobbins、Cardy和Platz – Vieno（1990）提出的绩效考评满意度中，适合我国国情和本研究实际情况的一些指标，如考评的公开性、操作性、指标制定等，作为绩效考评过程的满意度指标，来衡量企业绩效考评过程中的管理行为，研究在不同绩效考评操作水平下，考评方法对员工的心理和行为层面的影响。

二　组织承诺

组织采取适当的管理方针、策略对组织进行管理，是通过对组织内外个体的心理活动和行为活动施加一定的影响，从而提高组织效率，达到组织的最终目的。衡量组织的管理行为以及组织中个体心理层面和行为层面的变量很多，在文献研究基础上，并结合企业实际情况，本研究选取组织承诺、组织公民行为作为衡量员工的心理和行为层面的变量，它们也是本研究的结果变量。

1. 组织承诺的含义

组织承诺（organizational commitment）是指组织成员对组织的承诺。对于组织承诺的认识，有两种较为流行的观点：一是行为说，二是态度说。行为说主要关心个人是怎样认同某种特定行为，是哪些情境性的因素使行为难于改变，它们又是怎样影响与行为一致的态度的形成的。如Salacik（1977）认为，组织承诺是"个人对某一特定组织的依赖并依此表现出来的相应的行为"。他进一步指出了组织承诺的四条行为标准：①行为的清晰性，这些行为是否明确、可见；②行为的持久性，这些行为是持久的还是短暂的；③行为的自愿性，这些行为是发自内心的还是由于外界诱惑或其他外在压力被迫而为之；④行为的公开性，别人是否知道该行为以及谁知道该行为。态度说主要关心个人是怎样培养出对组织价值观的坚定信念，又是怎样产生出为组织的利益而努力的意愿，以及如何培养个人形成想留在企业而不愿离开的意愿等。现在大部分研究都是从态度这个角度来进行阐述的。

尽管人们对组织承诺进行了大量的研究，但对组织承诺的定义不尽相同。Becker（1960）最初提出组织承诺这个概念时把它看成随着员工对组织投入的增加而使其不得不继续留在该组织的一种心理现象。Mowday、Steers 和 Porter（1979）将组织承诺定义为个人对组织的一种态度或肯定性的内心倾向，它是个人对某一特定组织感情上的依附和参与该组织的相对程度。在 Mowday 等人工作的基础上，1990 年，Allen 和 Meyer（1990）进行了一次综合性研究，表明它至少存在三种形式的承诺：情感承诺、继续承诺、规范承诺。这个研究结果在很多研究中得到验证，引起了越来越多研究者的注意（Meyer & Allen，1993；Irving & Cooper，1997；Ko Jong – Wook & Price，1997）。

情感承诺（affective commitment）指组织成员被卷入组织、参与组织社会交往的程度。它是个体对一个实体的情感，是一种肯定性的心理倾向。它包括价值目标认同、员工自豪感以及为了组织的利益自愿对组织作出牺牲和贡献等成分。员工对组织所表现的忠诚并努力工作，主要是由于对组织有深厚的感情，而非物质利益。

继续承诺（continuance commitment）是员工为了不失去已有的位置和多年投入所换来的福利待遇而不得不继续留在该组织的一种承诺。它是建立在经济原则基础上的、具有浓厚交易色彩的承诺。员工进入一家组织，都有一个期望，这种期望反映了员工三个方面内容的需要：维持生活、发展自我和承担社会责任。组织尽力满足员工的需要，同时也希望员工忠于组织，努力工作。这种相互作用的关系，造成员工"Side – Bets"的累积（Meyer & Allen，1984）。这种"Side – Bets"指一切有价值的东西，比如：退休金、精力、已掌握的特定于该组织的技术和技巧、在组织中形成的人际关系和所具有的资历、地位等。如果员工离职，所有这一切都将丧失。

规范承诺（normative commitment）是指由于受长期社会影响形成的社会责任而留在组织内的承诺。个体在社会化的过程中，不断地被灌输和强调这样一种观念或规范：忠诚于组织是会得到赞赏和鼓励的一种恰当行为，以至于在个体内心产生顺从这种规范的倾向。同时从组织那里接受利益或好处也会使员工内心产生一种要回报的义务感。也有研究者从不同的角度对组织承诺进行过阐述。O'Reilly 和 Chatmen（1986）认为组织承诺反映了员工与组织的"心理契约"，它是顺从、认同、内化三种成分不同程度的混合。Reichers（1985）认为，由于组织是由不同的"联合体和群体"组成，每个群体都有自己的目标和价值观，组织承诺是多种承诺的集合。员工对不同的目标和价值观具有不同程度的承诺，各种承诺彼此之间可能协调与冲突并存。余凯成（1985）认为，组织承诺有五个内容层次，由低而高分别为：功利性承诺，参与性承诺，亲属性承诺，目标性承诺，精神性承诺。这五个层次的生存和发展不完全是连续渐进的过程，不是从低层次向高层次的机械运动，而是既可能呈现跳跃性发展，也可能呈现几个内容层次的承诺共存于一个行为主体之中。

2. 组织承诺的发展过程模型

大部分研究认为，组织承诺是在社会交换原则的基础上形成的。组织为员工提供理想的工作环境，员工就对组织形成承诺。组织承诺与理想的工作环境呈正相关，与不理想的工作环境呈负相关，但实际情况远比这个复杂。组织承诺也像工作满意感和组织气氛一样有一个自然发展的过程（Meyer，1997）。

（1）员工—组织匹配模型

人们早就认为，员工希望从组织中得到的和组织实际可提供的越匹配，他们就会越满意。但员工—组织匹配近来才作为组织承诺形成和发展的一个因素来考虑。对模型假设进行验证的方法通常是计算出一个匹配的指标，然后计算它与结果变量的相关。O'Reilly 和 Chatmen（1986）通过个体文化偏好排序与组织文化测量，探讨它们之间的匹配对员工组织承诺的影响。还有学者计算出下属与主管目标间的平方差之和与组织承诺之间的相关。在这些研究中，都发现匹配指标和组织承诺有正相关。这些研究能否作为匹配假设的证据目前还不清楚。有学者对研究中匹配指标的含义提出了质疑，同时提出了另一套检验员工—组织匹配假设的方法。相关的研究有检验个体特征与工作（或组织）特征之间的交互作用对组织承诺的影响（结果有的是证实了，有的没有证实，有的是部分证实）。

（2）期望满足模型

与员工—组织匹配相关的一个假设是，当员工进入组织后的工作经历与他们进入组织前的期望相匹配时，员工对组织具有更高的承诺。在最近的一项元分析中，Wanous 等（1989）发现，期望满足与组织承诺之间的校正平均相关为 0.39。研究者发现不管最初的期望如何，在就业的前几个月，积极的工作经历将导致更高的组织承诺。期望的未满足会对组织承诺有消极影响，但这种影响会由于与管理者或同事的积极关系而减弱。大部分研究者都认为，就业的第一年是组织承诺形成和发展最重要的一段时期，需要进一步研究期望及其经历是如何共同影响组织承诺的。

（3）因果归因模型

大量研究证明，组织承诺和积极的工作经历有关。员工—组织匹配和期望满足模型表明，这种经历对组织承诺的作用可能受个体需要、价值观及期望差异的影响。另一个潜变量是员工对这些经历的归因。也就是说，如果员工认为正是组织才使他们具有这些积极的经历，更有可能使员工产生对组织的情感依附。尽管这个归因假设还没有得到系统的评估，Allen 和 Meyer（1990）证明了归因在工作经历与员工对组织的情感反应之间的中介作用。Koys（1991）发现，当员工把理想的人力资源管理措施归因于组织对员工的关心而不是为了合乎法律要求，这些措施对员工组织承诺的影响更大。归因假设可以帮助我们理解各种经历什么时候、以怎样的方式影响员工对组织内外各种对象的承诺。

（4）组织公正和组织支持模型

人们认为员工会根据他们是否受到公正的待遇，或组织对员工的福利是否关心来评估他们的工作经历。如果真是这样的话，公正感和支持性感知将成为组织承诺产生的更为直接的原因。如果工作特征或组织政策是通过公正感和组织支持的塑造来影响组织承诺，那么后者起着中介的作用。就像组织承诺一样，组织公正现在一般被看作多维的构思。与此模型相关的研究是把它分为结果的公正感（分配式公正）和用来决定结果的程序的公正感（程序性公正）。有几项研究考察了这两种公正对组织承诺的影响。例如，Folger 和 Konovesky（1989）发现，分配式公正比程序性公正在工资满意感中解释了更多的方差，而程序性公正对组织承诺解释了更多的方差。

这些结果表明，员工组织承诺至少部分地受到他们在组织中公正感感知的影响。然而，还没有研究对"组织对员工的承诺"这个概念进行过定义和测量，与这个概念相近的是组织支持。有研究证明，组织支持与感情承诺、规范承诺有正相关，但和继续承诺没有相关。该模型同时表明，组织如果要想培养员工的组织承诺，就必须首先证明他们对员工的承诺。

（5）单边投入模型

美国社会学家 Becker 于 20 世纪 60 年代提出了"单边投入"理论（side – bet theory）指出：承诺是由单边投入（side – bet）而产生的维持活动一致性的倾向，是一种甘愿全身心参与组织的各项活动的感情。活动一致性的概念来自心理学，是指个人具有稳定的需求和一致的行动以最大限度地满足自身需要。这种需求的满足行为是基于"经济理性"假设，即员工与组织之间是一种基于经济交换基础上的契约关系，它的出发点是解释员工的离职意向（留职意向）产生的原因。员工随着其对组织的"单方面投入"的增加，即随着员工对组织在时间、精力甚至金钱上投入的增加，他们一旦离开该组织，就会遭受很大的损失。由于这种知觉到的损失威胁，他们不得不留在现在的组织中。

根据以上模型的描述，我们发现有些模型适合于解释组织承诺的某一种成分，有些模型可以解释多种成分。从验证员工—组织匹配模型的多项研究来看，该模型主要指员工的目标、价值观与组织目标、价值观之间的匹配，它有助于我们对感情承诺的理解。期望满足模型表明，组织满足员工需要与员工对组织产生高承诺之间存在着相关，该模型可用来解释继续承诺。这两个模型的共同点是匹配导致员工产生承诺。不同点在于前者是员工与组织之间的匹配，后者是自我工作经历与自我期望的匹配。如果说前面两个模型确定了承诺产生的必要条件，那么因果归因模型则说明了承诺产生的过程。任何一种承诺都是在对某些内外刺激进行归因的基础上才能产生。组织公正和组织支持模型与交换理论是一致的，既是组织承诺产生、维持的必要条件，同时又是归因的结果。

3. 知识员工组织承诺的形成过程及特点

知识员工由于本身的特点具有特殊的专业知识和技能，从事的工作富有挑战性和不确定性，易获得外部信息等，造成他们比较倾向于劳动力市场公司内部化。自觉地将组织内部的报酬水平等组织支持水平与外部劳动力市场的平均报酬水平等有关组织支持水平相对比。对于知识员工来说，这样做有两方面好处：第一，便于了解他们的专业知识在外部人才市场的市场价格走向；第二，便于了解他们在组织口自身知识的价值。通过对外部市场价格的了解形成包括报酬、组织支持水平、公正水平等各方面的期望，再将实际报酬等组织支持水平、公正水平与期望值进行比较，形成组织承诺。

因此，知识员工组织承诺的形成过程可以用期望理论较全面地进行概括，这包括两个阶段。第一阶段员工首先在心里定位一个理想的组织，并将其与现在的组织进行对比。根据企业现状与员工期望的比较来确定企业现状与期望是否符合，进而确定最初的情感方向。通过日常工作在组织内部及外部进行对比，再将对比结果与期望进行比较。第二阶段员工是根据比较结果形成组织承诺。比较过程中高于期望会提高组织承诺，符合期望会维持组织承诺，低于期望会降低组织承诺。同时组织承诺的形成受到组织文化、社会文化等外部因素的影响。其形成过程如图 2 - 1 所示（康锦江、杨春江和张化东，2004）。

4. 组织承诺的前因及后果变量

（1）组织承诺的前因变量

组织承诺的前因变量主要可以归纳为三类：工作因素、组织因素和个人因素。

A. 工作因素

工作因素包括工作的挑战性、职位的明确程度、目标难度等。关于

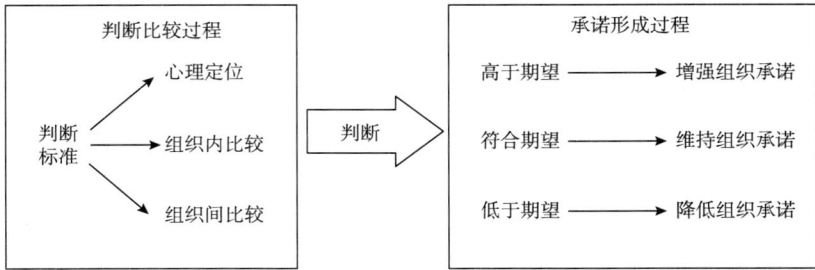

图 2 - 1   知识员工组织承诺形成模型

工作因素对组织承诺的影响的研究发现，组织承诺与工作自发性、更高质量的工作关系呈正相关，与工作地点远近、工作—家庭冲突的发生频率呈负相关（Fields，2004）。Meyer 和 Allen 等（1991）的研究发现，满意感、工作的挑战性等会影响情感承诺。

B. 组织因素

组织因素主要包括组织支持、组织可依赖性、公正感、管理层对新观点、新思想的接纳程度、集体工作精神等。Eisenberger 提出了互惠规范和交换理论，认为当员工感觉到组织对他关心、支持和认同时，员工就会有很好的表现。Lynn Mcfarlane Shore 和 Sandy J. Wayne 的实证研究结果也发现，员工感知到来自组织的支持越大，则情感承诺越高。我国的学者也进行过此类研究，发现组织支持与组织承诺的相关性分别高达0.61 和 0.71，且总体呈明显的相关关系（刘小平和王重鸣，2002）。张勉等（2002）的研究还发现，分配公正感对情感承诺和规范承诺的影响表现出显著性。Masao Tao 等（1998）则分析了组织气氛、管理行为、组织经历和任务明确性对组织承诺的影响，结果是它们对组织承诺都有很好的预测效果。

C. 个人因素

个人因素包括年龄、工龄、婚姻状况、受教育程度及工作经历等。Meyer 和 Allen（1991）认为，年老的员工更有可能对企业产生情感承诺。Mowday（1979）则认为，组织承诺与个人受教育程度负相关。我国学者崔勋（2003）作过的相关研究发现，性别差异、学历、户口的差异以及本地员工与外地员工的差异对情感承诺有显著的影响。虽然因研究对象和方法上的差异，导致有关个人因素对组织承诺影响的研究结论有所不同，但总的来说，个人因素对组织承诺有很大的影响则是毋庸置疑的。

5. 组织承诺的后果变量

员工的退缩行为和工作绩效是组织承诺研究中常用的两类结果变量。

A. 员工退缩行为

员工退缩行为主要表现在离职意向、出勤率、工作转换等方面。Meyer 和 Allen（1991）认为，组织承诺的具体成分不同，其对员工的行为影响也不同。情感承诺与工作变换及工作变换意向相关性最为显著，而组织承诺对员工的影响强度要视条件而定，如组织承诺对员工工作变换行为的影响受时间间隔的影响。对年轻人而言，时间间隔越短，影响越大；对年老的人而言，时间间隔越长，影响则越大。Steers（1977）在研究中发现，组织承诺能够增强员工留在企业的愿望和意愿，而且组织承诺与员工的转换意向有着密切的关系。Burton 等（2002）认为缺勤应该是一种多维结构，情感承诺和规范承诺在预测缺勤行为上比持续承诺更有效。进一步的研究应该关注组织承诺的不同维度对缺勤行为的影响。员工的自愿离职行为是研究最多的员工退缩行为之一。组织承诺对自愿离职行为的预测效果已经被很多实证数据证实，但是研究者都是从离职留职的角度来考察，缺少从雇佣关系的角度进行考察的研究。

McElroy 等（2001）将外部组织特性引入外部组织承诺的前因变量，将组织公民行为、顾客满意等引入组织承诺的后果变量。组织承诺的前因和后果变量也得以扩展。

B. 工作绩效

关于组织承诺与工作绩效关系的研究还没有得到一致的结论，但是在组织承诺与工作绩效有关这一点上倒是取得了一致意见。Steers（1977）认为几种承诺与工作绩效之间有微弱的相关，组织承诺与工作绩效之间没有直接的或一致的关系。Randall 等（1999）认为，只有组织支持与工作绩效有关。而有的学者指出，组织承诺与工作绩效之间可能存在中介变量，如工资报酬有可能在组织承诺和工作绩效之间起调节作用，如果企业的薪酬直接与员工的绩效挂钩，那么持续承诺与业绩之间可能会高相关。同样，工作目标的清晰性也有可能作为调节变量在情感承诺与工作绩效之间起作用（胡卫鹏和时勘，2004）。由于中介变量的不同，组织承诺对工作绩效的影响也可能不同。

6. 组织承诺的测量

对组织承诺进行概念操作化的常见工具主要是 Porter 等（1974）发展出来的组织承诺量表（OCQ），这是最常见的测量组织承诺的工具。值得注意的是，OCQ 有长、短两个版本，长的版本有 15 个选项（最初的 OCQ），然而，Reilly 和 Chatman（1986）、Reichers（1985）认为 15个选项中有 6 个与离职的测量重叠（这些学者认为 6 个选项用以测量离职）而将之删除成为短版本。这使得长版本 OCQ 测量的组织承诺与离职倾向的关系较短版本的 OCQ 来得密切。

三 组织公民行为

员工的工作行为表现之所以一直是组织行为学研究普遍关注的问题，是因为员工的工作行为直接影响到组织绩效目标的实现。在 10 多年前，Organ 及其同事提出了"组织公民行为"（organizational citizenship behavior，OCB）的概念，引起了理论界的普遍关注，后来，这一概念被广泛地应用于人力资源管理、社会心理、军事、经济等诸多领域的研究中（Podsakoff，2000）。

Organ 将组织公民行为的研究追溯到 Barnard（1938）提出的"合作的意愿"概念、Roethlisberger 和 Dickson（1964）对霍桑实验中"非正式组织"的研究，他认为，"非正式"与"合作"包含了组织公民行为思想的精髓。而 Katz 和 Kahn（1966）的研究发现，一个组织要想有效地运作，员工的行为必须符合下列三种情况：①员工必须参与并且留任在组织中；②员工的行为必须符合组织的特定角色要求；③员工在获得超越角色要求的组织目标时必须具有创新及自发性行为。这里，第一种是员工的维持性行为；第二种则是员工达成组织绩效所需要的行为，即角色内的工作行为；第三种则是员工主动执行超越自身角色范围，且对组织目标的实现有贡献的行为，即角色外工作行为。Katz 认为如果员工只有第一种行为和第二种行为，即仅仅依照工作说明书的规定来行事，那么，这个组织可能会是一个不稳定的或者说是非常脆弱的系统。

Organ（1988）在其出版的《组织公民行为：好战士现象》（*Organizational Citizenship Behavior：The Good Soldier Syndrome*）一书中提出了"组织公民行为"一词，认为任何组织系统的设计都不可能完美无缺，如果只依靠员工的角色内行为，则很难有效地达成组织目标，因此，必须依靠员工的角色外行为来弥补角色职责的不足，来促进组织目标的实现。为此，他将组织公民行为定义为"自觉自愿地表现出来的、非直接或明显地不被正式的报酬系统所认可的、能够从整体上提高组织效能的个体行为"。这是一个为后人引用最多的概念。这个概念表明了几个重要的观点：①这些行为必须是组织成员自觉自愿表现出来的行为。②组织公民行为是一种角色外的行为，即一种未被组织正式规范或工作说明书规定的行为，但它是组织所需要的。③组织公民行为不是由正式的奖惩系统来评定的行为，它的完成不会被组织所奖赏，而员工不从事这些行为也不会为组织所惩罚。

组织公民行为对组织的重要性已得到了许多研究的支持。组织公民行为能提高组织绩效，关键在于它充当了组织运行的"润滑剂"，减少了组织各个"部件"运行时的相互摩擦，从而促进了整个组织效率的提高。

1. 组织公民行为的理论基础

Bateman 和 Organ（1983）在创立公民行为概念时指出，组织公民行为的理论基础是社会交换理论（social exchange theory）和个体的积极情感（positive affective）。后来的研究者在探究组织公民行为时，大多接受了这个看法。交换理论是由 Barnard（1938）提出的，后来又得到了 March 和 Simon（1958）的完善，其主要观点认为，个体用自己的贡献与组织所提供的某种报酬构成交换关系。后来，Blau（1964）将人类的交换行为区分为经济交换和社会交换两种行为。经济交换行为是建立在一个明确列出交换物数量的契约之上，双方（或通过第三方）在明确的行为和时间下达成协议，而社会交换行为则是建立在信任基础上的一种个人的自愿性行为，其动力是为了使个人获取回报。由于社会交换的回报是模糊的义务行为，对方有无回报是不确定的，因此，信任，即相信对方在适当的时机会有所回报，就成为社会交换的必要条件。在一个组织中，管理者提供员工工作上的支持与货币的报酬，而员工表现对工作的热忱和贡献自己的才智，管理者与员工通过彼此的交换获得所需的利益。可见，从社会交换的角度来看，员工的组织公民行为就是一种基于社会交换的意愿性回报行动。正如 Bateman 和 Organ（1983）在探讨工作满意感和组织公民行为的关系时所指出的，在某种程度上，员工的满意感源于管理者的努力，当这种努力被员工觉察为有益时，员工就会投桃报李，要求自己对这些管理者的努力有所回报。由于员工缺乏能力或机会表现出更多的工作业绩，所以，往往就以其能控制的各种公民行为来回报组织的努力。

2. 组织公民行为的特征维度

对于组织公民行为的特征维度，许多研究者都提出了自己的观点，其中有二维结构、三维结构、四维结构、五维结构和七维结构等。概括起来，他们所提出的主要特征维度有：利他主义（altruism）、一般性顺从（generalized compliance）、文明礼貌（courtesy）、助威行为（cheerleading）、维和行为（peacekeeping）、运动员精神（sportsmanship）、公民美德（civic virtue）和责任意识（conscientiousness）等。但是有几项研究发现很难区分利他主义、文明礼貌、助威行为、维和行为，因而有研究将这四种行为归结为一个维度——帮助行为（helping behavior）。如 Podsakoff 等（1997）将组织公民行为分成帮助行为、公民美德和运动员精神三个维度。然而，Graham 从另一角度提出了组织公民行为的四维结构，即人际互助（interpersonal helping）、个人主动力（individual initiative）、个人勤奋（personal industry）和忠诚支持（loyal boosterism）。

综上所述，组织公民行为是多维度的，决非单个因素所能解释。但综观以往所有有关 OCB 的研究，采纳较多的还是 Organ 提出的组织公民行为五维结构，即①利他主义行为，帮助处理或阻止工作中发生或即将发生的问题，鼓励在工作或个人职业发展方面失去信心的同事；②文明礼貌，对别人表示尊重的礼貌举动；③运动员精神，员工在非理想化的环境中毫无抱怨、坚守岗位的一种意愿行为；④责任意识，严肃认真、尽心尽责对待工作的行为；⑤公民美德，积极参加和自觉关心组织各项活动的行为。

3. 组织公民行为的前因和后果变量

（1）组织公民行为的前因变量

影响组织公民行为的因素归结起来，有以下四方面：个体特征、工作特征、组织特征和领导行为。

A. 个体特征变量

a. 员工的态度

Organ 等（1983）的研究表明，员工的满意感、组织承诺和公正感、知觉到的领导支持对组织公民行为有显著的影响。也有研究表明，员工对领导的信任、组织承诺（情感承诺和继续承诺）与组织公民行为的各个维度有着显著正相关，其中员工对领导的信任与总体组织公民行为有密切关系。

b. 特质变量

已有的研究发现责任感、宜人性与组织公民行为中的利他主义行为、组织遵从有密切关系。个体的积极情感与利他主义行为、组织遵从有显著正相关，消极情绪则与利他主义行为、组织遵从有显著负相关。

c. 个体的角色知觉

Podsakoff 等（2000）的元分析研究表明，个体的角色知觉与组织公民行为的某些维度有密切关系。角色冲突、角色模糊与利他主义行为、礼貌行为、运动家道德有显著负相关，与责任感和公民道德则没有相关。

B. 工作特征变量

已有研究表明，绩效反馈、满意的工作任务与组织公民行为有显著正相关，而任务程序化和规则化则与组织公民行为有显著负相关。目前关于这方面的研究较少，因此值得进一步研究。

C. 组织特征变量

组织特征变量与组织公民行为的关系比较复杂。研究表明，组织的正规化、组织僵化、顾问—员工支持（advisory - staff support），领导权力距离与组织公民行为都存在显著相关；群体凝聚力与组织公民行为的各个维度都有显著正相关，知觉到的组织支持与员工利他主义行为有显著正相关。

D. 领导行为变量

Chen 等人的元分析研究表明，核心变革型领导行为（魅力型领导、明确表达前景、提供合适模型、鼓励组织目标的接受、高绩效期望和智力启发）与利他主义行为、礼貌、良心、运动家道德和公民道德有显著正相关。Hui 等人的研究表明，领导—成员交换（LMX）与利他主义行为、总体组织公民行为有显著负相关，说明组织公民行为在相互的社会交换过程中扮演着重要角色。总之，以上研究表明，领导行为对员工 OCB 的影响最大，几乎所有的领导行为维度都与组织公民行为有显著相关。

（2）组织公民行为的结果变量

目前，关于组织公民行为的结果变量研究主要集中在组织公民行为与绩效的关系研究上，主要有以下三种观点：

A. 组织公民行为本身就是工作绩效的一种

工作绩效从工作行为角度可划分为任务绩效（task performance）和关系绩效（contextual performance）。任务绩效指与工作任务效率直接相关的产品生产和技术支持活动，主要表现为工作效率；关系绩效是指对组织、社会和心理环境的支持性活动，包括人际促进（interpersonal facilitation）和工作奉献（job dedication）两个维度。人际促进反映支持士气，鼓励合作等社会因素；工作奉献更多的是反映自律行为。组织公民行为包含于关系绩效之中，主要有以下两方面的理由：第一，组织的变革和职务的变化推动了绩效范围的拓展，而组织公民行为与个人绩效的许多指标存在紧密的联系，使组织公民行为自然包含于关系绩效之中；第二，管理者对员工绩效的评定，也同时考虑了员工的组织公民行为。

B. 组织公民行为影响工作绩效

Podsakoff 和 Mackenzie（1994）的研究表明，组织公民行为解释了17%的员工工作绩效变异；组织公民行为中的一些维度，如运动员精神和公民美德与绩效呈正相关，帮助行为与绩效呈负相关。Podsakoff 和 Ahearne 为了避免以往研究的不足，在同一组织中采用相同的测量标准，从而保证了绩效评价标准的一致性，研究结果验证了组织公民行为与工作群体绩效间的相关性。研究显示，组织公民行为解释了产品数量变异的 25.7%，而只能解释产品质量变异的 16.7%，即组织公民行为更多地解释了产品数量的变异；帮助行为、运动员精神与产品的数量呈正相关，并且帮助行为与产品的质量相关，而公民美德与产品的数量和质量都不相关。这一研究结果与 Podsakoff 和 Mackenzie（1994）的研究结果存在两方面的不同：帮助行为与绩效呈负相关；公民美德与绩效呈正相关。其原因在于：研究对象的离职率不同、奖励制度不同、员工的任务和技术性质不同、在工作中需要团体合作的程度不同、评价者的主观偏差。

C. 组织公民行为与绩效之间的因果关系很难定论

Karambayya（1990）在研究中观察了工作群体绩效与工作满意感、组织公民行为之间的关系。结果表明，高绩效、高满意感的员工比低绩效的员工更多地表现出组织公民行为。因此，很难断定是组织公民行为导致绩效的提高，还是高绩效导致员工具有较高的组织公民行为，两者之间具有交叉滞后的因果关系，但有一点可以肯定，较高的组织公民行为与高绩效之间存在着密切的联系。

4. 组织公民行为的测量

对组织公民行为的测量，目前主要从测量的量表和评定视角这两个方面进行研究。由于研究人员对组织公民行为的认知或研究对象的不同，开发了不同的组织公民行为量表。从以往的研究中可以看出，组织公民行为量表的开发主要有以下几种途径：①从访谈中获取，如 Smith 和 Organ（1983）根据访谈结果，编制了包含利他行为和一般性顺从两个因素的组织公民行为量表，这是最早的组织公民行为量表。②利用其他较为成熟的行为量表。如 Sdarlicki 和 Latham 认为，不同的工作背景下应使用不同的测量工具，因而他们利用行为观察量表测量员工的组织公民行为。③针对具体某一研究目的，利用现有的组织公民行为量表做进一步的修改而形成新的组织公民行为量表，大多数量表属于此种情形。如 Mackenzie 和 Fetter（1990）参考 Organ 所提出的五维结构量表，开发了测量代理商的组织公民行为量表，包含帮助行为、文明礼貌、运动员精神和公民美德四个维度；Moorman 和 Blakely（1995）编制了包括人际间帮助、个体进取心、个人努力以及责任心的组织公民行为量表；Podsakoff（1990）编制了包括帮助行为、运动员精神、公民美德三方面内容的组织公民行为量表。

在众多测量组织公民行为的量表中，最有代表性的是 Organ 在 1988 年开发的包括助人行为、文明礼貌、运动员精神、责任意识和公民道德五个维度的组织公民行为量表，而其他量表的编制大多以此量表为基础。林淑姬（1992）参考了 Organ 所提出的组织公民行为架构以及 Podsaoff 等（1990）的问卷，结合东方企业实际，重新构建了六个维度的组织公民行为量表：认同组织、协助同事、不生事争利、公私分明、敬业守法、自我充实。在这六个构面中，协助同事、敬业守法与 Organ（1988）最初提出的利他行为（altruism）、尽职行为（conscientiousness）相当符合。该量表 Cronbach's α 值为 0.95，其构面的 α 值也超过了 0.78，表明此量表有相当高的信度。

第三章

绩效考评变革研究框架、方法与结果

第一节 研究框架与理论假设

一 研究框架

本研究的主要研究目的是研究不同绩效考评方法对知识员工在心理层面和行为层面上的影响。因此在本研究中，绩效考评方法是研究的自变量，而员工的心理层面和行为层面的变量则为因变量。其研究框架如图 3-1 所示。

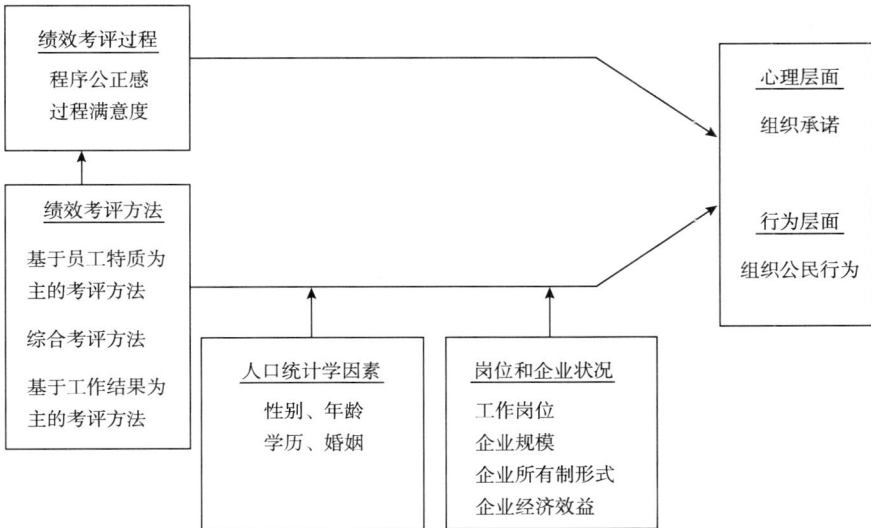

图 3-1 研究框架

组织承诺反映了员工对组织的忠诚程度，它与员工的退缩行为以及工作绩效密切相关，同时组织公民行为也和员工的绩效密切相关，甚至其本身就是绩效的一种，因此本研究选取组织承诺作为反映员工心理层面的因变量，选取组织公民行为作为衡量员工行为层面的因变量。

为了研究知识员工在不同个人因素、不同企业环境下，不同绩效考评方法对员工的心理层面和行为层面的影响，本研究选取人口统计学因素、岗位和企业状况变量作为研究的调节变量，如图 3 - 1 所示，人口统计学因素包括性别、年龄、学历、婚姻四个方面，岗位和企业状况包括工作岗位（纯技术和技术加管理两种）、企业规模、企业所有制形式（也称为企业性质）、企业经济效益。

在一定的绩效考评方法下，不同的考评过程是否对员工的心理和行为有不同影响呢？为了探讨该问题，本研究选取绩效考评过程作为本研究的自变量，如图 3 - 1 所示，绩效考评过程主要包括绩效考评程序公正感和绩效考评过程满意度两个方面。

二　研究假设

根据研究需要和目的，该研究作出如下假设：

1. 人口统计学因素对知识员工组织承诺和组织公民行为的影响

个人因素作为研究所涉及的基本人口变量，是最先纳入考察范围的，其目的在于探究被试者的性别、年龄、学历、婚姻是否会对其组织承诺和组织公民行为水平产生影响。Organ（1990）、Mowday 等（1979）的研究都表明对员工的组织承诺和组织公民行为有显著性影响，因此，我们假设对知识员工会有同样的影响。

H1a：不同性别、年龄、学历、婚姻状况下，知识员工的组织承诺有显著性差异。

H1b：不同性别、年龄、学历、婚姻状况下，知识员工的组织公民行为有显著性差异。

2. 岗位和企业状况对知识员工组织承诺和组织公民行为的影响

不同岗位和企业状况也是研究员工态度和行为时应该考虑的分析变量，其目的在于探究被试者所在的工作岗位、企业规模、企业所有制形式和企业经济效益是否会对其组织承诺和组织公民的行为水平产生影响。以往大量的研究都表明，对员工的组织承诺和组织公民行为有显著性影响，因此，我们假设这些因素对知识员工会有同样的影响。

H2a：不同工作岗位、企业规模、企业所有制形式和企业经济效益下，知识员工的组织承诺有显著性差异。

H2b：不同工作岗位、企业规模、企业所有制形式和企业经济效益下，知识员工的组织公民行为有显著性差异。

3. 绩效考评过程对知识员工的组织承诺和组织公民行为的影响

Kim 和 Mauborgne（1997）、Tang 和 Saarsfield – Baldwin 等（1996）的研究都表明程序公正感和满意度对员工的组织承诺和组织公民行为有显著的积极作用，因此，我们假设这些因素对知识员工会有同样的影响。

H3a：不同绩效考评程序公正感、不同考评过程满意度下，知识员工的组织承诺有显著性差异。

H3b：不同绩效考评程序公正感、不同考评过程满意度下，知识员工的组织公民行为有显著性差异。

4. 不同绩效考评方法对知识员工组织承诺和组织公民行为的影响

尽管正如前所述，绩效考评方法如同指挥棒，不仅指导着员工的行为，也会影响到员工的心理感受，但有关绩效考评方法对员工的组织承诺和组织公民行为的影响，尚无研究结论，为稳妥起见，这里仅提出无差异假设：

H4a：采用不同绩效考评方法时，知识员工的组织承诺无显著性差异。

H4b：采用不同绩效考评方法时，知识员工的组织公民行为无显著性差异。

5. 在不同人口统计学因素下，不同绩效考评方法对知识员工组织承诺和组织公民行为的影响

为了深入研究绩效考评方法对知识员工的心理和行为层面的影响，研究引入人口统计学因素作为控制变量，但这方面尚无研究结论作为理论支持，为稳妥起见，这里仅提出无差异假设：

H5a：不同人口统计学因素下，采用不同绩效考评方法时，知识员工的组织承诺无显著性差异。

H5b：不同人口统计学因素下，采用不同绩效考评方法时，知识员工的组织公民行为无显著性差异。

6. 不同岗位和企业状况下，不同绩效考评方法对知识员工组织承诺和组织公民行为的影响

为了深入研究在不同岗位和企业状况下，绩效考评方法对知识员工的心理和行为层面的影响，研究引入岗位和企业状况变量作为控制变量，但由于这方面尚无研究结论作为理论支持，为稳妥起见，这里仅提出无差异假设：

H6a：不同岗位和企业状况下，采用不同绩效考评方法时，知识员工的组织承诺无显著性差异。

H6b：不同岗位和企业状况下，采用不同绩效考评方法时，知识员工的组织公民行为无显著性差异。

7. 采用不同绩效考评方法时，不同绩效考评过程对知识员工组织承诺和组织公民行为的影响

为了深入研究在不同绩效考评方法时，不同考评过程对知识员工的心理和行为层面的影响，研究引入绩效考评过程作为调节变量，但由于这方面尚无研究结论作为理论支持，为稳妥起见，这里仅提出无差异假设：

H7a：采用不同绩效考评方法时，不同绩效考评过程中，知识员工的组织承诺无显著性差异。

H7b：采用不同绩效考评方法时，不同绩效考评过程中，知识员工的组织公民行为无显著性差异。

第二节 研究方法

一 数据收集

该研究的调查方法主要是访谈和问卷调查两种，访谈法能够获得研究对象的第一手全面信息，但限于精力和财力的限制，访谈法所获得的数据量有限，而问卷调查法则可以在较短的时间内获得大量信息，因此，在本研究的四个阶段中，同时应用了以上两种方法来逐步开展本研究。

1. 现场调研阶段

研究的第一个阶段是现场调研阶段，调研对象是我国北京、上海、苏州、郑州、武汉、广州、福州、深圳等 10 个城市的 30 家设计研究院，调研形式是与设计研究院的管理人员和设计人员进行访谈。调研的主要内容是了解各个设计研究院有关知识员工管理的情况，重点是知识员工绩效考评方法的形式、指标等，同时通过调研与各个设计研究院建立良好的关系，为今后的问卷调查打下基础。

通过第一阶段的调研工作，取得了各个设计研究院的绩效考评方法、绩效考评指标等有关资料，了解了各院的知识员工本人对考评方法的感受，以及他们的意见和建议，调研取得了圆满成功。

2. 问卷设计和预调查阶段

在文献研究和现场调研的基础上，完成了问卷设计和预调查工作。调查问卷由六部分组成：被调查者的基本情况和所在企业基本情况、被调查者所在企业使用的绩效考评方法、被调查者的绩效考评程序公正感、绩效考评过程满意度、组织承诺和组织公民行为。

被调查者的基本情况调查包括年龄、性别、学历、婚姻、从事工作岗位五个方面，所在企业基本情况包括企业规模、企业所有制形式、企业经济效益三个方面。

被调查者所在企业使用的绩效考评方法部分，是根据第一阶段的调研结果设计的，主要反映被调查者所在企业都采取了哪些考评方法，每种考评方法占总考评结果的权重，以及考评时都采用了哪些指标。

对于被调查者的绩效考评程序公正感、绩效考评过程满意度、组织承诺和组织公民行为四部分问卷的编制，则是在阅读国内外的大量文献后，考虑我国的实际情况，选取了国内外公认为成熟的量表。

初次问卷形成后，选取武汉、北京、广州、苏州四个城市 8 家设计院的设计人员，通过 E-mail 形式对问卷进行预调查，并根据预调查反馈的情况，对问卷进行修正，形成正式的调查问卷。

3. 问卷正式调查阶段

在正式问卷形成以后，我们对北京、郑州、广州、深圳、上海、苏州、南京、温州、福州、武汉 10 个城市的 30 家设计研究院进行正式的问卷调查。问卷调查采取电子邮件的形式，大大提高了调查的效率。

为保证调查的匿名性，每位设计人员在做完问卷后，直接发送电子邮件到笔者的邮箱中，这完全保证了调查的匿名性。本次调查共收回问卷 580 份，剔除无效问卷 6 份，有效问卷共 574 份，有效回收率达98.9%。问卷处理采用 SPSS 10.0 软件进行数据统计分析。

4. 深入访谈和论文撰写阶段

在进入深入访谈和论文撰写阶段后，我们首先对回收的问卷进行检查和整理，将问卷填答不全或大部分题目均选择同一选项者剔除后，再将问卷进行编码，利用 SPSS 10.0 软件进行统计分析，在分析中所运用到的统计方法主要有描述性统计分析（descriptive statistics analysis）、因子分析（factor analysis）、信度分析（reliability analysis）、独立样本 T 检验（independent test）、单因素方差分析（one-way ANOVA）等。

深度访谈是在问卷分析之后进行的，访谈内容集中在问卷分析所得的结论上，一共有两个方面。第一个方面是求证作者对一些结论理解得是否正确，第二方面是寻求作者不能够理解的一些结论。访谈采取电话、面谈、电子邮件三种形式，访谈的对象是企业高层管理人员、技术总工、普通设计人员等近 20 人。

除了大范围的访谈外，还对在绩效考评改革方面有代表性的某国有设计院进行个案研究，研究分两个方向：纵向方向是研究该设计院自20 世纪 80 年代改革开放以来，到目前所进行的各项改革，重点是绩效考评的改革；横向方向是研究目前该设计院对三类不同工作性质的知识员工所实行的不同绩效考评方法，这三类员工是研发人员、设计人员、管理人员。

随着研究的不断进展，访谈的内容也不断改变，良好的访谈使得对知识员工的理解进一步深入，也为本文的撰写工作提供了强有力的保证。

小 结

在前文文献研究一节中，已对工程设计人员所拥有的知识员工特质、工作过程、工作结果等作了详细阐述，本研究将选取工程设计人员作为调查对象，对其进行研究。

研究随机选取了全国 10 个城市的 30 家设计研究院或设计事务所中的设计人员以及设计管理人员。研究的数据收集共分四个阶段，分别是现场调研、问卷预调查、问卷调查、深度访谈，每个阶段的目的、对象、方式等具体情况见表 3-1。问卷调查阶段共发放问卷 600 份，回收 580 份，剔除无效问卷 6 份，有效问卷为 574 份。

表 3-1 数据收集一览

序号	数据收集阶段	目 的	对 象	地 点	方 式
1	现场调研	获取各单位的员工绩效考核方法 与各单位建立良好的关系，为下一阶段问卷调查作准备	10 个城市的 30 家设计研究院的设计人员	北京、郑州、广州、深圳、上海、苏州、南京、温州、福州、武汉、许昌 10 个城市	面对面访谈
2	问卷预调查	检测调查对象对问卷的理解程度，并根据回馈数据对问卷进行修正	4 个城市 8 家设计研究院的设计人员	武汉、北京、广州、苏州	E-mail
3	问卷调查	根据本研究的需要，进行全面问卷调查，收集相关数据	10 个城市的 30 家设计研究院的设计人员 数量：600 份	北京、郑州、广州、深圳、上海、苏州、南京、温州、福州、武汉、许昌 10 个城市	E-mail
4	深度访谈	有针对性地对研究中的有关问题进行访谈	同上	同上	电话、面谈、E-mail

二 变量测量

1. 绩效考评方法

如文献综述中所阐述，本研究将目前企业中对知识员工的考评方法进行总结分类，提炼为三种绩效考评方法：基于员工特质为主的考评方法、基于工作结果为主的考评方法和综合考评方法。

（1）基于员工特质为主的考评方法，是指基于员工特质的考评结果的权重占整个考评结果的 70% 以上，而基于工作结果的考评结果的权重占整个考评结果的 30% 以下。

（2）基于工作结果为主的考评方法，是指基于工作结果的考评结果的权重占整个考评结果的 70% 以上，而基于员工特质的考评结果的权重占整个考评结果的 30% 以下。

（3）综合考评方法，是指基于员工特质的考评方法和基于工作结果的考评方法被同时采用，且他们的考评结果在整个考评结果中所占比例均在 40%～60%。

绩效考评方法的测量首先是通过访谈了解企业绩效考评的概况，而后再通过问卷调查来准确测量。该部分问卷是在访谈的基础上，考虑工程设计人员的特性自行设计的。

2. 人口统计学因素、岗位和企业状况变量

本研究涉及的人口统计学因素是指被调查对象的性别、婚姻、年龄、学历。

由于本研究的研究对象是知识员工中的工程设计人员，他们在设计院中的工作岗位可以分为两类：纯技术工作岗位、技术加管理工作岗位。纯技术工作岗位是指从事规划、建筑和结构的设计、校对、审核工作的技术岗位。技术加管理工作岗位是指除了从事上述技术工作外，还需要对设计团队进行协调、控制、领导的工作。该工作岗位要求员工不仅具备更高的专业知识、经验等能力，还需要有很好的沟通、协调等管理能力和领导艺术。

企业状况是指企业的所有制形式、企业规模以及企业目前的经济效益。按照企业的所有制形式，将目前我国的工程设计企业分为国有、民

营和合资三类。企业规模按照企业员工总数分为 40 人以下、40～200 人、200 人以上三种。企业目前的经济效益也分为三类，分别是好、一般、差。

3. 绩效考评过程

绩效考评过程变量主要从绩效考评的程序公正感和过程满意度两个方面进行衡量。

绩效考评的程序公正感依据 Greeberg（1986）的研究，分为程序公正和分配公正两个维度。程序公正是指组织在考评时，所使用的机制和过程中的公正感。分配公正是指组织在考评奖惩的资源分配、配置上符合公正的程度，以及员工对这些分配结果的反映，强调的是结果与内容。由于本研究着重考虑绩效考评的过程情况，故仅考虑绩效考评的程序公正。

考评过程满意度是指绩效考评的透明性、操作性和合理性，其定义参照 Dobbins、Cardy 和 Platz - Vieno（1990）提出的绩效考评满意度中关于考评的公开性、操作性和指标制定的三个题目，它们分别指的是：是否清楚地了解本企业是如何进行绩效考评的、本企业所进行的绩效考评是否是易于操作的、本企业有关绩效考评的标准是否是合理的。

4. 组织承诺

本研究采用 Allen 和 Meyer 等（1990）的观点，将组织承诺分为情感承诺、继续承诺、规范承诺。情感承诺（affective commitment）指组织成员被卷入组织、参与组织社会交往的程度。继续承诺（continuance commitment）是员工为了不失去已有的位置和多年投入所换来的福利待遇而不得不继续留在该组织的一种承诺。规范承诺（normative commitment）是指由于受长期社会影响形成的社会责任而留在组织内的承诺。

5. 组织公民行为

林淑姬（1992）参考了 Organ 所提出的组织公民行为架构以及 Podsaoff 等（1990）的问卷，结合东方企业实际，重新构建了六个维度的组织公民行为量表：认同组织、协助同事、不生事争利、公私分明、敬业守法、自我充实。在这六个构面中，协助同事、敬业守法与 Organ（1988）最初提出的利他行为（altruism）、尽职行为（conscientiousness）

相当符合。而本研究的因子分析结果显示，五个维度的结构能更好地解释组织公民行为，因此，本研究结合 Organ（1988）的研究结果，将组织公民行为分为五个维度，分别是：组织忠诚（organizational loyalty）、助人行为（helping behavior）、公民道德（civic virtue）、敬业守法（conscientiousness）、自我发展（self – development）。

三　样本描述统计

1. 绩效考评方法和指标统计

表 3 – 2 是调查对象所在企业中考评方法的统计，如表 3 – 2 所示，有 40.8% 调查者的绩效考评采用了基于工作结果和基于员工特质的综合考评方法，有 59.2% 调查者的绩效考评采用了以结果或特质为主的方法，其中，基于结果为主的考评方法占 24.4%，基于员工特质为主的考评方法占 34.8%。可见多数企业愿意采用有较强导向作用的考评方法。

表 3 – 2　绩效考评方法统计

		Frequency	Percent（%）	Valid Percent（%）	Cumulative Percent（%）
绩效考评方法	基于结果为主的考评方法	140	24.4	24.4	24.4
	综合考评方法	234	40.8	40.8	65.2
	基于员工特质为主的考评方法	200	34.8	34.8	100.0
合　计		574	100.0	100.0	

实际调研发现目前在工程设计企业中，对员工的特质考评指标主要有学历、工作经验、项目经验、工作年限、职称、执业资格等。其中学历指标使用比例最高，占所调查对象的 87.5%，即学历是作为 87.5% 的调查对象在进行基于员工特质考评时的指标之一；工作经验、工作年限、职称、执业资格使用比例也很高，都达到了 83.3%，项目经验使用比例也高达 58.3%，而面试则很少被采用，笔试则没有被采用。

基于员工工作结果的考评指标主要是工程设计工作量和工程项目设

计管理工作量两大类指标。设计工作量是以产值或设计面积、长度、重量等来衡量的,它作为基于工作结果考评指标的使用比例是最高的,达到了87.5%。工程设计项目管理分为前期管理和中后期管理,前期管理是指工程项目的前期联系、洽谈、方案设计、投标等的管理,中后期管理是指对项目各专业的协调、指导、控制以及与建设单位的沟通、协调和后期服务工作,这两项指标作为基于工作结果考评指标的使用比例分别是50.0%、45.8%。年度工作量整体评价是对员工一年工作的整体评价,主要还是以一年设计工作量和项目管理工作量为主,与前三项指标不同的是考虑了一些其他因素,如工作中与同事的配合情况、服从安排的情况等。该项指标的使用比例是33.3%。如表3-3所示。

表3-3 绩效考评指标统计

单位:%

员工特质 考评指标	学历	工作 经验	项目 经验	工作 年限	职称	执业 资格	面试	笔试
使用比例	87.5	83.3	58.3	83.3	83.3	83.3	16.7	0.0
工作结果 考评指标	设计 工作量		项目前期 管理工作量		项目中后期 管理工作量		年度工作量 整体评价	
使用比例	87.5		50.0		45.8		33.3	

2. 人口统计学因素统计

调查对象的人口统计学因素包括性别、婚姻、年龄、学历,具体情况如表3-4所示。

表3-4 人口统计学因素统计

		Frequency	Percent (%)	Valid Percent (%)	Cumulative Percent (%)
性别	男 性	372	64.8	65.3	65.3
	女 性	198	34.5	34.7	100.0
	合 计	570	99.3	100.0	
	遗漏值	4	0.7		
	合 计	574	100.0		

续表

		Frequency	Percent (%)	Valid Percent (%)	Cumulative Percent (%)
婚姻	已婚	262	45.6	46.0	46.0
	未婚	308	53.7	54.0	100.0
	合　计	570	99.3	100.0	
	遗漏值	4	0.7		
	合　计	574	100.0		
年龄	小于29岁	326	56.8	56.8	56.8
	29~35岁	158	27.5	27.5	84.3
	35岁以上	90	15.7	15.7	100.0
	合　计	574	100.0	100.0	
学历	专科	89	15.5	15.5	15.5
	本科	353	61.5	61.5	77.0
	硕士	132	23.0	23.0	100.0
	合　计	574	100.0	100.0	

3. 岗位和企业状况统计

调查对象的岗位和企业状况变量包括工作岗位、企业所有制形式、企业规模和企业经济效益，具体情况如表 3 – 5 所示。

表 3 – 5　岗位和企业状况统计

		Frequency	Percent (%)	Valid Percent (%)	Cumulative Percent (%)
工作岗位	技术岗位	368	64.1	64.1	64.1
	技术加管理岗位	206	35.9	35.9	100.0
	合　计	574	100.0	100.0	
企业所有制形式	国有	269	46.9	46.9	46.9
	民营	205	35.7	35.7	82.6
	合资	100	17.4	17.4	100.0
	合　计	574	100.0	100.0	
企业规模	小于40人	156	27.2	27.2	27.2
	40~200人	213	37.1	37.1	64.3
	大于200人	205	35.7	35.7	100.0
	合　计	574	100.0	100.0	

		Frequency	Percent（%）	Valid Percent（%）	Cumulative Percent（%）
企业经济效益	差	248	43.2	43.2	43.2
	一般	236	41.1	41.1	84.3
	好	90	15.7	15.7	100.0
	Total	574	100.0	100.0	

四　数据分析方法

本研究在问卷回收后，首先对问卷进行检查和整理，将问卷填答不全或大部分题目均选择同一选项者剔除后，再将问卷进行编码，利用 SPSS 10.0 软件进行统计分析，现将所运用到的统计方法说明如下。

1. 描述性统计分析（Descriptive Statistics Analysis）

本研究首先对性别、年龄、婚姻、学历等人口统计学因素的样本资料，进行百分比分析，以了解各样本的分布情况。其次，对工作性质、企业规模、企业所有制等岗位和企业状况进行百分比分析，以了解其分布情况。最后，对绩效考评方法、绩效考评指标，以及绩效考评程序公正感、绩效考评过程满意度、组织承诺、组织公民行为等变量进行描述性分析。

2. 因子分析（Factor Analysis）

因子分析的目的在于求得量表的"结构效度"（吴明隆，2000）。另一个作用是将一群有相互关系的变量，精简成少数独立的因素。由于本研究所采用的量表是学术界认可的成熟量表，在应用的过程中进行了本土化改进，因此须采用因子分析来检验本土化后的量表的结构效度。通过因子分析法，抽取特征值大于1的因子，并对其进行方差最大正交旋转，检验这些因子的累计解释方差占总方差的比例是否满足要求。将各个因子与原始量表的各因子进行对照，检验是否与原量表相符。而后再利用因子分析法，对各个因子进行一致性检验，检验各个因子中所有问题对因子总方差的解释能力。以上分析若不能满足要求，则需要对量表中的部分问题进行删减。

3. 信度分析（Reliability Analysis）

信度是指测验的可信程度。本研究采用目前最常用的 α 信度系数。该信度系数可以解释量表测试某一等级所得分数的变异中有多大比例是由真分数所决定的，从而反映量表受随机误差影响的程度，反映出测试的可靠程度。本研究绩效考评程序公正感、绩效考评过程满意度、组织承诺、组织公民行为等量表，因研究对象分布较广，必须进行信度分析来衡量量表的内部一致性。

4. 独立样本 T 检验（Independent Test）

独立样本 T 检验可以检验两个彼此独立变量的均值是否存在差异。本研究使用独立样本 T 检验来检验样本性别、婚姻、年龄以及岗位、企业规模、企业性质、企业效益等在组织承诺、组织公民行为上是否有显著性差异。

5. 单因素方差分析（One – way ANOVA）

单因素方差分析是检验单一因素影响的一个（或几个相互独立的）因变量中，由因素各水平分组的均值之间的差异确定是否具有统计意义，并可以进行两两组间均值的比较，即组间均值的多重比较。对于多重比较，选取 LSD（least – significant difference）作为各组方差齐性（equal variance assumed）时的比较方法，选取 Tamhane's T2 作为各组方差不具有齐性（equal variance not assumed）时的比较方法。本研究使用单因素方差分析主要是检验不同绩效考评方法，在不同人口统计学因素、不同岗位和企业状况下，对组织承诺和组织公民行为的影响，并通过组间均值的多重比较找出具体的差异项。

五　问卷分析

本研究主要采用问卷调查法，探讨绩效考评方法与知识员工的组织承诺和组织公民行为之间的关系，所使用的量表包括：考评程序公正感量表、考评过程满意度量表、组织承诺量表、组织公民行为量表。Hair 等（1998）指出，为了评价可能出现错误的程度，任何测量首先都需要进行效度和信度分析。因此，在本节中，将对本研究所涉及量表的来源、计分方法、效度、信度进行分析，并在分析的基础上对量表进行修正。

1. 绩效考评过程公正感

程序公正感量表依据 Greenberg（1986）过程五要素，以及 Leventhal 等（1976，1980）所提出的评价过程是否公平时所应考虑的七个要素和六项判断法则，主要是指一致性法则、禁止偏见法则、正确性法则、可修正性法则、代表性法则、道德性法则作为衡量过程公平的指标。另外，参考 Moorman（1991）、袁国森等（1997）的问卷，并结合企业实际情况和调查对象对公正感的理解，完成量表进行预调查后，再作修正，使量表的题目容易理解和填写。

本量表总计 16 题，记分方式采用 Likert 五点法，有非常不同意、不同意、一般、同意、非常同意五个答案，分别赋予 1 到 5 分，分数越高则表示过程公正感程度越高。通过 SPSS 的因子分析，对问卷进行结构效度和信度检测，为提高量表的信度和解释变量方差，删除 4 题，修正后量表总计 12 题，其检测结果如表 3 - 6 所示。

表 3 - 6　绩效考评程序公正感量表检验

因　素	题　　号	因素一	因素二	因素三
程序结构	PJ9	0.845	0.123	0.168
	PJ10	0.738	0.210	0.260
	PJ11	0.708	0.141	0.318
	PJ12	0.674	0.396	0.118
	PJ8	0.637	0.407	0.100
客观原则	PJ5	0.106	0.826	0.221
	PJ6	0.407	0.734	0.077
	PJ7	0.292	0.768	0.127
	PJ4	0.356	0.574	0.389
意见表达	PJ2	0.272	0.209	0.806
	PJ1	0.237	0.097	0.783
	PJ3	0.081	0.580	0.608
	特征值（Eigenvalues）	5.914	1.233	1.083
	解释方差量（%）	26.237	25.048	17.298
	累计解释方差量（%）	26.237	51.286	68.584
	各因素内部解释方差量（%）	62.483	70.200	67.999
	Cronbach's α 值	0.8510	0.8571	0.7638
	问卷整体 Cronbach's α 值		0.9052	

由表 3 - 6 可以看出，在信效度检验的基础上删除第 4、第 12、第 14、第 16 题后，考评程序公正感可以分为三个因素，分别是程序结构、客观原则、意见表达。各因素特征值分别为 5.914、1.233、1.083，其累计解释方差量达到 68.584%，表明三个因素对程序公正的解释达到可接受水平，具有较好的效度。问卷整体内部一致性系数为 0.9052，各因素内部一致性系数和内部解释方差量分别是 0.8510、0.8571、0.7638，62.483%、70.200%、67.999%，以上分析显示该量表具有良好的信度，说明测量工具的稳定性和可靠性令人满意。

2. 绩效考评过程满意度

考评过程满意度参照 Dobbins、Cardy 和 Platz - Vieno（1990）提出的绩效考评满意度中关于考评的透明性、操作性和指标制定的三个题目，它们分别指的是：是否清楚地了解本企业是如何进行绩效考评的、本企业所进行的绩效考评是否是易于操作的、本企业有关绩效考评的标准是否是合理的。

本量表总计 3 题，记分方式同样采用 Likert 五点法，有非常不同意、不同意、一般、同意、非常同意五个答案，分别赋予 1 到 5 分，分数越高则表示绩效考评的透明性、操作性和合理性的程度越高。

通过 SPSS 的因子分析，对问卷进行结构效度和信度检测，各题解释方差量达到 67.838%，表明量表对考评过程满意度的解释达到可接受水平，具有较好的效度. 因素内部一致性系数达到 0.8405，以上分析显示该量表具有良好的信度，说明测量工具的稳定性和可靠性令人满意。

3. 组织承诺

对组织承诺进行概念操作化的常见工具主要是 Porter（1974）发展出来的组织承诺量表（OCQ），这是最常见的测量组织承诺的工具。值得注意的是，OCQ 有长、短两个版本，长的版本有 15 个选项（最初的 OCQ），然而，Reilly 和 Chatman（1986）、Reichers（1985）认为 15 个选项中有 6 个与离职的测量重叠（这些学者认为 6 个选项用以测量离职）而将之删除成为短版本。这使得长版本 OCQ 测量的组织承诺与离职倾向的关系较短版本的 OCQ 来得密切。

　　故本研究选取长版本的 OCQ 量表，共有 15 个题目，记分方式采用 Likert 五点法，有非常不同意、不同意、一般、同意、非常同意五个答案，分别赋予 1 到 5 分，分数越高则表示组织承诺程度越高。

　　通过 SPSS 的因子分析，对问卷进行结构效度和信度检测，为提高量表的信度和解释变量方差量，在检测的基础上对问卷进行修正，修正后的检测结果如表 3 - 7 所示。

表 3 - 7　组织承诺量表检验

因　素	题　　号	因素一	因素二	因素三
情感承诺	OC10	0.828	0.108	0.116
	OC8	0.729	0.336	0.152
	OC4	0.656	0.415	0.101
	OC11	0.646	0.027	0.456
	OC5	0.588	0.446	0.265
规范承诺	OC6	0.055	0.839	0.156
	OC1	0.279	0.703	0.305
	OC3	0.281	0.645	0.006
持续承诺	OC9	0.171	0.206	0.751
	OC7	0.152	0.039	0.721
	OC2	0.117	0.169	0.704
	特征值（Eigenvalues）	4.564	1.244	1.030
	解释方差量（%）	23.952	19.846	18.367
	累计解释方差量（%）	23.952	43.798	62.166
	各因素内部解释方差量（%）	62.135	59.381	58.935
	Cronbach's α 值	0.6870	0.8259	0.6504
	问卷整体 Cronbach's α 值	0.8553		

　　由表 3 - 7 可以看出，修正后的组织承诺问卷整体信度比较好，内部一致性系数为 0.8553，情感承诺分量表的内部一致性系数为 0.6870，规范承诺分量表的内部一致性系数为 0.8269，持续承诺分量表的内部一致性系数为 0.6504，说明组织承诺测量工具的稳定性和可靠性比较令人满意。

组织承诺的效度测量采用了因子分析，三个因素累计解释方差量达到 62.166%，表明三个因素对过程公平的解释达到可接受水平，具有较好的效度。

4. 组织公民行为

组织公民行为量表选取林淑姬（1992）参考 Podsaoff 等（1990）所制定的量表，原量表一共有 22 道题目，其中第 9~12、13~16 题为反问题，并结合调查对象的实际情况，将最后一题扩充为三题共计 24 题。量表采用 Likert 五点法进行量度，分为非常少、很少、一般、比较多、非常多。分别赋予 1、2、3、4、5 的分数，数据整理时，用 6 减去反问题得分，因此，最终分数越高表示组织公民行为越强，反之，则表示缺乏公民行为。

通过 SPSS 的因子分析，对问卷进行结构效度和信度检测，为提高量表的信度和解释变量方差量，删除 4 题，修正后量表总计 20 题，其检测结果如表 3-8 所示。

由表 3-8 可以看出，组织公民行为问卷的整体信度比较好，内部一致性系数为 0.8552，五个因素的内部一致性系数分别是：0.8843、0.8819、0.8071、0.8640、0.7409，说明组织公民行为测量工具的稳定性和可靠性比较令人满意。

组织公民行为的效度测量采用了因子分析，五个因素累计解释方差量达到 72.119%，表明五个因素对过程公平的解释达到可接受水平，具有较好的效度。

表 3-8 组织公民行为量表检验

因 素	题 号	因素一	因素二	因素三	因素四	因素五
公民道德	OCB12	0.877	-0.082	0.092	0.015	0.049
	OCB13	0.846	-0.041	-0.053	-0.015	-0.249
	OCB11	0.827	0.120	-0.087	-0.126	0.218
	OCB14	0.811	-0.039	-0.056	0.124	-0.043
	OCB15	0.733	-0.057	-0.134	0.184	-0.090
组织忠诚	OCB2	-0.010	0.874	0.048	0.218	0.134
	OCB1	0.005	0.860	0.165	0.068	0.058
	OCB3	-0.105	0.806	0.057	0.183	0.167
	OCB4	-0.044	0.668	0.134	0.377	0.242

因　　素	题　　号	因素一	因素二	因素三	因素四	因素五
自我发展	OCB23	− 0.135	0.055	0.901	− 0.035	− 0.010
	OCB22	0.019	0.136	0.801	0.220	0.148
	OCB19	− 0.065	0.014	0.632	0.140	0.284
	OCB24	− 0.175	0.340	0.532	0.311	0.323
助人行为	OCB6	0.080	0.051	0.152	0.862	0.200
	OCB7	0.053	0.394	− 0.056	0.753	0.198
	OCB8	0.103	0.415	0.329	0.678	0.001
	OCB5	0.077	0.398	0.355	0.630	0.199
敬业守法	OCB20	0.029	0.186	0.162	0.184	0.833
	OCB18	− 0.133	0.158	0.195	0.175	0.738
	OCB21	0.039	0.279	0.482	0.124	0.521
	特征值（Eigenvalues）	6.565	3.572	1.953	1.201	1.132
	解释方差量（%）	17.387	16.949	13.925	13.530	10.328
	累计解释方差量（%）	17.387	34.336	48.261	61.791	72.119
	各因素内部解释方差量（%）	68.439	73.885	63.639	71.183	66.344
	Cronbach's α 值	0.8843	0.8819	0.8071	0.8640	0.7409
	问卷整体 Cronbach's α 值	0.8552				

第三节　研究结果

　　本节将对研究结果进行全面陈述，主要分为三个部分：一是在不同人口统计学因素、不同岗位和企业状况、不同程序公平感和过程满意度时，知识员工的组织承诺和组织公民行为的变化情况；二是在不同的人口统计学因素、不同岗位和企业状况下，采用不同绩效考评方法时，知识员工组织承诺和组织公民行为的变化情况；三是在采用不同绩效考评方法、绩效考评程序公平感和过程满意度不同时，知识员工组织承诺和组织公民行为的变化情况。

一 人口统计学因素、企业状况和考评程序对员工的影响

本小节就人口统计学因素、企业状况和企业绩效考评过程对员工的组织承诺和组织公民行为的影响作出简要分析，其目的是为了发现知识员工的组织承诺和组织公民行为，在不同情形下的变化规律，为研究知识员工提供基础性描述，同时也为随后的分析作好铺垫。

1. 考评程序变量和因变量描述性统计

为了对本研究中的知识员工态度和行为变量有一个整体认识，表3-9对知识员工的程序公平感、组织承诺、组织公民行为等变量进行了描述统计。由表中可以看出，知识员工的组织公民行为的自我发展维度均值最高，达到3.5361，表明知识员工的自我发展意识很强，并且付诸行动。知识员工的持续承诺也达到很高的水平，为3.4652。知识员工的程序公平感、考评程序满意度和规范承诺的均值都小于3.0，即都没有达到一般水平，而是偏向不满意。

表3-9　考评程序变量和因变量描述性统计

变量名称	N	Minimum	Maximum	Mean	Std. Deviation
程序公平感	574	1.75	4.83	2.9526	0.6234
考评程序满意度	574	1.00	5.00	2.7753	0.7369
情感承诺	574	1.40	5.00	3.3213	0.6862
规范承诺	574	1.00	5.00	2.9808	0.6984
持续承诺	574	1.67	5.00	3.4652	0.6353
组织承诺	574	1.36	4.60	3.2557	0.5453
组织忠诚	574	1.00	5.00	3.0466	0.7985
助人行为	574	1.00	5.00	3.2814	0.7442
公民道德	574	1.20	5.00	3.3007	0.7950
敬业守法	574	1.33	5.00	3.1661	0.7426
自我发展	574	1.50	5.00	3.5361	0.7092
组织公民行为	574	2.00	4.56	3.2662	0.4881

除了规范承诺以外，组织承诺和组织公民行为的其他维度以及它们对本身的均值都大于3，表明知识员工的组织承诺和组织公民行为整体

上还都处于略高的水平，有较高的组织承诺和组织公民行为。

2. 不同人口统计学因素下，知识员工组织承诺和组织公民行为的差异分析

为考察不同性别、婚姻、学历、年龄的知识员工在组织承诺和组织公民行为的水平上有无差异，进行了独立样本 T 检验和单因素方差分析，分析结果见表 3 – 10、表 3 – 11。

表 3 – 10　不同人口统计学因素下知识员工组织承诺 T 检验和方差检验

因　子			情感承诺	规范承诺	持续承诺	组织承诺
Mean		男　　性	3.2543	2.9292	3.4821	3.2219
		女　　性	3.4535	3.0707	3.4360	3.3201
T			– 3.320	– 2.306	0.821	– 2.046
Sig.			0.001	0.021	0.412	0.041
Mean		已　　婚	3.5328	3.0840	3.5611	3.3926
		未　　婚	3.1455	2.8885	3.3853	3.1398
T			6.973	3.351	3.244	5.565
Sig.			0.000	0.001	0.001	0.000
Mean	1	小于 29 岁	3.3117	2.9785	3.3988	3.2297
	2	29 ~ 35 岁	3.3291	3.0000	3.5021	3.2771
	3	35 岁以上	3.3422	2.9556	3.6407	3.3128
F			0.084	0.120	5.572	0.987
Sig.			0.919	0.887	0.004	0.373
差异项					1 < 3	
Mean	1	专　　科	3.3753	3.1760	3.5243	3.3586
	2	本　　科	3.4210	2.9773	3.4504	3.2829
	3	硕　　士	3.0182	2.8586	3.4646	3.1138
F			17.871	5.592	0.480	6.618
Sig.			0.000	0.004	0.619	0.001
差异项			1 > 3, 2 > 3	1 > 2, 1 > 3		1 > 3, 2 > 3

注：表中差异项是指采用 LSD 或 Tamhane 对均值进行多重比较中有显著性差异的选项，1 > 2 表明 1 项显著大于 2 项，其余同理。研究显著性检验水平均取为 0.05。其他表格均相同，不再作说明。

表 3 – 11　不同人口统计学因素下知识员工组织公民行为方差检验

因　子		组织忠诚	助人行为	公民道德	敬业守法	自我发展	组织公民行为
Mean	男性	3.0927	3.2460	3.2167	3.1523	3.5390	3.2493
	女性	2.9811	3.3434	3.4444	3.1818	3.5366	3.2975
T		1.596	– 1.407	– 3.282	– 0.450	0.036	– 1.117
Sig.		0.111	0.160	0.001	0.653	0.972	0.264
Mean	已婚	3.1937	3.3197	3.2626	3.2863	3.5458	3.3216
	未婚	2.9351	3.2459	3.3240	3.0574	3.5317	3.2188
T		3.912	1.175	– 0.919	3.701	0.236	2.508
Sig.		0.000	0.240	0.359	0.000	0.813	0.012
Mean	1　小于 29 岁	2.9862	3.2906	3.3000	3.1278	3.4824	3.2374
	2　29 ~ 35 岁	3.3038	3.4557	3.1038	3.4641	3.7975	3.4250
	3　35 岁以上	2.8139	2.9417	3.6489	2.7815	3.2722	3.0916
F		13.518	14.380	14.095	27.573	19.022	15.420
Sig.		0.000	0.000	0.000	0.000	0.000	0.000
差异项		1 < 2, 2 > 3	1 > 3, 2 > 3	2 < 1 < 3	3 < 1 < 2	1 < 2, 2 > 3	3 < 1 < 2
Mean	1　专科	2.8708	3.0646	3.6674	3.0000	3.0674	3.1340
	2　本科	3.1140	3.3874	3.2278	3.2776	3.6877	3.3389
	3　硕士	2.9848	3.1439	3.2485	2.9798	3.4470	3.1608
F		3.849	9.908	11.657	10.714	31.588	10.596
Sig.		0.022	0.000	0.000	0.000	0.000	0.000
差异项		1 < 2	1 < 2, 2 > 3	1 > 2, 1 > 3	1 < 2, 2 > 3	2 > 3 > 1	1 < 2, 2 > 3

由表 3 – 10 可以看出，女性的组织承诺显著高于男性，已婚员工的组织承诺显著高于未婚员工，其显著性差异也表现在组织承诺的各个维度上。员工的组织承诺在三个年龄段上并没有显著性差异，仅是在持续承诺上，35 岁以上的员工显著高于小于 29 岁的员工。员工学历对其组织承诺有显著性影响，多重比较表明专科学历和本科学历员工的组织承诺均显著高于硕士学历的员工，但学历对于员工的持续承诺没有显著性影响。

由表 3 – 11 可以看出，性别对知识员工的组织公民行为整体上没有显著性影响，只是在公民道德这个维度上，女性知识员工的水平显著高于男性。婚姻与否对知识员工的组织公民行为有显著性影响，已婚者的整体组织公民行为显著高于未婚者，这表现在组织公民行为的组织忠诚和敬业守法两个维度上。

年龄和学历对知识员工的整体组织公民行为都有显著性影响，表现在 29 ~ 35 岁的员工的组织公民行为水平高于 29 岁以下的员工，而 29 岁以下的员工又高于 35 岁以上的员工；本科学历员工的组织公民行为水平高于专科和硕士学历的员工，而专科和硕士学历员工的组织公民行为水平相差不多。

3. 不同岗位和企业状况变量下，知识员工组织承诺和组织公民行为的差异分析

为考察不同岗位以及不同规模、不同所有制形式和不同效益的企业中，知识员工在组织承诺和组织公民行为的水平上有无差异，进行了单因素方差分析，分析结果见表 3 – 12、表 3 – 13。

表 3 – 12 不同岗位和企业状况变量下知识员工组织承诺方差检验

因子	序号		情感承诺	规范承诺	持续承诺	组织承诺
Mean		纯技术	3.1891	2.9357	3.4130	3.1793
		技术加管理	3.5573	3.0615	3.5583	3.3923
T			− 6.375	− 2.076	− 2.640	− 4.567
Sig.			0.000	0.038	0.009	0.000
Mean	1	国有	3.2691	2.8810	3.4139	3.1880
	2	民营	3.4059	3.2455	3.6033	3.4182
	3	合资	3.2880	2.7067	3.3200	3.1049
F			2.464	27.507	8.550	15.771
Sig.			0.086	0.000	0.000	0.000
差异项				3 < 1 < 2	1 < 2, 2 > 3	1 < 2, 2 > 3
Mean	1	小于 40 人	3.4718	3.2137	3.7436	3.4764
	2	40 ~ 200 人	3.3718	3.0986	3.5243	3.3316
	3	大于 200 人	3.1541	2.6813	3.1919	3.0091
F			10.767	34.083	39.569	40.755
Sig.			0.000	0.000	0.000	0.000
差异项			1 > 3, 2 > 3	1 > 3, 2 > 3	1 > 2 > 3	1 > 2 > 3

续表

因子	序号		情感承诺	规范承诺	持续承诺	组织承诺
	1	企业效益不好	3.0008	2.7164	3.2500	2.9891
Mean	2	企业效益一般	3.3992	3.0085	3.5607	3.3228
	3	企业效益好	4.0000	3.6370	3.8074	3.8148
F			96.888	71.991	33.337	108.183
Sig.			0.000	0.000	0.000	0.000
差异项			1 < 2 < 3	1 < 2 < 3	1 < 2 < 3	1 < 2 < 3

由表3－12可以看出，技术加管理岗位员工的组织承诺显著高于纯技术岗位的员工。其显著性差异也表现在组织承诺的各个维度上。

企业所有制形式不同对知识员工的组织承诺有显著性影响，民营企业中知识员工的组织承诺显著高于国有和合资的企业，这与知识型民营企业的管理理念不同于传统民营企业有关。

企业规模也对员工的组织承诺有显著性影响，员工总人数小于40人企业中的知识员工，其组织承诺高于40～200人企业中的员工，而40～200人企业中的员工又高于200人以上的企业。

企业效益好坏对知识员工的组织承诺影响最为显著和清晰，效益好的企业中员工的组织承诺以及组织承诺的各个维度均显著高于效益一般的企业，效益一般的企业中员工的组织承诺以及组织承诺的各个维度也都显著高于效益不好的企业。

表3－13 不同岗位和企业状况变量下知识员工组织公民行为方差检验

因子	序号		组织忠诚	助人行为	公民道德	敬业守法	自我发展	组织公民行为
Mean		纯技术	3.0163	3.2520	3.2995	3.0969	3.5319	3.2393
		技术加管理	3.1007	3.3337	3.3029	3.2896	3.5437	3.3141
T			−1.134	−1.142	−0.050	−3.003	−0.190	−1.583
Sig.			0.258	0.254	0.960	0.003	0.849	0.114
Mean	1	国有	3.0818	3.2110	3.0714	3.1103	3.4647	3.1878
	2	民营	3.1012	3.3744	3.6000	3.1967	3.6378	3.3820
	3	合资	2.8400	3.2800	3.3040	3.2533	3.5200	3.2395

因子	序号		组织忠诚	助人行为	公民道德	敬业守法	自我发展	组织公民行为
F			4.133	2.823	28.159	1.628	3.529	9.674
Sig.			0.017	0.060	0.000	0.197	0.030	0.000
差异项			1>3, 2>3		2>3>1		1<2	1<2, 2>3
Mean	1	小于40人	3.0641	3.3269	3.6923	2.9509	3.4551	3.2979
	2	40~200人	3.1913	3.2758	3.2169	3.2629	3.5810	3.3056
	3	大于200人	2.8829	3.2524	3.0898	3.2293	3.5512	3.2011
F			8.035	0.452	30.103	9.372	1.493	2.862
Sig.			0.000	0.636	0.000	0.000	0.226	0.058
差异项			2>3		1>2,1>3	1<2,1<3		2>3
Mean	1	效益不好	2.9254	3.1593	3.0798	3.0995	3.4899	3.1508
	2	效益一般	3.1197	3.3242	3.4424	3.2768	3.5794	3.3485
	3	效益好	3.1889	3.5056	3.5378	3.0593	3.5500	3.3683
F			5.355	8.003	18.370	4.612	0.984	12.759
Sig.			0.005	0.000	0.000	0.010	0.374	0.000
差异项			1<2, 1<3	1<2, 1<3	1<2, 1<3	1<2		1<2, 1<3

由表3-13可以看出，工作岗位的不同对知识员工整体组织公民行为没有显著性影响，但在敬业守法维度上，技术加管理岗位员工水平显著高于纯技术员工。

民营企业中知识员工的组织公民行为显著高于国有和合资企业，而国有和合资企业中员工的组织公民行为则没有显著性差异。

对于企业规模来说，尽管整体组织公民行为的P值大于0.5，但多重比较发现，民营企业中员工的组织公民行为显著高于合资企业。且民营企业员工的组织公民行为各个维度的均值也都高于其他两类企业。

企业效益的好坏不仅对知识员工的组织承诺有显著影响，而且对知识员工的组织公民行为有显著性影响。表3-13表明，效益好和效益一般的企业中，员工的组织公民行为均显著高于效益一般的企业，但多重比较表明，效益好和效益一般的企业却没有显著性差异，还须注意的是，企业效益对员工的自我发展行为没有显著性影响。

4. 不同考评过程变量下，知识员工组织承诺和组织公民行为的差异分析

为考察在不同考评程序公平感和考评程序满意度下，知识员工在组织承诺和组织公民行为的水平上有无差异，进行了单因素方差分析，分析结果见表 3 – 14、表 3 – 15。

表 3 – 14　不同考评程序变量下，知识员工组织承诺方差检验

因子	序号		情感承诺	规范承诺	持续承诺	组织承诺
Mean	1	程序不公平	3.1612	2.6746	3.3946	3.0768
	2	程 序 一 般	3.1600	3.1667	3.2667	3.1978
	3	程 序 公 平	3.5442	3.3250	3.5847	3.4846
F			23.470	73.767	8.221	42.593
Sig.			0.000	0.000	0.000	0.000
差异项			1 < 3, 2 < 3	1 < 2, 1 < 3	1 < 3, 2 < 3	1 < 3, 2 < 3
Mean	1	不 满 意	3.1375	2.7812	3.3798	3.0995
	2	一 般	3.6159	3.0741	3.6296	3.4399
	3	满 意	3.4992	3.4027	3.5200	3.4740
F			30.196	42.498	7.786	33.949
Sig.			0.000	0.000	0.000	0.000
差异项			1 < 2, 1 < 3	1 < 2 < 3	1 < 2, 1 < 3	1 < 2, 1 < 3

表 3 – 15　不同考评程序变量下，知识员工组织公民行为方差检验

因子	序号		组织忠诚	助人行为	公民道德	敬业守法	自我发展	组织公民
Mean	1	程序不公平	2.9099	3.2330	3.1204	3.1247	3.5629	3.1902
	2	程 序 一 般	2.9500	3.1000	3.0200	3.3333	3.5500	3.1907
	3	程 序 公 平	3.2302	3.3708	3.5683	3.1889	3.5010	3.3719
F			11.344	3.576	25.693	1.587	0.510	9.969
Sig.			0.000	0.029	0.000	0.205	0.601	0.000
差异项			1 < 3, 2 < 3	1 < 3, 2 < 3	1 < 3, 2 < 3			1 < 3, 2 < 3
Mean	1	不 满 意	2.8235	3.2005	3.1994	3.0753	3.4706	3.1539
	2	一 般	3.1587	3.3413	3.5746	3.2884	3.4841	3.3694
	3	满 意	3.5100	3.4300	3.2864	3.2773	3.7580	3.4523
F			39.601	4.875	10.456	5.612	8.028	21.956
Sig.			0.000	0.008	0.000	0.004	0.000	0.000
差异项			1 < 2 < 3	1 < 3	1 < 2, 2 > 3	1 < 2, 1 < 3	1 < 3, 2 < 3	1 < 2, 1 < 3

由表 3－14 可以看出，考评程序是否公平对知识员工有显著性影响，当程序公平时，员工的组织承诺显著高于程序不公平和一般公平，且由多重比较可以发现，程序公平下，组织承诺的各个维度水平也都显著高于程序不公平。

考评程序的满意度对员工的组织承诺也有显著性影响，表现在当员工对考评程序满意或一般时，其组织承诺及组织承诺的各个维度均显著高于对考评程序不满意时的水平。

程序公平感和考评程序满意度同样对知识员工的组织公民行为有显著性影响。当程序公平时，员工的组织公民行为水平显著高于程序不公平和一般，但多重比较表明，程序公平感对敬业守法和自我发展两个维度没有显著性影响。由表 3－15 还可以发现，当员工对程序考评满意或一般时，他们的组织公民行为显著高于对考评程序不满意时的水平。

二　人口统计因素和企业状况不同时考评方法对员工的影响

本小节将描述在不同人口统计学因素和企业状况变量下，采用不同绩效考评方法时，知识员工的组织承诺和组织公民行为的变化情况。

1. 不同绩效考评方法下，知识员工组织承诺和组织公民行为的差异分析

为考察不同绩效考评方法对知识员工的组织承诺和组织公民行为的影响，进行了单因素方差分析，分析结果见表 3－16、表 3－17。

表 3－16　绩效考评方法对知识员工组织承诺影响分析

因子	序号		情感承诺	规范承诺	持续承诺	组织承诺
Mean	1	结果考评	3.3571	3.0143	3.5119	3.2944
	2	综合考评	3.2017	2.9330	3.3447	3.1598
	3	特质考评	3.4360	3.0133	3.5733	3.3409
F			6.668	0.925	7.657	6.533
Sig.			0.001	0.397	0.001	0.002
差异项			3＞2		1＞2，2＜3	2＜3

由表 3 - 16 可以看出，绩效考评方法对员工的组织承诺有显著性影响（P = 0.002），多重比较进一步表明，采用以员工特质为主的考评时，员工的组织承诺显著高于采用综合考评方法。同时，采用以员工特质为主的考评时，组织承诺均值也高于结果考评，而结果考评时组织承诺均值又高于综合考评。在组织承诺的三个维度上，以特质为主的考评的情感承诺显著高于综合考评，员工规范承诺水平在不同绩效考评方法上没有显著性差异，采用以结果为主的考评和采用以特质为主的考评时，员工的持续承诺均显著高于采用综合考评时的水平。

表 3 - 17　绩效考评方法对知识员工组织公民行为影响分析

因子	序号		组织忠诚	助人行为	公民道德	敬业守法	自我发展	组织公民行为
Mean	1	结果考评	3.2125	3.3625	3.0543	3.2976	3.8214	3.3497
	2	综合考评	3.0598	3.2041	3.3838	3.1368	3.5075	3.2584
	3	特质考评	2.9150	3.3150	3.3760	3.1083	3.3700	3.2169
F			5.868	2.310	9.153	3.005	18.017	3.121
Sig.			0.003	0.100	0.000	0.050	0.000	0.045
差异项			1 > 3		1 < 2, 1 < 3	1 > 2, 1 > 3	1 > 2 > 3	1 > 3

由表 3 - 17 可以看出，绩效考评方法对知识员工的组织公民行为有显著性影响（P = 0.045）。多重比较分析表明，采用以结果为主的绩效考评时，员工的组织公民行为水平显著高于以特质为主的考评。对于组织公民行为的各个维度，当采用以结果为主的绩效考评时，员工的组织忠诚水平也显著高于采用以员工特质为主的考评时的水平。采用以结果为主的绩效考评时，员工的敬业守法和自我发展维度均显著高于采用其他两种方法时的水平。与此相反，采用综合考评和以特质为主的考评时，员工的公民道德水平均显著高于以结果为主的考评。而考评方法对员工的助人行为没有显著性影响。

2. 不同性别下采用不同考评方法时，知识员工组织承诺和组织公民行为的差异分析

为考察不同性别下，绩效考评方法对知识员工在组织承诺水平和组织公民行为水平上有无差异，进行了单因素方差分析，分析结果见表

3 - 18、表 3 - 19。由表 3 - 18 中可以看出，考评方法对男性的组织承诺及其各维度几乎没有什么显著性影响，只是在持续承诺上，基于特质为主的考评的持续承诺水平显著高于综合考评时的水平。考评方法对女性的组织承诺有显著的影响，基于结果为主的考评和基于员工特质为主的考评时的组织承诺水平要显著高于综合考评时的水平，组织承诺的三个维度也呈现出类似规律，具体见表 3 - 18。

表 3 - 18　不同性别下采用绩效考评方法时，知识员工组织承诺方差分析

	因子	序号		情感承诺	规范承诺	持续承诺	组织承诺
男性	Mean	1	结果考评	3.1165	2.9963	3.5238	3.2122
		2	综合考评	3.2497	2.9363	3.3885	3.1915
		3	特质考评	3.3613	2.8710	3.5699	3.2674
	F			2.915	0.792	2.812	0.598
	Sig.			0.055	0.454	0.061	0.550
	差异项					2 < 3	
女性	Mean	1	结果考评	3.8041	3.0476	3.4898	3.4472
		2	综合考评	3.1039	2.9264	3.2554	3.0952
		3	特质考评	3.5889	3.2407	3.5926	3.4741
	F			36.397	4.735	7.095	17.400
	Sig.			0.000	0.010	0.001	0.000
	差异项			1 > 3 > 2	2 < 3	1 > 2, 2 < 3	1 > 2, 2 < 3

表 3 - 19　不同性别下采用不同绩效考评方法时，组织公民行为方差分析

	因子	序号		组织忠诚	助人行为	公民道德	敬业守法	自我发展	组织公民行为
男性	Mean	1	结果考评	3.3434	3.3791	2.8703	3.2125	3.7747	3.3160
		2	综合考评	3.0908	3.1019	3.3796	3.1953	3.5414	3.2618
		3	特质考评	2.9113	3.3306	3.2645	3.0538	3.3629	3.1846
	F			8.919	6.126	13.354	1.874	10.646	2.243
	Sig.			0.000	0.002	0.000	0.155	0.000	0.108
	差异项			1 > 2 > 3	1 > 2, 2 < 3	1 < 2, 1 < 3		1 > 2, 1 > 3	

	因子	序号		组织忠诚	助人行为	公民道德	敬业守法	自我发展	组织公民行为
女性	Mean	1	结果考评	2.9694	3.3316	3.3959	3.4558	3.9082	3.4122
		2	综合考评	2.9968	3.4123	3.3922	3.0173	3.4383	3.2514
		3	特质考评	2.9722	3.2778	3.5333	3.1713	3.3889	3.2687
	F			0.021	0.490	0.698	4.406	7.659	1.500
	Sig.			0.979	0.614	0.499	0.013	0.001	0.226
	差异项							1 > 2	

由表 3 - 19 中可以看出，对男性知识员工来说，绩效考评方法对组织公民行为没有显著性影响，但对组织公民行为中除敬业守法以外的各维度都有显著性影响，如采用基于结果为主的考评时，自我发展的水平要高于采用基于特质为主的考评和综合考评时的水平。对女性知识员工来说，绩效考评方法仅仅是对自我发展维度有显著性影响，采用基于结果为主的考评时，女性的自我发展维度水平要高于采用综合考评时的水平。

3. 不同婚姻下采用不同考评方法时，知识员工组织承诺和组织公民行为的差异分析

为考察不同性别下，绩效考评方法对知识员工在组织承诺和组织公民行为水平上有无差异，进行了单因素方差分析，分析结果见表3 - 20、表3 - 21。由表 3 - 20 可以看出，对于已婚的知识员工，考评方法对他们的组织承诺有显著性影响，表现在当采用以结果为主和员工特质为主的考评时的组织承诺、情感承诺、规范承诺都显著高于综合考评时的水平。对于未婚知识员工来讲，其组织承诺在不同考评方法上没有显著差异，只是对于情感承诺和规范承诺有一些差异。

表 3 - 20   不同婚姻状况下采用绩效考评方法时，知识员工组织承诺方差分析

	因子	序号		情感承诺	规范承诺	持续承诺	组织承诺
已婚	Mean	1	结果考评	3.6465	3.1318	3.5465	3.4416
		2	综合考评	3.2211	2.7895	3.3509	3.1205
		3	特质考评	3.6720	3.2667	3.7333	3.5573
	F			19.926	10.554	6.499	13.831
	Sig.			0.000	0.000	0.002	0.000
	差异项			1 > 2, 2 < 3	1 > 2, 2 < 3	2 < 3	1 > 2, 2 < 3

因子	序号		情感承诺	规范承诺	持续承诺	组织承诺
		1	结果考评	2.8963	2.8272	3.4568	3.0601
未婚	Mean	2	综合考评	3.1924	3.0021	3.3418	3.1788
		3	特质考评	3.2083	2.7361	3.4167	3.1204
	F			3.753	5.063	1.094	1.309
	Sig.			0.025	0.007	0.336	0.272
	差异项			1<2, 1<3	2>3		

表 3–21 不同婚姻状况下采用不同绩效考评方法时，
知识员工组织公民行为方差分析

因子	序号		组织忠诚	助人行为	公民道德	敬业守法	自我发展	组织公民行为
		1	结果考评	3.2529	3.3808	3.0465	3.3915	3.8953	3.3934
已婚	Mean	2	综合考评	3.0789	3.1842	3.2947	2.9825	3.1579	3.1396
		3	特质考评	3.2300	3.3700	3.4240	3.4267	3.5400	3.3981
	F			1.310	1.676	4.787	11.533	25.807	7.407
	Sig.			0.272	0.189	0.009	0.000	0.000	0.001
	差异项					1<3	1>2, 2<3	1>3>2	1>2, 2<3
		1	结果考评	3.1481	3.3333	3.0667	3.1481	3.7037	3.2800
未婚	Mean	2	综合考评	3.0506	3.2136	3.4266	3.2110	3.6756	3.3155
		3	特质考评	2.6250	3.2500	3.3000	2.7535	3.1979	3.0253
	F			10.818	0.547	4.851	11.497	26.933	12.524
	Sig.			0.000	0.580	0.008	0.000	0.000	0.000
	差异项			1>3, 2>3		1<2	1>3, 2>3	1>3, 2>3	1>3, 2>3

由表 3–21 可以看出，绩效考评方法对已婚和未婚知识员工的组织公民行为都有显著性影响，但二者的差异不同。对于已婚知识员工，当采用基于结果为主和基于员工特质为主的考评方法时，他们的组织公民行为水平显著高于采用综合考评时的水平。对于未婚知识员工，当采用基于结果为主的考评和综合考评时，他们的组织公民行为水平都显著高于采用基于员工特质为主的考评时的水平。

4. 不同年龄下采用不同考评方法时，知识员工组织承诺和组织公民行为的差异分析

为考察不同年龄阶段下，绩效考评方法对知识员工在组织承诺和组织公民行为水平上有无差异，进行了单因素方差分析，分析结果见表3－22、表3－23。由表3－22可以看出，对于不同的考评方法来讲，29～35岁和35岁以上的知识员工的组织承诺有显著性差异，而29岁以下的员工则没有显著性差异。对于29～35岁的知识员工，当采用基于员工特质的考评方法时，他们的组织承诺水平显著高于采用另外两种考评方法时的水平。对于35岁以上的知识员工，当采用综合考评方法时，他们的组织承诺水平则显著低于采用另外两种考评方法时的水平。

表3－22　不同年龄阶段下采用绩效考评方法时，知识员工组织承诺方差分析

因子		序号		情感承诺	规范承诺	持续承诺	组织承诺
小于29岁	Mean	1	结果考评	3.4000	3.0247	3.5802	3.3350
		2	综合考评	3.2769	3.0748	3.3333	3.2283
		3	特质考评	3.3172	2.8276	3.4023	3.1824
	F			0.938	4.693	3.112	1.700
	Sig.			0.392	0.010	0.046	0.184
	差异项				2 > 3	1 > 2	
29～35岁	Mean	1	结果考评	3.1548	2.8925	3.4409	3.1627
		2	综合考评	3.1818	2.7879	3.2424	3.0707
		3	特质考评	3.6615	3.3077	3.7949	3.5880
	F			5.780	6.854	10.065	9.871
	Sig.			0.004	0.001	0.000	0.000
	差异项			1 < 3, 2 < 3	1 < 3, 2 < 3	1 < 3, 2 < 3	1 < 3, 2 < 3
35岁以上	Mean	1	结果考评	3.7833	3.3056	3.5417	3.5435
		2	综合考评	2.8824	2.4706	3.5294	2.9608
		3	特质考评	3.5000	3.2083	3.8333	3.5139
	F			20.240	23.796	2.778	23.954
	Sig.			0.000	0.000	0.068	0.000
	差异项			1 > 3 > 2	1 > 2, 2 < 3		1 > 2, 2 < 3

由表 3 – 23 可以看出，不同的考评方法仅对小于 29 岁的知识员工的组织承诺有显著性影响，表现在当采用基于结果为主的考评方法和综合考评时，他们的组织公民行为水平显著高于采用基于员工特质为主的考评方法时的水平。对于其他两个年龄段，考评方法仅对组织公民行为的部分维度有显著性影响。

表 3 – 23 不同年龄阶段下采用不同绩效考评方法时，
知识员工组织公民行为方差分析

因子		序号		组织忠诚	助人行为	公民道德	敬业守法	自我发展	组织公民行为
小于29岁	Mean	1	结果考评	3.2037	3.4444	3.1852	3.2346	3.7778	3.3691
		2	综合考评	3.0994	3.2484	3.3679	3.2009	3.5208	3.2875
		3	特质考评	2.7328	3.2759	3.2621	2.9799	3.2931	3.1087
	F			11.621	2.147	1.383	4.558	9.142	10.280
	Sig.			0.000	0.119	0.252	0.011	0.000	0.000
	差异项			1 >3, 2 >3	1 >2		1 >3, 2 >3	1 >2 >3	1 >3, 2 >3
29~35岁	Mean	1	结果考评	3.4839	3.3871	2.8000	3.5161	3.9355	3.4245
		2	综合考评	3.1364	3.4318	3.1273	3.3333	3.7045	3.3467
		3	特质考评	3.2308	3.5577	3.4462	3.5128	3.7115	3.4918
	F			2.101	0.528	8.840	0.809	3.420	0.704
	Sig.			0.126	0.591	0.000	0.447	0.035	0.496
	差异项					1 < 3			
35岁以上	Mean	1	结果考评	2.5313	3.1146	3.4167	2.8750	3.6250	3.1125
		2	综合考评	2.7794	2.7059	3.7882	2.5882	3.1912	3.0106
		3	特质考评	3.0625	3.0625	3.6750	2.9167	3.0938	3.1621
	F			5.246	2.582	2.199	2.259	3.672	.894
	Sig.			0.007	0.081	0.117	0.111	0.029	0.413
	差异项			1 < 3				1 >2, 1 >3	

5. 不同学历下采用不同考评方法时，知识员工组织承诺和组织公民行为的差异分析

为考察不同学历状况下，绩效考评方法对知识员工在组织承诺和组织公民行为水平上有无差异，进行了单因素方差分析，分析结果见表

3－24、表3－25。由表3－24可以看出，对于不同的考评方法来讲，三种学历状况的知识员工的组织承诺都有显著性差异。对于专科和硕士学历的知识员工，当采用基于员工特质为主的考评方法和综合考评方法时，他们的组织承诺水平都显著高于采用基于结果为主的考评方法时的水平。而对于本科学历的知识员工，当采用综合考评方法时，他们的组织承诺水平则显著低于采用另外两种考评方法时的水平。

表3－24　不同学历状况下采用不同绩效考评方法时，
知识员工组织承诺方差分析

因子		序号		情感承诺	规范承诺	持续承诺	组织承诺
专科	Mean	1	结果考评	2.9846	2.9744	2.7949	2.9179
		2	综合考评	3.3200	3.3333	3.6000	3.4178
		3	特质考评	3.4857	3.1667	3.6667	3.4397
	F			9.181	1.887	19.968	16.843
	Sig.			0.000	0.158	0.000	0.000
	差异项			1 < 3		1 < 2, 1 < 3	1 < 2, 1 < 3
本科	Mean	1	结果考评	3.7978	3.1282	3.6996	3.5419
		2	综合考评	3.1728	2.9033	3.2510	3.1091
		3	特质考评	3.4800	2.9600	3.5467	3.3289
	F			27.397	2.489	14.468	16.894
	Sig.			0.000	0.084	0.000	0.000
	差异项			1 > 3 > 2	1 > 2	1 > 2, 2 < 3	1 > 2, 2 < 3
硕士	Mean	1	结果考评	2.3778	2.7407	3.2963	2.8049
		2	综合考评	3.2462	2.8718	3.5385	3.2188
		3	特质考评	3.2727	2.9394	3.5152	3.2424
	F			28.268	1.440	2.751	12.758
	Sig.			0.000	0.241	0.068	0.000
	差异项			1 < 2, 1 < 3		1 < 3	1 < 2, 1 < 3

由表3－25可以看出，对于不同的考评方法来讲，三种学历状况的知识员工的组织公民行为都有显著性差异。对于专科学历的知识员工，当采用综合考评方法时，他们的组织公民行为水平显著高于采用基于员工特质为主的考评方法时的水平。对于本科学历的知识员工，当采用基

于结果为主的考评方法时，他们的组织公民行为水平则显著高于采用另外两种考评方法时的水平。与本科学历的员工相反，对于硕士学历的知识员工，当采用基于结果为主的考评方法时，他们的组织公民行为水平则显著低于采用另外两种考评方法时的水平。

表 3 – 25　不同学历状况下采用不同绩效考评方法时，
知识员工组织公民行为方差分析

因子	序号		组织忠诚	助人行为	公民道德	敬业守法	自我发展	组织公民行为
专科	Mean	1	结果考评	3.1154	2.9038	2.7692	3.3846	4.0000	3.2346
		2	综合考评	3.3000	3.4000	3.7200	3.3333	2.9000	3.3307
		3	特质考评	2.6607	2.9821	3.8571	2.7917	2.9107	3.0405
	F			8.622	3.621	15.413	7.467	11.837	3.973
	Sig.			0.000	0.031	0.000	0.001	0.000	0.022
	差异项			1>3, 2>3	1<2, 2>3	1<2, 1<3	1>3, 2>3	1>2, 1>3	2>3
本科	Mean	1	结果考评	3.4753	3.6703	3.1253	3.5495	4.0000	3.5641
		2	综合考评	3.0062	3.2022	3.3420	3.1070	3.5787	3.2472
		3	特质考评	2.9600	3.4300	3.1360	3.3067	3.5800	3.2825
	F			10.949	10.605	2.878	9.311	14.606	11.865
	Sig.			0.000	0.000	0.058	0.000	0.000	0.000
	差异项			1>2, 1>3	1>2, 2<3		1>2	1>2, 1>3	1>2, 1>3
硕士	Mean	1	结果考评	2.5833	2.7500	2.9778	2.6296	3.3056	2.8493
		2	综合考评	3.1346	3.1346	3.3846	3.1538	3.5192	3.2654
		3	特质考评	3.1364	3.4773	3.3091	3.0606	3.4773	3.2921
	F			13.915	22.506	4.429	15.772	1.590	27.740
	Sig.			0.000	0.000	0.014	0.000	0.208	0.000
	差异项			1<2, 1<3	1<2<3	1<2, 1<3	1<2, 1<3		1<2, 1<3

6. 不同工作岗位下采用考评方法时，知识员工组织承诺和组织公民行为的差异分析

为考察不同工作岗位下，绩效考评方法对知识员工在组织承诺水平上有无差异，进行了单因素方差分析，分析结果见表 3 – 26、表 3 – 27。从表 3 – 26 中可以看出，绩效考评方法对于纯技术岗位员工的组织承诺没有显著性影响（P＝0.276），只是在采用基于员工特质为主的考评方法时，员工情感承诺水平显著高于采用另外两个考评方法时的水平。绩效考评方法对技术加管理岗位上员工的组织承诺水平有显著性影响，采用基于结果为主的考评方法和基于员工特质的考评方法时，员工的组织承诺水平均显著高于采用综合考评方法时的水平，在组织承诺的各维度上也有基本相同的差异性，具体见表3－26。

表3－26　不同工作岗位下采用不同绩效考评方法时，
知识员工组织承诺方差分析

因子		序号		情感承诺	规范承诺	持续承诺	组织承诺
纯技术	Mean	1	结果考评	2.9784	2.9640	3.4414	3.1279
		2	综合考评	3.1455	2.9762	3.3420	3.1545
		3	特质考评	3.3486	2.8762	3.4762	3.2337
	F			7.300	0.912	1.773	1.292
	Sig.			0.001	0.403	0.171	0.276
	差异项			1<3, 2<3			
技术加管理	Mean	1	结果考评	3.7818	3.0707	3.5909	3.4811
		2	综合考评	3.3100	2.8500	3.3500	3.1700
		3	特质考评	3.6400	3.3333	3.8000	3.5911
	F			15.198	7.607	9.359	12.073
	Sig.			0.000	0.001	0.000	0.000
	差异项			1>2, 2<3	2<3	3>1>2	1>2, 2<3

　　表3－12中技术加管理岗位的员工组织承诺显著高于纯技术岗位，表3－16表明考评方法对员工的组织承诺有显著性影响，再从表3－26的结果分析，可以看出知识员工职业生涯发展在管理路线上的提升，可以显著提高知识员工的组织承诺，而进一步选择恰当的绩效考评方法可以有效提升管理岗位知识员工的组织承诺水平。

　　由表3－27可以看出，不同绩效考评方法对纯技术岗位和技术加管理岗位上员工的组织承诺都没有显著性影响。但多重比较显示，对于纯技术岗位，采用综合考评方法时员工的组织公民行为显著高于采用基于员工特质为主的考评方法时的水平。同时由两种岗位上组织公民行为的均值大小可以看出，采用基于结果为主的考评方法时，员工的组织公民行为水平要高于采用基于员工特质为主的考评方法时的水平，这与表 3 - 27 所显示的结果是相符的。

表 3 - 27 不同工作岗位下采用不同绩效考评方法时，
知识员工组织公民行为方差分析

因子	序号		组织忠诚	助人行为	公民道德	敬业守法	自我发展	组织公民行为
纯技术	Mean	1	结果考评	3.1892	3.2027	3.0162	3.1712	3.7838	3.2726
		2	综合考评	3.0649	3.2062	3.4325	3.1126	3.5633	3.2759
		3	特质考评	2.8714	3.3286	3.3029	3.0405	3.3643	3.1815
	F			5.473	1.668	7.288	0.863	10.344	2.314
	Sig.			0.005	0.190	0.001	0.423	0.000	0.100
	差异项			1>3, 2>3		1<2		1>2>3	2>3
技术加管理	Mean	1	结果考评	3.2386	3.5417	3.0970	3.4394	3.8636	3.4361
		2	综合考评	3.0500	3.2000	3.2900	3.1833	3.4000	3.2247
		3	特质考评	3.0167	3.2833	3.5467	3.2667	3.3833	3.2993
				1.105	2.716	4.973	2.059	8.819	2.248
				0.333	0.069	0.008	0.130	0.000	0.108
					1>2	1<3		1>2, 1>3	

7. 不同企业所有制形式下采用不同考评方法时，知识员工组织承诺和组织公民行为的差异分析

为考察不同所有制形式下，绩效考评方法对知识员工在组织承诺水平上有无差异，进行了独立样本 T 检验和单因素方差分析。分析结果见表 3 - 28、3 - 29。由表 3 - 28 可以看出，在国有和民营企业中，考评方法对知识员工的组织承诺都有显著性影响。当采用综合考评方法时，国有企业中知识员工的组织承诺水平显著低于采用另外两种考评方法时的水平，民营企业中知识员工的组织承诺水平则显著低于采用基于员工特质为主的考评方法时的水平。合资企业中，对知识员工基本没有采用基于结果为主的考评方法，都是采用基于员工特质为主的考评方法和综合考评方法。这两种考评方法对员工的组织承诺水平的影响没有显著性差异。

表 3－28　不同企业所有制形式下采用不同绩效考评方法时，
知识员工组织承诺方差分析

因子	序号		情感承诺	规范承诺	持续承诺	组织承诺
国有	Mean	1 结果考评	3.5211	2.7807	3.3640	3.2219
		2 综合考评	3.0079	2.8086	3.3135	3.0433
		3 特质考评	3.3478	3.0435	3.5652	3.3188
	F		21.592	4.907	5.718	10.475
	Sig.		0.000	0.008	0.004	0.000
	差异项		1>2, 1>3, 2<3	1<3, 2<3	1<3, 2<3	1>2, 2<3
民营	Mean	1 结果考评	3.1600	3.3556	3.7111	3.4089
		2 综合考评	3.3685	3.1461	3.3408	3.2851
		3 特质考评	3.7286	3.2857	3.9048	3.6397
	F		7.201	1.410	12.862	5.520
	Sig.		0.001	0.247	0.000	0.005
	差异项		1<3, 2<3		1>2, 2<3	2<3
合资	Mean	综合考评	3.3091	2.7879	3.4242	3.1737
		特质考评	3.2769	2.6667	3.2308	3.0581
	T		0.256	1.125	1.490	1.077
	Sig.		0.799	0.264	0.139	0.284

注：在合资企业的分析中，没有基于结果为主的考评方法一项，是因为在调研的合资企业中基本上没有采用该种方法。

表 3－29　不同企业所有制形式下采用不同绩效考评方法时，
组织公民行为方差分析

因子	序号		组织忠诚	助人行为	公民道德	敬业守法	自我发展	组织公民行为
国有	Mean	1 结果考评	3.2336	3.4046	2.6474	3.4956	3.7763	3.3115
		2 综合考评	3.0025	3.0099	3.2257	2.8416	3.2871	3.0734
		3 特质考评	3.0435	3.2717	3.2522	3.0870	3.4022	3.2113
	F		2.218	5.927	17.131	17.447	9.876	5.547
	Sig.		0.111	0.003	0.000	0.000	0.000	0.004
	差异项			1>2, 2<3	1<2, 1<3	1>3>2	1>2, 1>3	1>2, 2<3

	因子	序号		组织忠诚	助人行为	公民道德	敬业守法	自我发展	组织公民行为
民营	Mean	1	结果考评	3.2833	3.3500	3.5067	3.0889	3.9333	3.4324
		2	综合考评	3.1320	3.4017	3.6000	3.3895	3.7388	3.4524
		3	特质考评	2.8571	3.3571	3.7000	3.0060	3.1607	3.2162
	F			3.973	0.103	0.874	5.645	25.183	4.002
	Sig.			0.020	0.902	0.419	0.004	0.000	0.020
				1 > 3			1 < 2, 2 > 3	1 > 3, 2 > 3	2 > 3
合资			综合考评	3.0455	3.2500	3.3091	3.3030	3.5455	3.2906
			特质考评	2.7500	3.3462	3.2462	3.2564	3.5385	3.2274
				1.978	−0.897	0.528	0.359	0.060	0.864
				0.052	0.372	0.599	0.721	0.953	0.390

由表3-29可以看出，在国有企业和民营企业中，知识员工的组织公民行为在采用不同考评方法时有显著性差异。当采用综合考评时，国有企业中知识员工的组织公民行为水平显著低于采用另外两种考评方法时的水平，民营企业中知识员工的组织公民行为水平则显著高于采用基于员工特质为主的考评方法时的水平。合资企业中基于员工特质为主的考评方法和综合考评方法对员工组织公民行为水平的影响没有显著性差异。

8. 不同企业规模下采用不同考评方法时，知识员工组织承诺和组织公民行为的差异分析

为考察不同企业规模下，知识员工的组织承诺水平在绩效考评方法上有无显著性差异，进行了单因素方差分析，分析结果见表3-30、表3-31。由表3-30可以看出，在不同规模的企业中，考评方法对知识员工的组织承诺都有显著性影响。在小于40人的企业中，采用基于员工特质为主考评时的知识员工组织承诺水平，显著高于采用综合考评方法时的水平；在40~200人的企业中，采用基于员工特质为主的考评方法时的知识员工组织承诺水平，显著高于采用综合考评方法时的水平，而采用综合考评方法时的水平又显著高于采用基于结果为主的考评方法时的水平；在200人以上的企业中，采用基于结果为主的考评方法时的知识员工组织承诺水平，显著高于采用综合考评方法和采用基于员工特质为主的考评方法时的水平。

表 3-30　不同企业规模下，采用不同绩效考评方法时，
知识员工组织承诺方差分析

因子	序号		情感承诺	规范承诺	持续承诺	组织承诺
		1	结果考评	3.2545	3.5758	4.0000	3.6101
	Mean	2	综合考评	3.3667	3.0833	3.4722	3.3074
小于40人		3	特质考评	3.7000	3.0625	3.7708	3.5111
	F		3.860	7.920	10.479	3.061
	Sig.		0.023	0.001	0.000	0.050
			2<3	1>2, 1>3	1>2, 2<3	1>2, 2<3
		1	结果考评	3.1091	2.6970	3.3333	3.0465
	Mean	2	综合考评	3.3657	3.1238	3.4032	3.2976
40~200人		3	特质考评	3.5625	3.3333	3.8542	3.5833
	F		9.775	11.996	12.324	17.576
	Sig.		0.000	0.000	0.000	0.000
			1<2, 1<3	1<2, 1<3	1<3, 2<3	1<2<3
		1	结果考评	3.6538	2.8077	3.2500	3.2372
	Mean	2	综合考评	2.8914	2.5967	3.1934	2.8938
200人以上		3	特质考评	3.0889	2.6852	3.1481	2.9741
	F		35.059	2.449	0.600	11.808
	Sig.		0.000	0.089	0.550	0.000
			1>3>2	1>2		1>2, 1>3

表 3-31　不同企业规模下采用不同绩效考评方法时，
知识员工组织公民行为方差分析

因子	序号		组织忠诚	助人行为	公民道德	敬业守法	自我发展	组织公民行为
小于40人		1	结果考评	3.2045	3.3864	3.8727	3.0909	4.0000	3.5109
	Mean	2	综合考评	3.1875	3.5000	3.7500	3.0833	3.4583	3.3958
		3	特质考评	2.8750	3.1563	3.5250	2.7552	3.0781	3.0779
	F		2.767	2.413	3.206	2.998	24.649	8.688
	Sig.		0.066	0.093	0.043	0.053	0.000	0.000
			1>3			1>3, 2>3	1>2>3	1>3, 2>3

续表

	因子	序号		组织忠诚	助人行为	公民道德	敬业守法	自我发展	组织公民行为
40~200人	Mean	1	结果考评	3.1364	3.0909	2.5091	3.0909	3.5000	3.0655
		2	综合考评	3.1690	3.2548	3.4476	3.1905	3.5119	3.3148
		3	特质考评	3.2656	3.4375	3.3250	3.5000	3.7500	3.4556
				0.545	3.406	35.126	8.437	2.994	12.221
				0.581	0.035	0.000	0.000	0.052	0.000
				1<3	1<2, 1<3	1<3, 2<3	2<3		1<2<3
大于200人	Mean	1	结果考评	3.2837	3.5721	2.8231	3.6474	3.9423	3.4537
		2	综合考评	2.8426	2.9630	3.0840	3.0988	3.5309	3.1038
		3	特质考评	2.6389	3.3472	3.2889	3.0741	3.2917	3.1281
	F			10.162	14.570	5.352	11.183	14.651	11.872
	Sig.			0.000	0.000	0.005	0.000	0.000	0.000
				1>2, 1>3	1>2, 2<3	1<3	1>2, 1>3	1>2>3	1>2, 1>3

由表 3-31 可以看出，在不同规模的企业中，知识员工的组织公民行为在考评方法上都有显著性差异。在小于 40 人的企业中，采用基于员工特质为主的考评方法时的知识员工组织公民行为水平，显著低于采用基于结果为主的考评方法和综合考评方法时的水平；在 40~200 人的企业中，采用基于员工特质为主的考评方法时的知识员工组织公民行为水平，显著高于采用综合考评方法时的水平，而采用综合考评方法时的水平又显著高于采用基于结果为主的考评方法时的水平；在 200 人以上的企业中，采用基于结果为主的考评方法时的知识员工组织公民行为水平，显著高于采用综合考评方法和采用基于员工特质为主的考评方法时的水平。

9. 不同企业经济效益下采用不同考评方法时，知识员工组织承诺和组织公民行为的差异分析

为考察不同企业效益下，知识员工的组织承诺水平在绩效考评方法上有无差异，进行了单因素方差分析，分析结果见表 3-32、表 3-33。由表 3-32 可以看出，在效益好和效益不好的企业中，考评方法对知识员工的组织承诺无显著性影响，只是在组织承诺的若干维度上，有显著性影响。在效益一般的企业中，当采用基于员工特质为主的考评方法时，知识员工的组织承诺显著高于采用综合考评方法时的水平。

表 3 – 32　不同企业经济效益下采用不同绩效考评方法时，
知识员工组织承诺方差分析

因子		序号		情感承诺	规范承诺	持续承诺	组织承诺
效益不好	Mean	1	结果考评	2.7709	2.8242	3.3091	2.9681
		2	综合考评	2.9560	2.7248	3.1927	2.9578
		3	特质考评	3.2095	2.6349	3.2857	3.0434
	F			7.482	2.227	1.232	1.063
	Sig.			0.001	0.110	0.294	0.347
				1 < 3, 2 < 3	1 > 3		
效益一般	Mean	1	结果考评	3.5390	2.9266	3.5989	3.3548
		2	综合考评	3.2427	2.8764	3.3858	3.1683
		3	特质考评	3.4636	3.1970	3.7121	3.4576
	F			6.815	5.833	5.503	7.654
	Sig.			0.001	0.003	0.005	0.001
				1 > 2, 2 < 3	2 < 3	2 < 3	2 < 3
效益好	Mean	1	结果考评	4.1846	3.6154	3.7436	3.8479
		2	综合考评	3.8444	3.7037	3.7037	3.7506
		3	特质考评	4.0286	3.5714	4.0000	3.8667
	F			5.211	0.260	2.052	0.612
	Sig.			0.007	0.772	0.135	0.545
				1 > 2			

表 3 – 33　不同企业经济效益下采用不同绩效考评方法时，
知识员工组织公民行为方差分析

因子		序号		组织忠诚	助人行为	公民道德	敬业守法	自我发展	组织公民行为
效益不好	Mean	1	结果考评	2.8955	2.9909	2.9600	3.1576	3.5545	3.1117
		2	综合考评	3.0206	3.1560	3.1211	3.1590	3.5413	3.1996
		3	特质考评	2.8214	3.2738	3.1048	2.9841	3.3810	3.1130
	F			2.061	3.142	0.955	1.521	2.365	1.637
	Sig.			0.130	0.045	0.386	0.221	0.096	0.197
					1 < 3				

续表

因子	序号		组织忠诚	助人行为	公民道德	敬业守法	自我发展	组织公民行为
效益一般	1	结果考评	3.5678	3.6229	3.0644	3.5141	4.1356	3.5810
Mean	2	综合考评	2.9185	3.0871	3.4831	3.1199	3.3680	3.1953
	3	特质考评	3.0227	3.3636	3.6545	3.2765	3.4205	3.3476
F			14.187	10.617	9.902	6.486	23.716	14.636
Sig.			0.000	0.000	0.000	0.002	0.000	0.000
			1>2, 1>3,	1>2, 2<3	1<2, 1<3	1>2	1>2, 1>3	1>3>2
效益好	1	结果考评	3.0769	3.5577	3.2308	3.1026	3.6731	3.3282
Mean	2	综合考评	3.5278	3.6389	3.9333	3.1111	3.7500	3.5922
	3	特质考评	2.8571	3.2857	3.3143	2.9524	3.1786	3.1176
F			3.929	1.188	10.897	0.297	4.351	3.513
Sig.			0.023	0.310	0.000	0.744	0.016	0.034
			2>3		1<2, 2>3		1>3, 2>3	2>3

由表 3-33 可以看出，在效益不好的企业中，考评方法对知识员工的组织公民行为无显著性影响，只是在组织忠诚维度上，有显著性影响。在效益一般的企业中，采用基于结果为主的考评方法时，知识员工的组织公民行为显著高于采用基于员工特质为主的考评方法时的水平，而基于员工特质为主的考评方法时的水平，又显著高于采用综合考评方法时的水平。在效益好的企业中，采用综合考评方法时，知识员工的组织公民行为显著高于采用基于员工特质为主的考评方法时的水平。

三　考评程序不同时调节变量对因变量的影响

本节将描述在采用不同绩效考评方法时，不同绩效考评过程对知识员工的组织承诺和组织公民行为的影响。

1. 采用不同考评方法时，在不同程序公平感下，知识员工组织承诺和组织公民行为的差异分析

当一个组织根据自己的实际情况确定了考评方法后，在考评过程中注重考评程序公平感，是不是可以有效提高员工的组织承诺和组织公民的行为水平呢？为考察不同绩效考评方法下，程序公平感对知识员工在组织承诺水平上有无差异，进行了独立样本 T 检验分析，分析结果见表3－34、表3－35。由表3－34 可以看出，无论采用哪种考评方法，知识员工的组织承诺水平在程序公平感上均有显著性差异，且这种差异是相同的，即当程序公平时，知识员工的组织承诺水平均显著高于程序不公平时的水平。

表 3 – 34　采用不同考评方法时，在不同程序公平感下，
员工组织承诺 T 检验分析

	因子		情感承诺	规范承诺	持续承诺	组织承诺
	Mean	程序不公平	3.0338	2.6320	3.4026	3.0228
		程 序 公 平	3.8169	3.5367	3.6893	3.6810
结果考评	t		－ 5.424	－ 8.137	－ 2.262	－ 6.456
	Sig.		0.000	0.000	0.026	0.000
			－ 0.7832	－ 0.9047	－ 0.2867	－ 0.6582
	Mean	程序不公平	3.0000	2.5780	3.3272	2.9684
综合考评		程 序 公 平	3.4277	3.2475	3.3663	3.3472
	t		－ 5.542	－ 7.318	－ 0.443	－ 6.158
	Sig.		0.000	0.000	0.658	0.000
			－ 0.4277	－ 0.6695	－ 0.0391	－ 0.3788
	Mean	程序不公平	3.4148	2.8025	3.4568	3.2247
		程 序 公 平	3.4900	3.2667	3.7833	3.5133
特质考评	t		－ 0.804	－ 5.226	－ 3.763	－ 3.411
	Sig.		0.423	0.000	0.000	0.001
			－ 0.0752	－ 0.4642	－ 0.3265	－ 0.2886

　　注：由于在采用不同绩效考评方法时，绩效考评程序公平感一般的样本量较小，故在这方面仅分析考评程序公平感为不公平和公平两种情况。

　　由表3－35 可以看出，采用基于结果为主的考评方法和综合考评方法时，知识员工的组织公民行为在程序公平感上没有显著性差异。当采用基于员工特质为主的考评方法时，知识员工的组织公民行为在程序公平感上有显著性差异，表现在程序公平时的组织公民行为显著高于不公平时的水平。

表 3 - 35　采用不同绩效考评方法时，不同程序公平感下，
员工组织公民行为 T 检验分析

因子			组织忠诚	助人行为	公民道德	敬业守法	自我发展	组织公民行为
结果考评	Mean	程序不公平	3.2240	3.3312	2.6234	3.3550	3.7727	3.2613
		程序公平	3.2119	3.4280	3.5525	3.2429	3.9407	3.4752
	T		0.074	-0.620	-5.941	0.755	-1.705	-1.970
	Sig.		0.941	0.536	0.000	0.452	0.091	0.051
			0.0122	-0.0968	-0.9292	0.1120	-0.1680	-0.2139
综合考评	Mean	程序不公平	2.7179	3.1284	3.4954	3.1101	3.6055	3.2115
		程序公平	3.3540	3.2748	3.4020	3.1320	3.4233	3.3172
	T		-6.985	-1.419	0.950	-0.254	1.889	-1.860
	Sig.		0.000	0.157	0.343	0.799	0.060	0.064
			-0.6361	-0.1463	0.0934	-0.0219	0.1822	-0.1057
特质考评	Mean	程序不公平	2.8796	3.2685	3.0963	2.9753	3.3704	3.1180
		程序公平	3.0875	3.4500	3.7900	3.2208	3.2750	3.3647
	T		-1.914	-1.928	-7.717	-2.141	0.866	-3.743
	Sig.		0.057	0.055	0.000	0.034	0.388	0.000
			-0.2079	-0.1815	-0.6937	-0.2455	0.0954	-0.2466

2. 采用不同考评方法时，在不同考评过程满意度下，知识员工组织承诺和组织公民行为的差异分析

当一个组织根据自己的实际情况确定了考评方法后，在考评过程中注重提高员工考评过程的满意度，是不是可以有效提高员工的组织承诺和组织公民行为水平呢？为考察不同绩效考评方法下，考评过程满意度对知识员工在组织承诺水平上有无差异，进行了单项方差分析，分析结果见表 3 - 36、表 3 - 37。由表 3 - 36 可以看出，无论采用哪种考评方法，知识员工的组织公民行为在考评过程满意度上均有显著性差异。当采用基于结果为主的考评方法和基于员工特质为主的考评方法时，员工的组织承诺在考评过程满意度上的差异是一致的，都是不满意时的组织公民行为显著低于一般和满意时的水平。当采用综合考评方法时，员工对考评过程满意时的组织公民行为显著高于不满意和一般时的水平。

表 3 - 36　采用不同考评方法时，在不同考评过程满意度下，
员工组织承诺方差分析

	因子	序号		情感承诺	规范承诺	持续承诺	组织承诺
结果考评	Mean	1	不满意	2.9846	2.8034	3.3120	3.0333
		2	一般	4.0133	3.0889	4.1778	3.7600
		3	满意	3.6500	3.4583	3.3750	3.4944
	F			20.474	10.640	24.535	20.802
	Sig.			0.000	0.000	0.000	0.000
				1<2, 1<3	1<3	1<2, 2>3	1<2, 1<3
综合考评	Mean	1	不满意	3.0868	2.7054	3.3798	3.0574
		2	一般	3.2167	2.8333	3.1111	3.0537
		3	满意	3.4491	3.5322	3.4620	3.4811
	F			8.264	34.141	4.787	20.127
	Sig.			0.000	0.000	0.009	0.000
				1<3	1<3, 2<3	1>2, 2<3	1<3, 2<3
特质考评	Mean	1	不满意	3.2966	2.8506	3.4253	3.1908
		2	一般	3.7667	3.3056	3.8056	3.6259
		3	满意	3.4444	3.1481	3.7407	3.4444
	F			11.715	10.184	9.303	13.312
	Sig.			0.000	0.000	0.000	0.000
				1<2, 2>3	1<2, 1<3	1<2, 1<3	1<2, 1<3

表 3 - 37　采用不同考评方法时，在不同考评过程满意度下，
员工组织公民行为方差分析

	因子	序号		组织忠诚	助人行为	公民道德	敬业守法	自我发展	组织公民行为
结果考评	Mean	1	不满意	2.8045	3.0737	2.7641	3.0726	3.5128	3.0456
		2	一般	3.5667	3.7667	3.6533	3.5333	4.2667	3.7573
		3	满意	3.8750	3.6875	3.2000	3.6250	4.1563	3.7088
	F			23.648	10.660	11.099	6.850	38.479	29.371
	Sig.			0.000	0.000	0.000	0.001	0.000	0.000
				1<2, 1<3	1<2, 1<3	1<2	1<3	1<2, 1<3	1<2, 1<3

续表

	因子	序号		组织忠诚	助人行为	公民道德	敬业守法	自我发展	组织公民行为
综合考评	Mean	1	不满意	2.8004	3.1240	3.4496	3.0724	3.5039	3.1901
		2	一 般	3.1042	3.1042	3.3667	3.3056	3.3125	3.2386
		3	满 意	3.6096	3.4693	3.2491	3.1404	3.6798	3.4296
	F			31.905	5.350	1.502	2.403	3.880	7.353
	Sig.			0.000	0.005	0.225	0.093	0.022	0.001
				1<2<3	1<3, 2<3		1<2	2<3	1<3, 2<3
特质考评	Mean	1	不满意	2.8621	3.3707	3.2138	3.0805	3.4052	3.1864
		2	一 般	2.9583	3.3125	3.7333	3.1181	3.1667	3.2578
		3	满 意	3.0278	3.1389	3.4222	3.1852	3.5278	3.2604
	F			0.735	1.743	10.450	0.253	2.646	0.599
	Sig.			0.481	0.178	0.000	0.776	0.073	0.550
						1<2, 2>3		2<3	

由表 3 - 37 可以看出，采用基于结果为主的考评方法和综合考评方法时，知识员工的组织承诺水平在考评过程满意度上均有显著性差异。当采用基于结果为主的考评方法时，员工对考评过程不满意时的公民行为水平显著低于一般和满意时的水平。当采用综合考评方法时，员工对考评过程满意时的组织承诺水平显著高于不满意和一般时的水平。当采用基于员工特质为主的考评方法时，知识员工的组织公民行为在考评过程满意度上没有显著性差异。

本章在对研究结果进行总结的基础上，结合有关理论和实际情况，对研究结果进行分析讨论，探讨了在不同情况下，知识员工的组织承诺和组织公民行为出现差异的原因。

四 假设检验结果

在上述数据分析的基础上，对研究假设的结果进行了总结，汇总成表 3 - 38。

表 3 – 38　假设检验结果汇总

假设序号	假设内容	研究结果
1. 人口统计学因素	H1a：不同性别、年龄、学历、婚姻状况下，知识员工组织承诺有显著性差异	假设部分成立
	H1b：不同性别、年龄、学历、婚姻状况下，知识员工组织公民行为有显著性差异	假设部分成立
2. 岗位和企业状况变量	H2a：不同工作岗位、企业规模、所有制形式和经济效益下，知识员工组织承诺有显著性差异	假设成立
	H2b：不同工作岗位、企业规模、所有制形式和经济效益下，知识员工的组织公民行为有显著性差异	假设部分成立
3. 绩效考评过程	H3a：不同绩效考评程序公平感、不同考评过程满意度下，知识员工组织承诺有显著性差异	假设成立
	H3b：不同绩效考评程序公平感、不同考评过程满意度下，知识员工组织公民行为有显著性差异	假设成立
4. 绩效考评方法	H4a：采用不同绩效考评方法时，知识员工组织承诺无显著性差异	有显著性影响
	H4b：采用不同绩效考评方法时，知识员工组织公民行为无显著性差异	有显著性影响
5. 人口统计变量 + 绩效考评方法	H5a：不同人口统计变量下，采用绩效考评方法时，知识员工组织承诺无显著性差异	部分有显著性差异
	H5b：不同人口统计变量下，采用绩效考评方法时，知识员工组织公民行为无显著性差异	部分有显著性差异
6. 岗位及企业状况 + 绩效考评方法	H6a：不同工作岗位和企业状况下，采用绩效考评方法时，知识员工组织承诺无显著性差异	部分有显著性差异
	H6b：不同工作岗位和企业状况下，采用绩效考评方法时，知识员工组织公民行为无显著性差异	部分有显著性差异
7. 绩效考评方法 + 绩效考评过程变量	H7a：采用绩效考评方法，不同绩效考评过程时，知识员工组织承诺无显著性差异	部分有显著性影响
	H7b：采用绩效考评方法，不同绩效考评过程时，知识员工组织公民行为无显著性差异	部分有显著性影响

第四章

绩效考评变革对员工影响的讨论

第一节　本章理论基础

在上一章的最后，我们列出了假设检验的分析结果，有的与我们日常经验或前人研究结论相符，有的略有出入，本章将根据知识员工实际工作情况，结合有关的理论模型，对上一章所得假设检验结果进行分析讨论。

社会交换理论很早就被用来解释员工行为和动机的基础，因而在分析之前，简要回顾 Blau（1964）的社会交换理论将有助于深入理解知识员工的组织承诺和组织公民行为随自变量、控制变量、调节变量变化而变化的原因。

关于人们是如何决定行为的，Blau 认为人们是以他们的期望为基准点的："可以做出的唯一假设是，人类在选择潜在合伙人或行动步骤时，首先对与他人以往的经历或预期的交往做出估价，按条件优劣列序，然后选择最优者。"人们对于从一项活动或某一个人那里获利的潜在可能做出估计，再与其他活动或其他人做一比较，挑选出渴望给予最大利益的活动或人。这些期望包括一般期望、特殊期望、比较期望。一般期望是人们认为能从生活各个方面得到的回报：与工作有关的收入和福利条件、从友人那里获得的感情支持和友情。Blau 指出，一般期望从最低水平到最高水平不等，达到的期望低于最低水平就会引起不满，高于最高水平则是理想的量。人们普遍认为，一般期望的大小是由两方面决定的：关于某人应得多少回报的社会标准，以及此人过去所获回报的多少。Blau 认为，某一关系带来的利益越多，就越有吸引力。

期望影响着人们获取社会回报的愿望。Blau 设想，人们获得了某一水准的回报，就想至少要使这一水准维持下去。换言之，令人满意的最低水准的回报就是现行水准的回报。而且，Blau 还认为，人们获得符合期望的回报，比获得超出期望的回报更令人满意。这一观点在经济学中称为边际效用递减法则。Homans 在贬值—饱和命题中表述了同样的概念：某人在过去接受到某一资源越多，他目前就越是不需要这一资源。最后，Blau 还提出，某一资源越是稀有或代价越高，就越受到珍视。

Blau 的分析在一个方面与 Homans 的分析相似：人们首先考虑选择对象可能提供的种种结果，然后择其最有利者。然而，也应该看到他们之间的一个重要区别。Homans 认为，人们只会选择在过去种种类似情况中曾产生回报的对象，而眼下的情况又提供了促使人们从事可得到回报的行为的刺激。Blau 虽然认为过去经历的强化事例是重要的，但同时承认它们没有绝对的制约力。人际关系或社会准则所产生的期望对抉择的影响力可能与过去的强化事例一样大，或更加大。确实，一个人可能愿意在目前付出代价，而期望在将来获取回报。

Blau 和 Homans（1961）对人类态度和行为进行了阐述，然而态度和行为之间的关系也是十分复杂的，许多学者提出了自己的看法。Lippa（1990）指出，态度能影响行为，因为研究者假定态度是行为反应的中介。态度对行为发生影响，是以一种一般动机性方式进行的（Oskamp，1977；Petty & Cacioppo，1981）。

但是态度与行为并不是一一对应的关系，因为行为除了受态度的影响之外，还受其他因素的影响，特别是受当时情境（situation）的影响。可以说，态度与行为的不一致主要决定于当时的情景。例如，人们往往不愿意和他不喜欢的人坐在一起，但他若做长途旅行时，发现车上只有一个座位空着，旁边坐了他不喜欢的人，于是他也不得不在空位上坐下来。这一行为与他的态度是不一致的，但当时的情景迫使他这样做。逢场作戏的抽烟也是如此，一个人不喜欢抽烟，也无抽烟的习惯，但在大家都抽烟的情境下，他也可能抽烟，这就是情境使他的态度和行为发生不一致。

Birnbaum 和 Benne（1983）指出，行为是态度和环境相互作用的结果，但影响行为的因素除上述两者相互作用之外，还有个人的一般认知态度（不属于对某一对象的认知）、当时情绪的好坏以及个人对外界环境的一贯倾向等，都对行为发生影响。

以上的理论回顾表明，人的态度、行为尽管是很复杂的，但还是有章可循的，这种复杂性主要受两个方面的影响：个人期望的影响和外界环境的影响。在本章的分析中，将主要从个人期望和环境变化对本研究的结果进行分析与讨论。

第二节 绩效考评方法影响员工组织承诺 和公民行为的分析与讨论

企业对知识员工采取何种绩效考评方法对知识员工的态度和行为必然会有很大的影响，其主要原因是我国目前的管理模式下，绩效考评往往和薪酬制度紧密相连，即绩效考评结果将直接影响员工的实际收入，而收入水平又是目前我国各阶层人员所关心的头等大事，因此绩效考评方法将最终影响员工的组织承诺和组织公民行为。另外，知识员工都受过良好的教育，具有较为理性的思维，能够用长远的眼光来看待个人收入问题，如不仅关注目前自己的收入，而且也关注今后的个人发展，提升自己未来的收入。由于眼前和长远利益不可避免会有冲突，因而知识员工的态度和行为有时也会出现矛盾，正如前所述，行为除了受态度的影响之外，还受其他因素的影响。

从企业的角度来看，企业在决定采取什么方式来考评知识员工的绩效时，所考虑的因素主要有四个方面：一是行业惯例，即采用在本行业中大家都比较认同、比较成熟、具有很强操作性的方法；二是企业特征，包括企业性质、规模等，并由此所形成的企业文化；三是工作特征，主要是指工作结果是否容易量化测评，当工作结果易于量化时，企业常常采用以结果为主的考评方法，而当工作结果不容易量化时，企业常常倾向于采用以员工特质为主的考评方法；四是风险承担，由于采用基于员工特质为主的考评方法时，企业不论经营状况如何，都须根据员工特质的考评结果来支付各种薪酬，因此采用这种方法时，企业实际上承担了大部分的经营风险。而采用基于工作结果为主的考评方法时，企业是根据员工的实际工作状况来兑现员工的薪酬，故企业实际上是将经营风险转嫁给了员工个体。在研究调查中，大多数设计院院长所重点强调的第三点和第四点，即决定采用何种绩效考评方法的核心是工作结果能否量化和企业风险由谁来承担的问题，而第一点和第二点则是他们选择管理策略的大前提。

基于员工特质为主的考评方法是对员工真实绩效的一种预测方法，其假定是具备什么特质水平的知识员工，其将来的绩效也会是什么水平。故从员工个人的角度来看，采用该方法会让员工产生一种被信任和被肯定的感觉，且如果这种信任和肯定由考评反映到薪酬上，是市场的平均水平，则在这种情况下，员工的期望得到满足，组织承诺必然会较其他考评高一些。另一种情况是，由于绩效考评和薪酬紧密相连，当采用基于特质的考评方法而忽略了基于结果的考评方法时，部分不求上进的员工会有"拿多少钱就干多少活"的思想，甚至有"多拿钱少干活"的思想，感觉进了保险柜，暂时端上了"铁饭碗"，感觉很舒适，因此他们的组织承诺也常常处于一个较高的水平。

在组织公民行为方面，基于员工特质为主的考评方法弱化了个人工作结果部分，突出了团队的绩效，这可以使知识员工之间的协调、配合更为主动、有效，因而可以从一定程度上提高员工的组织公民行为水平。

相比以特质为主的考评方法，基于结果为主的考评方法是对员工真实绩效的评价，是事后评价，该方法公平有效地执行，员工会有工作被认可的感受，觉得自己的辛苦付出得到了回报，在他们工作时所产生的期望得到了满足，因此，采用该方法时员工也有较高的组织承诺。但当工作结果不容易评价，工作结果的显现远远滞后于工作本身，或者工作结果受环境影响比较大时，基于结果为主的评价则不能准确、及时地反映工作结果，这时若付出和回报不相符，则势必会影响员工的心理感受，即已形成的期望得不到满足，组织承诺也可能在一定程度上下降。

基于结果为主的考评方法，是以结果为导向的考评方法，强调的是个人工作成果，而好的结果往往需要好的工作过程和行为。因而从理论上讲，这将导致员工只注重自己的工作过程和结果，即自己角色内的行为，而不关注其他的事情，因而组织公民行为会处于一个较低的水平。但由于目前知识型工作大多强调团队合作，必须先有团队绩效才能有个人绩效，同时由于知识员工受过良好教育，能够充分理解个人与团队的关系，因此，对于知识员工来讲，基于结果为主的考评方法反而会有效提高知识员工在工作过程中的各种行为，其中也包括组织公民行为。

综合考评有一个优点就是兼顾了员工的特质和员工的工作结果两个方面，两个方面兼顾的结果反映在薪酬上，则是既认可了员工的特质，也可以反映出员工的工作结果，并对员工的工作行为有较好的导向作用。但这也正是综合考评的缺点，即综合考评中两个部分的考评结果对应于员工薪酬时，都只是单一考评方法对应薪酬的一半左右，而不是员工特质或工作结果的全部，员工对此的心理感受是"两个都太少了，至少让占住一头吧"（设计人员语）。特别是由综合考评中工作结果部分的考评结果计算员工薪酬时，与基于结果为主的考评方法相比，相同的工作量，综合考评方法计算出的薪酬大约只是基于结果为主的考评方法的一半左右。这种比较方式，尽管是不合理的，但员工确实容易将目光集中于此（近因效用），而忽略了相比基于结果为主的考评方法，他们还有近一半的特质考评部分。这如同把一个苹果分成两半，间隔一个月或半年分两次给一个人吃，和把一个苹果一次性给一个人吃，这两种方式给人的感受是不一样的。特别是当企业采用综合考评方法时，把注意力过多地集中于结果部分，而忽略了特质考评部分中的公平感和精确性，员工的组织承诺则会进一步降低。

由以上分析，就不难理解表 4 - 1 和图 4 - 1 所示：当采用基于员工特质为主的考评方法时，知识员工的组织承诺显著高于采用综合考评方法时的水平。

表 4 - 1　采用不同考评方法时，知识员工组织承诺和组织公民行为的差异汇总

	组织承诺	组织公民行为
考评方法	特质考评 > 综合考评	结果考评 > 特质考评

考评方法对组织公民行为的影响不同于对组织承诺的影响，其原因正如 Homans（1961）和 Blau（1964）的社会交换理论中所讲

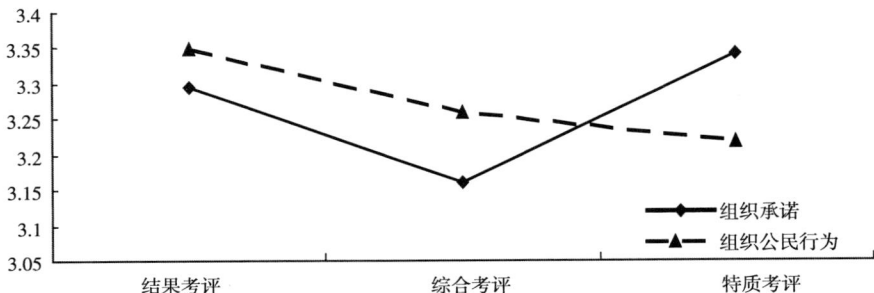

图 4-1　不同绩效考评方法下，知识员工的组织承诺和组织公民行为的差异

的人的行为是基于对获利的期望。不管心理感受如何，作为"理性人"或者是"有限理性人"，人们总会为获利而努力。在需要较高程度的团队合作工作中，知识员工很清楚，只有团队的高绩效，才会有个人的高绩效，而在工作过程中，注重自我提升、相互合作、按章办事等都是对团队绩效的有效贡献。特别是当采用以结果为导向的考评方法时，为了获得更大的利益，员工会更注重工作过程以求更大的绩效，因此采用基于结果为主的考评方法可以有效提高员工的组织公民行为。

由图 4-1 还可以发现，采用综合考评方法时，员工的组织公民行为水平会高于采用基于员工特质为主的考评方法时的水平，这也是由于综合考评中，结果导向占了约 50% 的比重，从而促使员工注重工作过程以求更高的绩效。

第三节　不同人口统计学因素下考评方法对员工影响的分析与讨论

一　知识员工组织承诺和组织公民行为在不同人口统计学因素下的差异分析与讨论

表 4-2 是有关在不同人口统计学因素下，知识员工的组织承诺和组织公民行为水平变化的综合。

表4－2　不同人口统计学因素下，知识员工的组织承诺和
组织公民行为的差异汇总

		组织承诺	组织公民行为
性	别	女性＞男性	
婚	姻	已婚＞未婚	已婚＞未婚
年	龄		29～35岁＞小于29岁＞35岁以上
学	历	专科＞硕士，本科＞硕士	本科＞专科，本科＞硕士

（1）知识员工组织承诺和组织公民行为在不同性别上的差异分析与讨论

由表4－2可以看出，女性的组织承诺显著高于男性，Grusky认为，女性员工的组织承诺高于男性员工，是因为女性员工寻找工作的机会比男性员工更困难，因此她们更珍惜工作机会。而在我国目前的环境下，存在另外一个问题，即女性往往把期望寄托于家庭、丈夫、孩子身上，对企业的期望较低，较容易满足于企业对女性员工的回报，故无论是否是知识员工，女性的组织承诺往往都高于男性。而Grusky所提到的女性更珍惜工作机会则在本次研究中没有得到体现，如表3－10所示，在与离职倾向非常相关的持续承诺上，女性与男性并没有显著差异，但在情感承诺和规范承诺上，女性员工的承诺水平显著高于男性员工。

在表4－2中还可以看出，性别对知识员工的组织公民行为无显著性影响，说明不论男性还是女性知识员工，由于受过良好的教育，都具有相当的理性，能够做出对自己有利的理性行为，即通过有效的组织公民行为来提高整个团队的绩效，从而也间接提高了自己的绩效水平。

（2）知识员工组织承诺和组织公民行为在不同婚姻状况上的差异分析与讨论

已婚员工的组织承诺也显著高于未婚员工，也是由于已婚员工转换工作，特别是在我国传统文化熏陶下，转换到异地工作时须考虑家庭的各方面因素，成本较高，故已婚员工相对较安心于目前的工作，组织承诺的三个维度水平均较高，如表3－10所示，对于已婚知识员工来说，他们组织承诺的水平同样显著高于未婚员工。

尽管以往的研究并没有显示组织公民行为受人口统计学因素的显著

影响，但对于已婚员工比未婚员工的组织公民行为显著高出许多，我们还是可以找出很多原因：如在"印象管理"下，已婚员工更重视在领导面前的表现；已婚员工由于责任感较强，压力较大，因而能够理性地做该做的，不做不该做的；已婚员工相对未婚员工一般年龄较长，在过去的成长中，接受了其他员工表现在组织公民行为上的影响和帮助，组织公民行为对于他们来说是一种"成功过的事情"等。具体的差异，如表 3 – 11 所示，体现在已婚员工的组织忠诚和敬业守法都显著高于未婚员工。

（3）知识员工组织承诺和组织公民行为在不同年龄上的差异分析与讨论

尽管表 3 – 10 中 35 岁以上知识员工的组织承诺高于 35 岁以下的员工，但并没有显著差异，这与前人所做的研究（如 Meyer 和 Allen 认为，年老的员工更有可能对企业产生情感承诺）有一定差异。分析其原因，是因为知识、技能的个人独有性，使得知识员工随着年龄的增长，知识、经验、技术的累计，很容易成为某个领域的专家，从而使他们对企业的期望值也提高，当企业不能满足他们的期望值时，其组织承诺反而会降低。故知识员工随着年龄增长，其对企业的组织承诺并不会显著增加。

在表 3 – 11 中，29 ~ 35 岁的知识员工的组织公民行为显著高于 29 岁以下和 35 岁以上的知识员工，其原因是 29 ~ 35 岁的员工正处于事业发展的关键阶段，他们比 29 岁以下的员工更成熟，知道哪些该做，哪些不该做，也清楚地知道组织公民行为可以有效地提高团队绩效；而 35 岁以上的员工容易出现两极分化，一小部分员工事业发展较为顺利，走向技术加管理岗位，表现出高水平的组织公民行为。然而，管理人员毕竟是少部分，大部分 35 岁以上员工仍旧从事纯技术工作，相比同龄人来说，事业发展不顺利，而他们又属于老资格的员工，常常是倚老卖老，各种不满情绪容易使他们的组织公民行为水平下降。

（4）知识员工组织承诺和组织公民行为在不同学历上的差异分析与讨论

表 4 – 2 中显示专科学历和本科学历知识员工的组织承诺显著高于

硕士学历员工，这有两个方面的原因：一是在我国崇尚学历的环境下，高学历的员工寻找工作的机会远大于低学历员工；二是高学历员工的期望值较低学历员工高，不容易得到满足，根据 Blau 的社会交换理论，当期望得不到满足时，员工就会不满，因此其组织承诺也会比较低。Mowday 的研究也证明了这一点，他的研究表明组织承诺与个人受教育程度负相关。

表4－2中显示，本科学历的知识员工的组织公民行为显著高于专科和硕士学历的知识员工，从表3－11也可以看出，除公民道德维度以外，本科学历的员工在组织公民行为各维度上的水平均高于专科和硕士学历的员工，其原因有些类似于年龄对知识员工的影响，专科学历尚不够水平，而硕士学历的员工期望值又过高，不容易满足，恰恰是本科学历的员工有着正确的心态，从而能够指导他们做正确的事和正确地做事。

二　不同人口统计学因素下，采用不同绩效考评方法时，知识员工组织承诺和组织公民行为的差异分析与讨论

了解不同性别、不同学历等不同人口统计学因素的知识员工在其职业生涯中的心态变化情况，将有助于理解知识员工在不同考评方法下，有着不同态度和行为的原因。Becker 的人类行为的经济分析中，关于知识员工在工作中如何才能够进行理性人力资本投资的五点结论，从成本和收益的角度分析了知识员工的行为和动机，对于理解知识员工在职业生涯各个阶段的心态有很好的帮助，这五点结论用较为通俗的语言概括起来说，就是年轻的时候要多学本事，不要计较付出和得到，等到了一定年龄，学本事的边际效用变得很低时，也就是该收获的时候了。这些结论和我们的经验是相符的，也就是说不同阶段，人的期望是不同的，期望不同自然会使得员工的组织承诺和组织公民行为产生变化，以下将根据具体的研究结果来做讨论。

（1）不同性别状况下，采用不同绩效考评方法时，知识员工组织承诺和组织公民行为的差异分析与讨论

由表4－3可以看出，对于男性知识员工，在不同的考评方法下，他们的组织承诺和组织公民行为没有显著性差异。对于女性知识员工，

在不同的考评方法下，她们的组织承诺有显著性差异，表现在采用综合考评方法时组织承诺水平显著低于采用其他两种考评方法时的水平。她们的组织公民行为则没有显著性差异。这说明，根据性别对知识员工进行分类后，无论何种考评方法都不会对男性有显著性影响，但绩效考评方法对于女性组织承诺会有显著性影响。

表4-3　不同人口统计学因素下，采用不同绩效考评方法时，
知识员工的组织承诺和组织公民行为的差异汇总

		组织承诺				组织公民行为			
		结果考评	综合考评	特质考评	差异项	结果考评	综合考评	特质考评	差异项
序　号		1	2	3		1	2	3	
性别	男　性	3.2122	3.1915	3.2674		3.3160	3.2618	3.1846	
	女　性	3.4472	3.0952	3.4741	1>2, 2<3	3.4122	3.2514	3.2687	
婚姻	已　婚	3.4416	3.1205	3.5573	1>2, 2<3	3.3934	3.1396	3.3981	1>2, 2<3
	未　婚	3.0601	3.1788	3.1204		3.2800	3.3155	3.0253	1>3, 2>3
年龄	小于29岁	3.3350	3.2283	3.1824		3.3691	3.2875	3.1087	1>3, 2>3
	29~35岁	3.1627	3.0707	3.5880	1<3, 2<3	3.4245	3.3467	3.4918	
	35岁以上	3.5435	2.9608	3.5139	1>2, 2<3	3.1125	3.0106	3.1621	
学历	专　科	2.9179	3.4178	3.4397	1<2, 1<3	3.2346	3.3307	3.0405	2>3
	本　科	3.5419	3.1091	3.3289	1>2, 1>3	3.5641	3.2472	3.2825	1>2, 1>3
	硕　士	2.8049	3.2188	3.2424	1<2, 1<3	2.8493	3.2654	3.2921	1<2, 1<3

（2）不同婚姻状况下，采用不同绩效考评方法时，知识员工组织承诺和组织公民行为的差异分析与讨论

对于不同婚姻状况的员工，在不同考评方法下，除未婚员工的组织承诺外，他们的组织承诺和组织公民行为都有着显著性差异，具体显著性差异见表4-3。家庭的责任和压力导致已婚员工与未婚员工对工作期望等的心态变化，使得他们对不同的绩效考评方法有着不同的感受：已婚员工相对于未婚员工来说，虽然资历和经验丰富，但已婚员工精力、体力已开始下降，同时家庭的责任和压力使已婚知识员工在长期出差、高强度、高负荷的工作方面已不能完全胜任。因而，已婚员工对考

评方法较未婚员工敏感一些，他们希望"至少占住一头"，即要么是基于特质为主的考评，要么是基于结果为主的考评。而未婚员工对企业采用什么考评方法并不敏感，他们希望的是干多少是多少，因而更喜欢绩效考评中，工作结果所占权重更高一些的考评方法。

（3）不同年龄状况下，采用不同绩效考评方法时，知识员工组织承诺和组织公民行为的差异分析与讨论

在表4-3中还可以发现，小于29岁员工的组织承诺和组织公民行为水平变化情况基本与未婚员工相同。未婚员工大多数也都是年轻人，从职业生涯的角度来看，年轻知识员工还处在职业探索期，在这期间，他们更注重对自己人力资本的投资，即进一步的学习，从而使自己的人生有更好的发展。对于薪酬、待遇等的期望尚没有明确，因而绩效考评方法对他们的组织承诺没有显著性影响。

但很明显，是否采用以结果为导向的考评方法必然使他们在工作中的行为有所不同，由表4-2和表3-23可以看出，采用基于结果为主的考评方法和综合考评方法时，年轻的知识员工的组织公民行为在组织忠诚、敬业守法、自我发展等维度显著高于采用基于特质为主的考评方法。

29～35岁员工职业生涯处于上升阶段，他们在工作经验、能力等方面都有了长足发展，这时他们希望得到公众的认可，而基于特质的考评方法，正是基于对员工的经验和能力认可程度的一种考评方法，因而由表3-22可以看出，对于29～35岁的知识员工，采用基于员工特质为主的考评方法时，员工的组织承诺显著高于采用其他两种方法时的水平。

由表4-3可以看出，29～35岁员工的组织公民行为无显著性差异，但从表中还可以看出，这个年龄段的知识员工组织公民行为都处于一个较高的水平，正如前面分析，他们比29岁以下的员工更成熟，知道哪些该做，哪些不该做，同时，他们也大多刚刚建立家庭，各种压力和责任使他们做事更加沉稳，他们明白组织公民行为可以有效地提高团队绩效，因而，无论采取哪种考评方法，他们都能够以很好的心态完成角色内外的工作。

绩效考评方法对35岁以上知识员工的影响又回归到一个正常状态，即"至少占住一头"的心理感受，因为对于35岁以上的知识员工来

说，其职业生涯发展进入稳定期，他们对自身人力资本投资的边际效用也降到一个较低的程度，这时他们期望职位上有所晋升，当这个愿望不能得到满足时，他们就期望能够多赚一些钱，因而，如表 4 – 3 所示，采用基于员工特质为主和基于结果为主的考评方法时，员工都有较高的组织承诺。

35 岁以上知识员工的组织公民行为如同 29 ~ 35 岁的员工一样，也没有显著性差异，但 35 岁以上员工的组织公民行为处于一个较低的水平，由表 3 – 23 可以看出，35 岁以上的知识员工在组织忠诚、助人行为、敬业守法上均处于一个很低的水平，有的甚至低于 3.0。这时的知识员工已不再期望通过组织公民行为来获得什么，而且也不可能再获得什么，该提升的都已提升了，大多数的 35 岁以上知识员工还是做着纯技术工作，他们技术上通用的部分该学的都学了，该教的也教了，剩下的就是核心竞争力了，想教都可能没有机会教，他们对角色外行为已经不屑一顾了，因为他们对团队绩效的贡献和个人的受益，更多的是靠他们的经验和技术，而组织公民行为起到的作用已很少了。

（4）不同学历状况下，采用不同绩效考评方法时，知识员工组织承诺和组织公民行为的差异分析与讨论

在我国目前就业压力较大的情况下，对于年轻的专科学历知识员工来说，找到一个能够在专业技术上提升自己的工作机会已经很不容易了，这时若采用基于员工特质为主的考评方法，使他们的所学、所做得到充分认可，则必然在很大程度上满足了他们的期望。而对于工作经验比较多的专科学历知识员工，基于员工特质的考评使他们感到"被尊重"（设计人员语）。由表 3 – 24 可以看出，在采取基于员工特质为主的考评方法和综合考评方法时，专科学历知识员工在组织承诺的各维度均高于基于结果为主的考评方法时的水平，总的来说，是由于专科学历知识员工的期望本身就比较低，很容易得到满足。基于结果为导向的考评方法如同其他情况，可以有效提高专科学历知识员工的组织公民行为。

本科学历知识员工的心态是最好的，其下有专科学历，其上有硕士、博士学历，因而他们能够对自己有较清晰的定位。表 4 – 3 中，本

科学历知识员工的组织承诺和组织公民行为的变化规律类同于表 4-2，其原因也基本相同，这里就不再重复。

硕士学历知识员工的组织承诺和组织公民行为表现出同样的变化规律，如表 4-3 所示，当采用基于员工特质为主的考评方法和综合考评方法时，员工的组织承诺和组织公民行为都显著高于采用基于结果为主的考评方法时的水平。硕士学历知识员工由于学历较高，常常对薪酬待遇、岗位等方面有较高的期望。基于员工特质为主的考评方法考虑了学历因素，综合考评中有 50% 左右的员工特质考评，因此采用这两种方法，在一定程度上能够满足他们的期望，因而他们的组织承诺显著高于采用基于结果为主的考评方法。由表 4-3 还可以发现，无论哪种考评方法，拥有硕士学历的知识员工的组织承诺都处于一个较低的水平。

表 3-25 可以看出，当采用基于结果为主的考评方法时，硕士学历知识员工的组织公民行为除自我发展维度外的各维度都低于 3.0 水平。这说明硕士学历知识员工对基于结果的考评方法非常不满意，他们发现即使通过有效的角色外行为，其中包括组织公民行为也无法达到他们的要求和期望，这时他们认为通过组织公民行为而获得的收益，即社会交换所得的收益和成本是不相符的。当采用基于员工特质为主的考评方法和综合考评方法时，硕士学历知识员工的期望已被满足一部分，进一步的组织公民行为可以使他们得到相应的收获。这如同苹果被挂在他们跳起来可以摘得到的地方，这时他们会积极、努力地去跳，从而得到相应的回报。

第四节 不同岗位和企业状况下考评方法对员工影响的分析与讨论

一 知识员工组织承诺和组织公民行为在不同岗位和企业状况变量上的差异分析与讨论

为了便于讨论，我们将不同岗位和企业状况变量下，知识员工的组织承诺和组织公民行为的差异情况汇总于表 4-4。

表 4 - 4　不同岗位和企业状况变量下，知识员工的组织承诺和组织公民行为的差异汇总

	组织承诺	组织公民行为
岗　　　位	技术加管理 > 纯技术	—
企业性质	民营 > 国有，民营 > 合资	民营 > 国有，民营 > 合资
企业规模	小于 40 人 > 40 ~ 200 人 > 200 人以上	40 ~ 200 人 > 200 人以上
企业效益	好 > 一般 > 不好	一般 > 不好，好 > 不好

（1）知识员工组织承诺和组织公民行为在不同岗位变量上的差异分析与讨论

技术加管理岗位的知识员工的组织承诺显著高于纯技术岗位的知识员工，而组织公民行为虽没有显著性差异，但技术加管理岗位也明显高于纯技术岗位。很多前人的研究也验证了岗位对员工的组织承诺有显著性影响（崔勋，2003）。究其原因，是 Blau 的社会交换理论中的第二个观点：社会环境会影响交换。也就是说，一个人的地位会影响他与别人交换的机会以及交换中代价的大小，以及影响我们在交换中获取利益的潜在能力。处于技术加管理岗位的员工常常会利用他们的人际网络及其他资源很容易达到他们的期望，也就是说，他们付出较小的成本，可以得到较大的收益。同时，在知识员工的职业生涯发展中，能够从事管理工作是很多人的期望，当期望得到实现，组织承诺则会处于一个较高水平，从表 3 - 12 可以看出，管理加技术岗位知识员工的组织承诺整体水平以及组织承诺的三个维度都比纯技术岗位员工的水平显著高出。

（2）不同性质和规模的设计企业访谈讨论

在本研究的调研中，讨论比较多的是各种类型和各种规模设计院的优缺点，以下是调研中的部分访谈内容。

北京某大型合资化工设计院项目经理：国营设计院，目前大多数实行的是松散的、自由式的管理模式，作息时间名义上规定八小时，其实来去自由，唯一对个人的要求就是某个设计项目的出图时间要求，通俗地说：只要你能按时出图就行。收入则是完全地按劳分配（按项目提成），这种方式有利有弊：有利的是可以提高员工工作的积极性，能够最大限度地提高工作效率，节约成本，从个人的角度说，这样还可以自主地安排自己的时间，可不利的似乎更多：首先不利于设计院的整体团结，没法形成一个好的企业工作环境，就像散兵游勇、单兵作战，其次对员工来说收入来源不稳定，特别是效益不好的时候，几个月可能没一分收入。这种状况对那些资格老、有关系的员工来说可能无所谓，但对于刚出道的年轻人来说很残酷，毕竟挣钱吃饭是最主要的（××院的衰落可能就是这个原因，那几年院里的设计项目接不到，年轻人都跑光了，现在只剩下十几个人了）。国营院是国企，所以员工看重的无非两个：一个是有好收入，二是在仕途上有所发展，在以上两方面的基础上图个稳定。

外资企业相对于国企来说，优点似乎要多很多：外企没有国企那么多的包袱，工资分配也比较多元化，一般都有固定工资，然后就是项目提成或者项目奖金，年底还有年终奖金，工资收入也比国企多，另外，外企的规模一般都比较大，人数一般都在200人以上，它们的目标都是要把企业做大做强，向集团化发展，业务上则向设计、总承包全面发展。在企业文化方面则是用更多的人性化管理（如小恩小惠）来笼络人心，例如组织集体旅游、公司发节日购物券、生日费、电影票等。但在作息时间上一丝不苟，不得迟到早退，管理严格，在绩效考评上也有一套完整的考评规定，通过这些规定对每个员工进行打分考评。在员工保险方面，都能够按国家的要求缴纳法定的"四险一金"。

外企的规模一般都比较大，因此稳定性较好，和国企相比，在外企更多人看重的是工资收入、奖金等利益，当然稳定性也是一个重要方面，至于仕途，则不可能像国企那样有发展的空间，除非员工很优秀。

在民企和外企，跳槽是很普通的事情，特别是年轻人，因为跳槽能迅速找到适合自己的岗位，学到更多的东西，特别是找到一个好收入的工作，对于中老年员工来说，频繁的跳槽已经不合时宜了。

广州××小型民营设计院总工：国营的大设计院，按一般的国企运作，制度较死板，工资按资历，干活拿提成，大家只想着多干些活多拿些钱，往往各专业之间配合很差，形成单干，对成果不是太负责任，后期服务也不到位，所以，除了极少数较为大型的院外，大部分大院的活不太多，员工都很懒散，除了按时上下班，应该不会想到公司的名声。

民营设计院一般是某个设计院的某个人很能干，他自己就成立一个所，然后招十几个人开始设计，在那里唯一的目的就是挣钱，说不上前途，更谈不上稳定，很可能某天就解散了，北京有好多小的民营设计院都是这种模式，但民营的小设计院也有它的优势，即公司小，人少好管理，这时大家工作的积极性都比较高，主要是因为：

1. 公司小，人少待遇相对要好点；2. 公司小底子薄，大家都有危机感，因为项目干不好说不定公司一夜之间就垮了；3. 人少，每个人都是有用的人，少谁都不行；4. 老板会用个人感情发动每个人的工作积极性；5. 员工之间关系较为单纯，容易创造出相对和睦的工作环境；6. 公司小发展空间较大，老板会不时告诉你，你将来就是本专业的老总。以上理由让你没理由不好好干活。

武汉某大型国有设计院设计人员认为员工对企业的感情好坏，是否愿意留在企业中长期工作很大程度上与公司的制度有关，包括奖金如何计算，发展空间如何，以及领导对本人的认同度。但他认为前两者是最重要的。以下是与他讨论的具体内容：

Q：你能不能把你们院的优缺点简要分析一下。

A：综合实力比较强，现在又有大型集团做大老板，会有一些大项目介绍过来。

Q：缺点呢？

A：缺点就是老国企共有的，盘子大，体制陈旧。

Q：给员工带来的影响是什么呢？

A：简单地说，很多人抱怨钱太少了！

Q：那为什么还有那么多人留在里面呢？

A：有很多人走啊，待着的有些也是暂时的，当然有些年纪大了就懒得动了，有些刚来的还在学本领啦。

Q：走到哪里呢？

A：主要是民营企业吧。

Q：你们院还能搞来大项目，为啥效益不好呢？是负担太重？

　　A：是啊，比如离退休职工的医疗养老，再比如后勤的闲人多啦。

　　Q：但是不管怎样，技术实力还是你们这些大院厉害吧？

　　A：技术水平当然我们还是比较强的，毕竟强人还是很多的。

　　Q：你不是说很多人都走了啊，越是强人越要走，是怎么把这些强人留住的？是不是都给了个一官半职的？

　　A：是，一般都给了头衔，如技术上的负责人。

　　由以上的访谈分析，可以看出，不论是国有、民营还是合资，也不论规模大小，各个设计院均有其优缺点，员工的心态、期望也不尽相同，这些正是导致知识员工在不同考评方法下，组织承诺和组织公民行为不同的重要因素。

　　（3）知识员工组织承诺和组织公民行为在不同企业性质变量上的差异分析与讨论

　　由表4－4可以看出，民营企业中知识员工组织承诺显著高于国有和合资企业，这主要因为我国民营知识型企业管理往往较为先进、灵活：创业者往往是过去从事技术加管理工作的知识员工，对知识员工特性非常清楚，知道如何去管理知识员工，其中一个就是"金手铐"方案，不仅最初的创业者拥有企业的股份，后进员工也会由于业绩突出而拥有企业的股份；另外，民营知识型企业的创业者往往在国有企业中有较长的工作经历，对国有企业管理的弊病深恶痛绝，他们常常能取国有企业管理之长，如具有中国传统特色的组织支持和组织关怀，又能够摒弃国有企业管理之短，如设有灵活多变、切实有效的激励机制，实现真正意义上的拉开差距、多劳多得。

　　如访谈中所述，员工选择民营企业正是因为民营企业收入高，这与我国目前的社会大环境相符，人们期望的都是高收入，因而相比国有企业和外资企业，民营企业中知识员工的收入期望更多地被满足，在这个基础上，民营企业中有效的管理模式也使得员工的行为更为主动和全面。如表3－12、3－13所示，民营企业中的知识员工的规范承诺、持续承诺和组织承诺的整体水平，以及组织公民行为的整体水平都显著高于其他两类企业。

（4）知识员工组织承诺和组织公民行为在不同企业规模变量上的差异分析与讨论

由表4-4可以看出，随着企业规模增大，知识员工的组织承诺水平却在下降，组织公民行为也有类似现象，大于200人企业的组织公民行为低于40~200人和40人以下的企业。由表3-12发现，40~200人和40人以下企业中的知识员工组织承诺各维度的水平均高于200人以上企业中的员工，很明显，企业规模增大，管理层级必然增多，管理必然存在这样或那样的问题。高层与一线员工接触机会减少，会使知识员工的组织支持感下降，让员工失去一个"家"的感觉。由表3-13可以发现，三种规模的企业在助人行为和自我发展水平上并没有显著差异，只是在组织忠诚上，200人以上企业的水平低于另外两种规模的企业，其中缘由类似于组织承诺。

在社会交换理论中，尽管强调的是组织支持感，但收入是社会交换的最基础性层面，当收入不能满足员工要求时，只是满足员工其他方面的要求，这只能短暂地改变员工的态度和行为，最终员工的组织承诺和组织公民行为水平还是会因为基本需求和最低期望得不到满足和实现而下降，如表3-12所示，组织承诺各维度水平随效益好坏而由高到底。而由表3-13则可以看出，当企业效益不好时，除敬业守法和自我发展维度外，其他几个维度的水平都低于效益一般和效益好企业的水平，这也反映出，不论企业效益如何，知识员工都能够遵守企业的各项规章制度，做好本职工作，同时注重自我提升，注重自我发展，而这也正是知识员工在受过良好教育后，显示出的良好素质。

二　不同岗位和企业变量下，采用不同绩效考评方法时，知识员工组织承诺和组织公民行为的差异分析与讨论

为了便于讨论，我们将不同岗位和企业状况变量下，采用不同绩效考评方法时，知识员工的组织承诺和组织公民行为的差异情况汇总于表4-5。

表 4-5 不同岗位和企业状况变量下，采用不同绩效考评方法时，
知识员工的组织承诺和组织公民行为的差异汇总

		组织承诺				组织公民行为			
		结果考评	综合考评	特质考评	差异项	结果考评	综合考评	特质考评	差异项
	序号	1	2	3		1	2	3	
工作岗位	纯技术	3.1279	3.1545	3.2337		3.2726	3.2759	3.1815	2>3
	技术加管理	3.4811	3.1700	3.5911	1>2 2<3	3.4361	3.2247	3.2993	
企业性质	国有	3.2219	3.0433	3.3188	1>2 2<3	3.3115	3.0734	3.2113	1>2 2<3
	民营	3.4089	3.2851	3.6397	2<3	3.4324	3.4524	3.2162	2>3
	合资		3.1737	3.0581			3.2906	3.2274	
企业规模	小于40	3.6101	3.3074	3.5111	1>2 2<3	3.5109	3.3958	3.0779	1>3 2>3
	40~200	3.0465	3.2976	3.5833	1<2<3	3.0655	3.3148	3.4556	1<2<3
	大于200	3.2372	2.8938	2.9741	1>2 1>3	3.4537	3.1038	3.1281	1>2 1>3
企业效益	不好	2.9681	2.9578	3.0434		3.1117	3.1996	3.1130	
	一般	3.3548	3.1683	3.4576	2<3	3.5810	3.1953	3.3476	1>3>2
	好	3.8479	3.7506	3.8667		3.3282	3.5922	3.1176	2>3

（1）不同岗位变量下，采用不同绩效考评方法时，知识员工组织承诺和组织公民行为的差异分析与讨论

如表 4-5 所示，当采用基于员工特质为主的考评时，纯技术岗位上知识员工的组织承诺高于采取其他两种考评方法时的水平，但这个差别不具显著性，一定程度上说明对于纯技术性工作，不同的考评方法都可以较为准确地反映。不同绩效考评方法对纯技术岗位上的知识员工组织公民行为却有显著性影响，如表 4-5 所示，由于基于结果为主的考评方法和综合考评方法对员工行为有较强导向作用，因此采用这两种方法时，为了获得更大的收益，员工的组织公民行为水平相对较高。

对于既从事技术又从事管理的知识员工来说，其组织承诺和组织公

民行为普遍比技术岗位知识员工的水平高，可见是否参与管理，对于员工的组织承诺和组织公民行为都有较大的影响。从表4-5可以看出，不同考评方法对技术加管理岗位上知识员工的组织承诺有显著性影响，基于结果为主和基于员工特质为主的考评方法使管理岗位上的员工有更高的组织承诺。尽管采用基于结果为主的考评方法时，从事技术加管理工作的知识员工的组织公民行为水平较高，但与另外两种考评方法相比没有显著性差异，也就是说，绩效考评方法的不同不会影响技术加管理岗位员工的组织公民行为水平，从另一个角度来说，是否从事管理工作比采用何种绩效考评方法更能够影响知识员工的组织公民行为。

（2）不同企业性质变量下，采用不同绩效考评方法时，知识员工组织承诺和组织公民行为的差异分析与讨论

如前面访谈所述，在我国目前工程设计行业中，国有企业、民营企业、合资企业各具特色。国有设计企业，特别是一些大型国有设计企业，技术力量雄厚，一些重大项目往往都是由国有设计企业担当。但国有企业也存在一些问题，比如管理理念陈旧、管理机制落后、企业负担重、企业约束多等，这些使得一些国有企业如同困兽，无法施展拳脚。

民营企业大多数是由国企中的骨干力量创办，这些创立者在国企发展到一定阶段，练就了过硬的技术、构建了丰富的人际网络，当他们在国企中的发展受到限制时，就从国企中退出，创办自己的企业或设计事务所。他们的管理模式先进、灵活，能够博采众长、取国企之精华去国企之糟粕，对于员工有一套行之有效的激励机制。但由于我国民营企业出现得较晚，积累有限，不可能聚集大量优秀设计人员，因而技术力量一般，很少承担重大项目的设计工作。

合资企业的技术实力参差不齐，大部分都处于中游水平，他们的特点是无负担，管理模式先进但有时缺乏灵活性，资金实力雄厚，强调以人为本，因而对员工的考评常常以员工特质为主，兼顾结果。因而，在合资企业中也常常出现"能人都走了（某合资设计院项目经理语）"的现象。如同国有企业一样，合资企业也常常是靠一定程度上的晋升来留住优秀人才，当笔者问及上述的项目经理为什么不离开这个设计院呢，回答是"不就是给了一个项目经理的位置嘛"。

　　由于各个企业的不同情况，因此，即使采取相同的考核方式，员工的态度和行为也会迥然相异的。考评方法究竟会对知识员工的组织承诺和组织公民行为产生什么样的影响呢？其原因又是什么呢？

　　由贝克尔（Becker，1996，1986）的论著《人力资本》和《人类行为经济分析》可以发现，作为理性或者有限理性的知识员工，作为一个受过良好教育，对自己职业生涯发展有较清晰认识的知识员工，他们不仅注重目前自身价值在工作中的体现，更注重对自己的投资，以期在未来有更丰厚的人力资本。而良好的培训、参与重大项目等方式都能够有效提高知识员工的自身人力资本。

　　因此，知识员工的需求可以划分为两个方面：一个表现为体现自身价值的需求，换句话说，希望工作所得的收益能够弥补自己过去受教育期间的机会成本（影子成本）。另一个是对进一步成长发展（Growth）的需求，这种需求正是反映在知识员工对自身人力资本的投资上。因为伴随着知识员工对其自身的不断投资，其人力资本也不断地增加，从而提高其自身价值。

　　这两个方面的需求在知识员工的职业生涯的不同阶段是不同的。在知识员工职业生涯发展的初期，受过良好教育的知识员工很清楚他们所需要做的是将理论与实践相结合，在实际工作中进一步学习，以积累他们的人力资本，因此在这个阶段，知识员工对于成长需求要大于自身价值体现的需求，或者可以说，知识员工的成长需求高于其价值体现的需求。

　　但在知识员工的一生中，最优投资量是随着年龄的增长而下降的。因为随着年龄的增长，积累的资本增多，工资上涨，进一步投资的边际成本变大；另外，随着年龄的增长，可预期的收益下降，因为寿命有限，剩余的采集这些投资收益的年限减少了。因此，从个人经济利益角度考虑，每个人都应当在年轻时加强人力资本投资，这样做是最合算的。对于我国的知识员工同样如此：在工作初期，进入技术力量雄厚、有参与重大项目机会的国有企业或合资企业进行学习（目前设计行业还是国有企业和部分合资企业实力较为雄厚），等羽翼丰满，人力资本再投资的边际成本增加而边际收益递减时，再进入或创办能够体现自身价值的民营企业，不失为一种很好的职业生涯规划（民营企业晋升通道往往很畅通，而且薪酬也颇具竞争力）。

根据以上分析，就不难理解表4－5中，在负担轻、机制灵活的知识型民营企业中，不论采取何种考评方法，知识员工的组织承诺整体水平都明显高于国有企业和合资企业，其中具有直接体现个人价值功能的基于员工特质为主的考评方法的组织承诺水平最高，并且显著高于综合考评方法，基于工作结果为主的考评方法也有较高的组织承诺水平。采用综合考评方法时，员工的组织承诺却很低，其原因正如前面分析的一样，员工特质和工作结果各一半的权重，就没有突出重点的考评方法，是许多员工所不喜欢的。

在民营企业中，组织公民行为水平的变化与组织承诺相反，采用基于工作结果为主的考评方法和综合考评方法时，员工都有较高的组织公民行为水平。究其原因有两点：一是有结果导向作用的考评方法使知识员工为了提高团队绩效，而表现出较高水平的组织公民行为，从而进一步提高自己的个人绩效；二是基于特质为主的考评方法容易会使员工有端上"铁饭碗"的感觉，部分员工因而有得过且过的思想，因此组织公民行为有所下降。

如表4－5所示，在国有企业中，不论采用哪种绩效考评方法，知识员工整体组织承诺水平明显低于民营企业，其原因在前面章节已做了阐述。还可以注意到，国有企业中知识员工的组织承诺呈现出图4－1的变化规律，即采用基于员工特质为主的考评方法和基于结果的考评方法时，员工的组织承诺显著高于采用综合考评方法时的水平。

国有企业中知识员工组织公民行为的变化方向与其组织承诺变化规律相同，当采用基于结果为主的考评方法和基于员工特质为主的考评方法时，知识员工的组织公民行为水平显著高于采用综合考评方法时的水平。采用基于结果为主的考评方法时，国有企业中员工有较高的组织公民行为。如前分析，是结果导向的原因。当采用基于员工特质为主的考评方法时，员工仍有较高的组织公民行为，其原因和国有企业长期积累的文化有关，如敬业爱岗，"传帮带"等传统。

同时，在表4－5可以发现，在采用基于员工特质为主和基于结果为主的考评方法时，国有企业与民营企业中的员工组织公民行为水平大体相当，但采用综合考评方法时，两种性质企业的员工组织公民行为有很大的差异，因此可以说，企业性质的不同对采用综合考评方法时的员工组织公民行为有很大的影响，而企业性质不同则不影响另外两种考评方法的知识员工组织公民行为的水平。其原因一是企业文化的不同，二是在执行综合考评时，国有企业的综合考评中工作结果部分对应的薪酬比例太低的缘故。

在调查中，合资企业很少采用基于结果为主的考评方法，研究结果显示，综合考评和基于员工特质为主的考评方法对知识员工的组织承诺和组织公民行为无显著性影响，但他们的水平与另两类企业相对应的考评方法相比都比较低，其原因是合资企业的管理制度较为严谨，企业文化鼓励员工相互合作，因而无论采用什么考评方法，员工的组织公民行为都在一个水平上，但由于大多数员工在合资企业中工作时间长，很多人会形成"打工仔"或者是"混日子"的心态，对于自身的人力资本投资动力不强，因而不论是组织承诺还是组织公民行为都处于一个较低的水平。

（3）不同企业规模变量下，采用不同绩效考评方法时，知识员工组织承诺和组织公民行为的差异分析与讨论

对于大多数进入小于40人企业的员工，他们是为了更高的收入，简单地说就是为了钱，而目前我国大多数小型企业，经营机制灵活，在创立之初就有良好的社会网络，因而往往有着较好的经济效益，能够实现员工高收入的期望。同时管理机制灵活，晋升空间大，员工的组织支持感很高，故如表4-5所示，无论采用何种绩效考评方法，在这种规模企业中，知识员工的组织承诺整体水平和组织公民行为的水平都很高。在40人以下的企业，员工的组织承诺和组织公民行为的变化规律类同于图4-1，其原因就不再赘述。

由表4-5可以看出，在40~200人的企业中，知识员工的组织承诺和组织公民行为的变化规律是相同的：采用基于员工特质为主的考评方法时，员工的组织承诺和组织公民行为水平均显著高于采用综合考评方法时的水平，而采用综合考评方法时员工的组织承诺和组织公民行为

的水平又显著高于采用基于结果为主的考评方法时的水平。40~200人的企业，管理幅度比较合适，技术出身的各级管理者能够很好地制定、实施各种企业规章制度。且这种企业规模大小合适，其实力适合市场中80%的需要，因而生存和发展空间广阔。在这种稳定且有发展前景的企业中，员工注重自身的发展，希望能够在较小的压力下，积累更多的经验，但这使得员工在短时间内不可能有明显的成果，因此，员工自然认同基于特质为主的考评方法，而不喜欢基于结果为主的考评方法。在这种企业中，推崇的常常是团队精神，再加上健全、有效的管理体制，因而在采用基于员工特质为主的考评方法时，员工反而会表现出更高的组织公民行为。

在大于200人的企业中，员工组织承诺和组织公民行为的整体水平都比较低。当采用综合考评方法和基于员工特质为主的考评方法时，知识员工的组织承诺水平都低于3.0，如此低的组织承诺水平在本研究中是很少出现的。正如前面分析，企业规模大了，受目前我国较低的知识员工管理水平以及传统体制的制约，必然会有这样或那样的问题，这些企业中有的特质考评还甚至有计划经济时代的烙印，而大部分特质考评还有待于完善，主要表现在特质考评的考评指标改进以及考评结果所对应的薪酬水平有待于进一步与市场接轨。这些是在200人以上的企业中采用基于员工特质为主的考评方法时，员工组织承诺低的主要原因。由表4-5可以看出，采用基于结果为主的考评时，员工的组织承诺显著高于综合考评和基于员工特质的考评。将基于员工特质的考评转向基于工作结果的考评，是目前许多大型设计院正在进行的工作，这个转变有效地调动了员工的工作积极性，收到了可喜的成果。由表4-5可以看出，考评方法转变后，员工的组织公民行为也有了显著提高。

在调查中发现，目前基于员工特质为主的考评方法，存在两个层次，一个是计划经济遗留下来的，经过适当改进的、论资排辈的特质考评方法，通常这种考评方法的考评结果对应的薪酬水平也较社会平均水平低，这是一种处于低层次的，需要改进的特质考评方法。另一个层次是应市场经济要求，经过市场和企业检验，证明适合我国目前市场经济的特质考评方法。这种特质考评方法打破了我国原来考评方法的惯用指标，更注重能够反映理论联系实际的，以及能够反映实际动手能力的考评指标。且这个层次的考评结果所对应的薪酬水平与市场水平接轨，做到从待遇上与员工特质对应。正是存在这两个层次的特质考评方法，使采用第一层次特质考评方法的大型企业，员工组织承诺处于非常低的水平。

在 200 人上的企业中，员工组织公民行为在采用基于结果为主的考评方法时水平显著高于采用综合考评和基于员工特质为主的考评方法时的水平，这其中原因正如前面分析，结果导向的考评方法，将有助于员工更注重过程和行为。

（4）不同企业效益变量下，采用不同绩效考评方法时，知识员工组织承诺和组织公民行为的差异分析与讨论

由表 4 - 5 可以看出，当企业效益不好、员工收入总体水平低的时候，无论采取哪种考评方法，知识员工的组织承诺都没有显著性差异，且总是处于一个很低的水平，当采用基于结果为主的考评方法和综合考评方法时的组织承诺甚至低于 3.0。这时，组织公民行为同样处于很低的水平，且无显著性差异。当企业效益好的时候，对应三种考评方法的知识员工的组织承诺也无显著性差异，但这时的组织承诺处于一个很高的水平，组织公民行为也同样有类似变化。

只有当企业经济效益一般，员工收入处于社会平均水平时，采用不同绩效考评方法才对员工的组织承诺和组织公民行为有显著性影响。考评方法对员工的组织承诺和组织公民行为的影响如表 4 - 5 所示。其中主要缘由与本章关于考评方法对员工的影响所分析的原因有相同的部分，但略有不同。在企业效益一般的企业中，基于员工特质为主的考评方法首先保证了员工的利益，经营风险由企业来承担。而基于结果的考评也处于一个较高的水平，是因为员工处于一种主动地位，做不做工作由员工自己决定，因而二者对应的组织承诺都处于较高的水平。企业效益一般时，知识员工的组织公民行为水平随着绩效考评结果的导向性加强而提高，说明理性的知识员工非常清楚他们的行为与结果的直接关系。

从另一个角度也可以印证企业效益对知识员工的影响作用。目前，我国所处的社会发展阶段以及社会舆论导向，都以经济为中心，以效益为中心，所以当经济效益不好，员工收入水平低的时候，一切都无商量

的余地；当经济效益好，收入高时，一切都好说。可以说，经济效益好坏、收入高低对员工的组织承诺和组织公民行为的影响远大于绩效考评方法对其的影响，由其他研究也发现，在我国，收入是决定员工态度和行为的决定性因素。当效益一般，收入处于平均水平时，各项管理措施制定是否得当、执行过程是否公平、结果是否有效，以及领导风格、企业文化对员工的态度和行为有很大影响。

第五节　不同考评方法下绩效考评过程对员工影响的分析与讨论

一　知识员工组织承诺和组织公民行为在不同绩效考评过程上的差异分析与讨论

为了便于讨论，我们将知识员工组织承诺和组织公民行为在不同绩效考评过程上的差异情况汇总于表4－6。

表4－6　知识员工组织承诺和组织公民行为在不同绩效考评过程上的差异汇总

	组织承诺	组织公民行为
考评程序公平感	程序公平＞程序不公平 程序公平＞程序一般	程序公平＞程序不公平 程序公平＞程序一般
考评程序满意度	满意＞不满意 一般＞不满意	满意＞不满意 一般＞不满意

本研究以知识员工作为研究对象，验证前人有关程序公平感和绩效考评满意度对组织承诺和组织公民行为的影响。Tang 和 Saarsfield-Baldwin（1996）的研究指出，分配公平与绩效考评满意度、薪酬和晋升满意度以及组织承诺等有着显著相关；而程序公平与管理满意度、组织承诺等也有着显著相关。整体的公平感与绩效考评满意度和组织承诺都相关。Blau（1999）控制了其他的变量，对绩效考评满意度与工作满意度的关系进行纵向研究，研究表明，绩效考核满意度可以全面提高工作满意度各个方面，如晋升、薪资、管理、同事和工作本身等方面的满意

度。从表4-6中可以看出，绩效考评过程中的公平感和满意度，对知识员工的组织承诺和组织公民行为有基本相似的影响，都是当程序公平或考评过程满意时，其组织承诺和组织公民行为都显著高于另外两种情况。由此可见，当确定一种考评方法后，考评的整个过程的公平与否和满意与否，也会对员工的态度、行为有显著性的影响。

二　采用不同绩效考评方法时，知识员工组织承诺和组织公民行为在不同绩效考评过程上的差异分析与讨论

为了便于讨论，我们将在采用不同绩效考评方法时，知识员工组织承诺和组织公民行为在不同绩效考评过程上的差异情况汇总于表4-7。

由表4-7可以看出，无论采取哪种考评方法，当考评程序公平时，员工的组织承诺和组织公民行为都高于程序不公平时的水平。其中，采用基于结果为主的考评方法和综合考评方法时，员工在程序公平时的组织承诺会显著高于程序不公平时的水平。采用基于员工特质为主的考评方法时，员工在程序公平时的组织承诺和组织公民行为均显著高于程序不公平时的水平。

表4-7　采用不同绩效考评方法时，知识员工组织承诺和组织公民行为在不同绩效考评过程上的差异汇总

		序号	组织承诺			组织公民行为		
			结果考评	综合考评	特质考评	结果考评	综合考评	特质考评
程序公平感	程序不公平	1	3.0228	2.9684	3.2247	3.2613	3.2115	3.1180
	程序公平	3	3.6810	3.3472	3.5133	3.4752	3.3172	3.3647
	差异项		3>1	3>1	3>1			3>1
程序满意度	不满意	1	3.0333	3.0574	3.1908	3.0456	3.1901	3.1864
	一般	2	3.7600	3.0537	3.6259	3.7573	3.2386	3.2578
	满意	3	3.4944	3.4811	3.4444	3.7088	3.4296	3.2604
	差异项		1<2，1<3	1<3，2<3	1<2，1<3	1<2，1<3	1<3，2<3	

公平感影响组织承诺和组织公民行为，是因为员工把自己与组织的

关系看成一种社会交换关系。如果员工认为自己与组织是一种社会交换关系，则表现出组织公民行为的可能性就相当大。Dittrich 和 Carroll 的研究发现，工作公平、报酬公平与角色外行为有关。Folger 和 Konovsky（1989）探讨了绩效考核的程序公平、分配公平对工作满意度、组织承诺与主管信任的关系，结果也显示，程序公平比分配公平更能解释员工的组织承诺以及对管理层的信任关系，而分配公平在报酬的满足上，比程序公平有较大的影响力。Shore 和 Wayne 的研究结果显示，情感承诺、组织支持知觉与组织公民行为呈正相关的关系，持续承诺与组织公民行为呈负相关的关系。Organ 的研究表明，公平感与组织公民行为之间存在着因果关系，这一结论与公平理论的观点相一致：当员工感到不公平时，将减少组织公民行为发生的频率；而感到公平时则将持续表现出组织公民行为，以作为对组织的回报。由上面可以看出，以往基于社会交换理论对公平感与组织承诺及组织公民行为的解释和研究结论在本研究中再次得到验证。

采用基于结果为主的考评方法，员工对绩效考评程序不满意时，员工的组织承诺和组织公民行为水平均显著低于对考评程序一般满意和满意时的水平。采用综合考评方法，员工对绩效考评程序满意时，员工的组织承诺和组织公民行为水平均显著高于对考评程序一般满意和不满意时的水平。这表明在采用这两种考评方法时，绩效考评的公开性、操作性和指标的合理性是很重要的。

采用基于员工特质为主的考评方法，员工对绩效考评程序不满意时，员工的组织承诺水平显著低于对考评程序一般满意和满意时的水平。

Blau（1999）控制了其他的变量，对绩效考评满意与工作满意度的关系进行纵向研究，研究表明，绩效考核满意度可以全面提高工作满意度各个方面，如晋升、薪资、管理、同事和工作本身等方面的满意度。由本研究可以发现，绩效考评满意度中的过程维度满意可以有效提高知识员工的组织承诺和组织公民行为，其原因类似公平感对组织承诺和组织公民行为的解释，即员工把自己与组织的关系看成一种社会交换关系。

第五章

绩效考评变革研究总结

第一节　研究结论

前两章中我们就绩效考评对员工影响的实证研究结具进行了阐述和讨论，本章我们将通过对该研究结果的分析和讨论，给出研究结论。并在随后的两节中根据组织绩效考评对员工产生的相应影响而提出管理实践和研究上的建议及拓展。

由前文可以得出以下主要结论：

1. 知识员工的组织承诺和组织公民行为水平在不同绩效考评方法上有显著性差异；

2. 知识员工的组织承诺在不同的性别、婚姻和学历状况上有显著性差异，他们的组织公民行为在不同的婚姻、年龄和学历状况上有显著性差异；

3. 知识员工的组织承诺在不同的工作岗位、企业性质、企业规模和企业效益上有显著性差异。他们的组织公民行为水平在不同的企业性质、企业规模和企业效益上有显著性差异；

4. 知识员工的组织承诺和组织公民行为水平在不同绩效考评过程中有显著性差异；

5. 对于女性、已婚、29~35岁、35岁以上以及专科、本科、硕士学历的知识员工来说，在采用不同绩效考评方法时，他们的组织承诺有显著性差异；

对于已婚、未婚、小于29岁以及专科、本科、硕士学历的知识员工来

133

说，采用不同绩效考评方法时，他们的组织公民行为有显著性差异；

6. 对于从事技术加管理工作的知识员工，以及国有、民营、效益一般和各种规模的企业中的知识员工来说，在采用不同绩效考评方法时，他们的组织承诺有显著性差异；

对于从事纯技术工作的知识员工，以及国有、民营、效益不好、效益一般和各种规模的企业中的知识员工来说，在采用不同绩效考评方法时，他们的组织公民行为水平有显著性差异；

7. 采用不同的绩效考评方法时，在考评过程公平感和满意度不同的情况下，知识员工的组织承诺有显著性差异；

采用基于员工特质为主的考评方法时，知识员工的组织公民行为水平在考评过程公平与否上有显著性差异；

8. 采用基于结果为主的考评方法和综合考评方法时，知识员工的组织公民行为水平在考评程序公正感上没有显著性差异，但在考评过程满意与否上有显著性差异，因此，在采用这两种考评方法时，绩效考评的公开性、操作性和指标的合理性是很重要的。

9. 知识员工有很高的自我发展意识和行为，且这种意识和行为在年龄、学历、企业性质、考评方法、考评程序满意度上有显著性差异，而在性别、婚姻、工作岗位、企业规模、企业效益和考评程序的公平感上没有显著性差异。

知识经济时代如何对知识员工进行有效、人性化的绩效考评一直是企业界和理论界关注的焦点。解决该问题的前提是必须对知识员工的个性特点以及工作特点有深刻的认识，同时，也须对绩效考评的理论和实务有全面、深入的了解。该研究在文献研究和实证研究的基础上，对知识员工的特点，尤其是知识员工的工作特点和绩效特点进行全面阐述，并从一个高的层面对知识员工绩效的考评方法进行提炼。

在这个基础上，该研究选取组织承诺和组织公民行为作为知识员工态度和行为的变量，考察了知识员工绩效考评方法对知识员工态度和行为的影响。为了使研究进一步深入，该研究还考察了在不同人口统计学因素下、以及不同岗位和企业状况时，不同的绩效考评方法对知识员工态度和行为的影响；以及考察在采用不同绩效考评方法时，不同的考评过程对知识员工态度和行为的影响。

　　研究通过问卷调查和访谈收集数据，通过 SPSS 软件对数据进行分析，对假设进行验证，从而得出一系列结论。在这些研究结论的基础上，结合企业界实际情况，对知识型企业在如何选取绩效考评方法、国有设计企业的绩效改革、绩效考评时的注意事项、如何进一步提高知识员工的组织承诺和组织公民行为四个方面进行分析，提出相应的对策和建议。

　　虽然该研究通过实证分析来研究不同绩效考评方法对知识员工的态度和行为的影响，得出一系列符合我国国情特色的知识员工绩效考评方法和理论，为我国的管理实践和理论研究提供了有力的支持，是具有开创性的研究，但由于时间、精力、财力等方面的限制，该研究还有一些局限性，需要在未来的研究中完善、充实。这主要体现在以下三点：

　　首先，该研究在对知识员工特点及其绩效考评方法的分析中，为了总结出知识员工及其考评方法的共性，故偏重于总体的把握，忽略了一些细节的分析。显然，在今后的研究中，如果能在对知识员工定义和范畴划分的基础上，对知识员工进行分类，并分析总结各类型知识员工的绩效特点，将会进一步推进有关知识员工绩效考评的研究。

　　其次，由于研究规模的限制，该研究仅选取组织承诺和组织公民行为两个变量作为衡量知识员工态度和行为的变量。在今后的研究中，如果能将结果变量进一步扩充，将员工工作满意度、员工绩效、企业声誉等变量都用来衡量绩效考评方法的优劣，同时通过改进研究工具，则可以更加清晰地全面了解各种知识员工绩效考评方法的影响作用。

　　最后，由于精力和财力等方面的限制，该研究仅针对工程设计人员来进行研究，且问卷调查的样本数量有限，只能满足在不同人口统计学因素、不同岗位和企业状况下，采用不同绩效考评方法时，知识员工的组织承诺和组织公民行为是否有显著性差异的交叉分析，以及采用不同绩效考评方法时，不同绩效考评过程下，知识员工的组织承诺和组织公民行为是否有显著性差异的交叉分析。如果在今后的研究中，能够扩大研究对象和样本量，则可以进行更深入的交叉分析，从而得出更具代表性、更加详细的研究结论。

第二节　研究建议

1. 知识员工绩效考评方法的选择

关于企业究竟采取何种绩效考评方法对知识员工进行绩效考评的问题，必须首先澄清一个大的前提，那就是没有一种放之四海而皆准的考评方法，也没有一种能够对所有同种类型企业、同种类型员工皆有效的考评方法，只要是两个不同的企业，它们之间就会有不同的地方，因而不能照搬照套，应根据企业自身的实际情况制定、调整适合自己的考评方法。

同时，对一个企业来讲，也不可能采用永久的、单一的考评方法，而应该采用动态的、多样的考评方法。总的来说，企业如何进行考评，是没有最优解的，只有满意解。

在本研究结论的基础上，本节将对企业采取何种绩效考评方法对知识员工进行绩效考评提出建设性建议和指导性思路，而不是标准答案。在本研究中选取的衡量一个考评方法的优劣，或者说是否令人满意的标准是员工的态度和行为变量，即员工的组织承诺和组织公民行为水平，其原因已在前文做了阐述。

（1）知识员工绩效考评方法选择的建议

由表5-1和表4-5可以总结出关于知识员工绩效考评方法与组织承诺关系的若干条建议，具体建议如下：

A. 当企业效益不好时，无论采取何种绩效考评方法，知识员工的组织承诺始终处于一个很低的水平；当企业效益好的时候，无论采取何种绩效考评方法，知识员工的组织承诺始终处于一个很高的水平；只有当企业效益一般时，绩效考评方法才对知识员工的组织承诺有显著影响，这时，基于员工特质为主的考评方法是值得推荐的，而综合考评方法则相对不是很合适。

B. 为了更好地提高员工的组织承诺，对于国有、企业规模在200人以上的知识型企业，基于结果为主的考评方法是值得推荐的；对于国有、企业规模在40~200人的企业，基于员工特质的考评方法是值得推荐的；对于国有、企业规模在40人以下的企业，基于员工特质为主和基于结果为主的考评方法是值得推荐的。

C. 为了更好地提高员工的组织承诺，对于民营、企业规模在 200 人以上的知识型企业，基于结果为主的考评方法是值得推荐的；对于民营、企业规模在 40~200 人和 40 人以下的知识型企业，基于员工特质为主的考评方法是值得推荐的。

D. 尽管合资企业偏好于基于员工特质为主的考评方法，但当企业规模大于 200 人时，基于结果为主的考评方法是值得推荐、尝试的。

E. 绩效考评方法不同对从事纯技术工作的知识员二的组织承诺影响不大，对于从事技术加管理工作的知识员工的组织承诺有显著影响，基于结果为主和基于员工特质为主的考评方法是值得推荐的。

表 5 - 1　基于岗位和企业状况特点下的知识员工绩效考评方法推荐

变量		组织承诺			组织公民行为		
特质考评		结果考评	综合考评	特质考评	结果考评	综合考评	考评方法
工作岗位	纯技术					推荐	不
	技术加管理	推荐	不	推荐			
企业性质	国有	推荐	不	推荐	推荐	不	推荐
	民营	不		推荐		推荐	不
	合资						
企业规模	小于 40 人	推荐	不	推荐	推荐	推荐	不
	40~200 人	不	较推荐	推荐	不	一般推荐	推荐
	大于 200 人	推荐	不	不	推荐		不
企业效益	不好						
	一般		不	推荐	推荐	不	一般推荐
	好					推荐	不

注：空格项表示该列所对应的考评方法对于该行中知识员工的组织承诺或组织公民行为的影响一般；"不"表示"不推荐的考评方法"，即相对于其他两种考评方法，采用该列所对应的考评方法时，该行中知识员工的组织承诺或组织公民行为最低；"推荐"的考评方法，表示相对于其他两种考评方法，采用该列所对应的考评方法时，该行中知识员工的组织承诺或组织公民行为最高。

由表 5 - 1 和以上有关建议，可以看出，如果为了提高知识员工的组织承诺，在不同的岗位和企业状况下，总能找到一个适合的考评方法。如在民营、40~200人的企业中，对纯技术和技术加管理岗位的工作，基于员工特质为主的考评方法是值得推荐的。

接下来，将从组织公民行为的角度来衡量哪种绩效考评方法更为适合，由表5-1可以总结出关于知识员工绩效考评方法与组织公民行为关系的若干条建议，具体建议如下：

A. 当企业效益不好时，无论采取何种绩效考评方法，知识员工的组织公民行为始终处于一个较低的水平；当企业效益好的时候，综合考评是一种值得推荐的考评方法；当企业效益一般时，为了更好地提高员工的组织公民行为，基于结果为主的考评方法是值得推荐的，而基于员工特质为主的考评方法不是很合适。

B. 为了更好地提高知识员工的组织公民行为水平，在国有、小于40人或大于200人的企业中，基于结果为主的考评方法是值得推荐的，而基于员工特质为主的考评方法不是很合适的。对于国有、40~200人的企业，为了更好地提高员工的组织公民行为，基于员工特质为主的考评方法是值得推荐的，其他两种方法都不是很合适。

C. 为了更好地提高知识员工的组织公民行为水平，在民营、小于40人或40~200人的企业中，综合考评是值得推荐的方法，其他两种方法都有各自不足的地方；对于民营、200人以上的企业，基于结果为主的考评方法是值得推荐的，其他两种方法则不是很合适。

D. 尽管合资企业偏好于基于员工特质为主的考评方法，但为了更好地提高员工的组织公民行为水平，当企业规模大于200人或小于40人时，基于结果为主的考评方法是值得推荐、尝试的。

E. 绩效考评方法不同对从事技术加管理工作的知识员工的组织公民行为影响不大，对于从事纯技术工作的知识员工的组织公民行为有显著影响，此时，综合考评方法是值得推荐的，基于结果为主的考评方法也可以考虑，相比之下，尽量不要采用基于员工特质的考评方法。

可以发现，以上有关组织承诺和组织公民行为的建议有冲突的地方，国有、40~200人的企业中，建议采用基于员工特质的考评方法，而对于纯技术工作又建议不要采用基于员工特质的考评方法。但通过对表4-5的仔细分析，可以发现，采用基于员工特质为主的考评方法时，知识员工的组织公民行为水平只是相对较低，但其组织公民行为的绝对值并不低。因此，在这种情况下，建议国有、40～200人的企业中对从事纯技术工作的知识员工采用基于员工特质为主的考评方法进行考评。

（2）知识员工绩效考评方法选择的解释

在上面的两部分建议中，可以发现两个基本趋势，一是如果为了提高员工的组织承诺，在大多数情况下，首选推荐的是基于员工特质为主的考评方法；二是如果为了提高员工的组织公民行为，在大多数情况下，首选推荐的是基于结果为主的考评方法。

很明显，两种不同的考评方法同时应用在同一个员工身上时，企业必须考虑考评成本，因此这似乎是一个矛盾，但在实际运用中，这种矛盾是可以解决的，因为两种不同的考评方法是可以同时运用在一个企业的不同员工身上的，那么新的问题是，究竟应该对谁应用提高组织承诺的考评方法，对谁应用提高组织公民行为的考评方法呢？

根据无处不在的80/20原理，可以判断出在一个企业中，核心人员占总人数的20%左右，他们对企业的贡献远远超过20%，甚至达到80%；非核心人员占总人数的80%左右，他们对企业的贡献远远低于80%，甚至只有20%左右，这也是和我们的经验相吻合的。于是答案出来了，应当对企业里占20%左右的核心人员采用能够有效提高组织承诺的考评方法，因为以往的研究都已表明，高的组织承诺与低的离职倾向是紧密相连的；应当对企业里占80%左右的非核心人员采取提高组织公民行为的考评方法，因为高组织公民行为是和高绩效紧密相连的，而适当的非核心人员流动是合理的，也是企业允许的。

那么从表5-1，即从岗位和企业的角度出发所建议的考评方法，与从表5-2出发，即从个人变量角度出发所建议的考评方法，有矛盾的地方吗？

通过调研和问卷分析发现，占企业总人数20%的核心人员，大多是年龄在29岁以上、拥有本科或硕士学历的知识员工。由表5-2可以看出：对于29～35岁、本科和硕士学历的知识员工，基于员工特质为主的考评方法是值得推荐的；对于 35 岁以上、本科学历的知识员工，基于员工特质为主和基于结果为主的考评方法都是值得推荐的；对于 35 岁以上、硕士学历的知识员工，基于员工特质为主的考评方法是值得推荐的。

可以发现，根据人口统计学因素与组织承诺关系所确定的如何提高员工的组织承诺的推荐方法，与根据岗位和企业状况变量确定的推荐方法只存在两个矛盾：对 35 岁以上、硕士学历的知识员工所推荐的基于员工特质为主的考评方法与对 200 人以上规模企业推荐的基于结果为主的考评方法，是会产生矛盾的；另一个矛盾是可能存在提高组织承诺的考评方法，却不适于进一步提高组织公民行为。

表 5 - 2   基于人口统计学因素下的知识员工绩效考评方法推荐

		组织承诺			组织公民行为		
		结果考评	综合考评	特质考评	结果考评	综合考评	特质考评
性别	男性						
	女性	推荐	不	推荐			
婚姻	已婚	推荐	不	推荐	推荐	不	推荐
	未婚				推荐	推荐	不
年龄	小于 29 岁				推荐	推荐	不
	29~35 岁	不	不	推荐			
	35 岁以上	推荐	不	推荐			
学历	专科	不	推荐	推荐		推荐	不
	本科	推荐	不	推荐	推荐	不	不
	硕士	不	推荐	推荐	不	推荐	推荐

如何解决这两个新矛盾呢？答案是同时采取两种考评方法：在以上分析中，推荐方法都是基于员工特质为主和基于结果为主的两种考评方法中的一种，为了解决有可能出现的、如前面所提到的矛盾，以及为了进一步有效提高核心员工的组织承诺和组织公民行为，可以对同一员工同时采用基于员工特质为主和基于结果为主的两种考评方法，最后取两种考评方法的最高值作为知识员工绩效考评的最终得分，在下一节中将对这种考评形式的应用做进一步阐述。

2. 国有设计企业绩效考评方法的改革

本研究对绩效考评方法进行总结，将其分为三大类：基于员工特质为主的考评方法、综合考评方法、基于结果为主的考评方法。并通过实证研究和理论分析提出适合国有企业的绩效考评方法，即在企业中应当动态、多样地应用基于结果为主和基于特质为主的考评方法。这些结论为国有设计企业的绩效改革提供了理论依据，而在市场优胜劣汰中生存并发展起来的企业也从应用层面证明了研究结论的可行性和有效性。

20世纪80年代初期，随着各方面改革的深入开展，设计企业也开始逐渐进行改革，改革的方向是脱离原有的计划经济模式，走向市场经济。当时，一个简单有效的方案是在传统的计划经济模式下基于员工特质的考评方法的基础上，增加了基于结果的考评。尽管这种改革方案还存在很多问题，但这种结果导向的改革模式大大提高了员工的工作积极性。在设计企业改革的同时，恰逢我国基本建设蓬勃发展，对设计行业的需求日益增加，而这种需求又远远大于当时设计行业所能提供的设计。这种供需矛盾最激烈的冲突发生在80年代末和90年代初期，当时的情景如同现在有形产品的脱销一样，众多甲方和施工单位手提着几万、几十万，甚至上百万的现金，夜以继日常驻在设计企业中，苦苦哀求设计企业能够完成自己的设计项目。而员工对这一切最真实的感受是，收入大大地增加了。

良好的企业效益和个人收入掩盖了企业当时存在的各种各样的问题，但随着国家宏观调控的开始，基础建设压缩带来了设计需求的减少，而与此同时，雨后春笋般成长的民营设计企业和中外合资设计企业也参与瓜分已经减少的市场蛋糕，这使得国有设计企业效益下降，以前存在的问题开始暴露出来。问题主要体现在人员流失、凝聚力下降、各个小团体各自为政使得企业承接大型项目能力下降等。这些问题深层次的原因涉及多方面，诸如体制、产权、历史遗留情况等，而关于绩效改革的问题主要集中在"以结果为导向的改革方向对不对，如果对，应该怎么改？"

带着这些问题，设计行业迎来了20世纪90年代末新的一轮投资热潮，在这轮投资热潮中，成为行业领先者并进一步茁壮成长的设计企业，其成功的原因之一正是通过有效、健全的绩效考评体系构建了企业灵活的机制，从而真正调动员工的工作积极性，同时也提高了企业整体的团队合作意识。

武汉××设计研究院在20世纪80年代中期是一家只有十几人的小型建筑设计研究院，提供工业与民用建筑物的设计、研发服务。经历了80年代末和90年代初的蓬勃发展，迅速发展为100多人的中型设计企业。这时企业开始逐步调整曾经让他们成功过的基于结果为主的考评方法，对部分企业核心研究人员实行了基于员工特质为主的考评方法，这时的基于员工特质为主的考评方法已经不再是计划经济下论资排辈的特质考评，而是基于市场需求，能够确实反映员工能力、水平的特质考评方法。新的基于员工特质为主的考评方法成功留住了核心员工，并从外部又成功吸引了一部分优秀人才，正是这一批新老核心员工，带领全院上下，抓住20世纪末和21世纪初的新一轮投资热潮的机遇，使全院跃上一个新的台阶，成为武汉民用设计行业内举足轻重的大院之一。如今已发展为拥有300多名设计人员，业务领域由民用设计扩展到公路、水运等领域的该院，形成了独具特色的考核体系，也正成为武汉设计行业学习的榜样。

总结武汉××设计研究院的考评方法特色，主要体现在针对不同类型的知识员工，分别采取基于员工特质为主和基于结果为主的考评方法，在保证个人、小团队的创造力和积极性的基础上，又不失整个企业的凝聚力。武汉××设计研究院的知识员工主要分为三类，即研发人员、管理人员、设计人员，其中研发人员和管理人员同时也适当地从事设计工作、项目管理、技术管理等工作。

由于研发人员的研发工作结果具有延迟性或具有不确定性，使得研发工作结果难于量化，因而设计研究院对研发人员采取基于员工特质为主的考评方法，需要注意的是，基于员工特质为主的考评方法并不是完全放弃了对员工工作结果以及工作过程的考评，这两部分考评最多曾达到整个考评的30%。基于员工特质为主的考评使得研发人员能够安心、积极地工作，正是由于他们的努力，才使得该院在短短两年内制定了若干国家和湖北省的规范或标准，扩大了该院的影响力，同时在研发人员的努力下，该院开始挺进公路和水运行业的设计咨询和服务领域。

在管理人员与设计人员中，同时从事管理和设计工作的员工是设计院的核心人员。对于这些核心人员，武汉××设计研究院同时采取了两种考评方法，即基于员工特质为主和基于结果为主的考评方法，而考评结果是取两个考评方法结果的最大值。对于普通设计人员，该院采取的是基于结果为主的考评方法，事实证明这两种考评模式，既可以确保核心人员不流失，也能够有效地调动所有设计员工的工作积极性。

国有设计企业的改革不由得使人想起了同样是知识密集型企业的IBM的改革。作为创始人的老托马斯·J.沃森以及沃森家族缔造了IBM的辉煌，但沃森式文化也直接导致了IBM在多变的市场环境下成为一只臃肿而虚弱的大象，以往象征美国精神的蓝色巨人正在慢慢死去。1993年，拯救IBM的重任落到了外聘的CEO郭士纳身上，接过帅印的郭士纳决定重造IBM。他要挑战老沃森的英雄色彩及其留下的IBM津贴文化，他要"邀请IBM所有员工来改变IBM的文化"，他要建立"让工作业绩来说话"的绩效文化和成熟的激励机制而使IBM焕发新的生命力。

老沃森和小沃森时代，IBM公司工资待遇制度的特色是：工资待遇集中在薪水而奖金和期权少，工资待遇差别小，过于强调福利——这是典型的沃森家族的管理哲学，家族式的管理模式为IBM所有员工提供了有保障的环境。郭士纳的入主使得IBM的用人文化从强调平等和共享向以绩效为导向过渡，这可以被看作IBM复兴的根本原因所在。

现在，IBM公司已经建立一套完善的绩效文化，激励员工发挥各自的才华。现行的浮动工资制，一切以员工的绩效为考核标准，而不论员工是否忠诚或资历如何。每位IBM的员工，都要制定各自的"个人业务承诺"（PBC，Personal Business Commitment），为自己未来的工作目标立下军令状。公司将从员工PBC的业绩完成情况、执行力度和团队精神三个方面进行综合考核，并直接决定和影响员工未来工资的涨幅和奖金等待遇（宫惠民，2005）。IBM目前的这种以结果为导向的企业文化与我国目前大型国有设计企业的改革方向不谋而合。

3. 关于知识员工绩效考评过程的建议

本研究表明，不论采取何种绩效考评方法，有效提高绩效考评中的程序公正感和过程满意度，都可以进一步提高知识员工的组织承诺和组织公民行为水平，那么如何进行有效的绩效考评，才能提高员工绩效考评中的公正感和满意度，是本小节讨论的重点。

在文献研究的基础上，Burke、Weitzel 和 Weir（1978）总结了有效绩效考评的六个主要特点，其注意力就是关注如何提高员工在绩效考评中的公正感和对考评的满意度，他们的研究结果至今仍被运用：

（1）下属高度参与绩效考评会让他们对考评程序和考评者感到满意（Nemeroff & Wexley，1977；Wexley，Singh & Yukl，1973）。

然而，后来的研究（Leung & Li，1990）却证明仅仅让员工参与决策过程并不一定能提高他们的公平感。要让那些将受到否定或负面考评的员工知道，在最后考评结果出来前，考评者会接受或考虑他们的意见。

让所有员工都高度参与绩效考评是一件成本很高的事情，因此适当的变通也不失为一个很好的办法。比如通过内部宣传工具，如网络、手册等，使员工清楚地了解考评的方法、步骤以及进度，也可以使员工有一种"局内人"，而非"局外人"的感受。要严格地执行考评标准，但形式上应具有人性化，中国人很看重"面子"，对一些绩效结果不令人满意的，但并非个人主观意愿上的"落后分子"，应注意给予保护和支持，并给予改正和进步的时间与空间。

（2）如果员工得到主管支持，他们对考评的接受程度和对主管的满意度会增加（Latham & Saari，1979a；Nemeroff & Wexley，1977）。另外，如果考评者维护员工的自我形象，员工对考评的公平感会增加。

对外维护部门和员工的切身利益，对内严格、富有人情味地执法，已经是部门经理的工作宝典，这确实可以提高员工的组织支持感，也可以提高员工的凝聚力。

（3）具体的考评指标与空泛的考评指标相比，前者能加倍地提高被考评者的绩效（Bassett & Meyer，1968；Meryer，Kay & French，1965；Latham & Yukl，1975）。这种具体考评指标对绩效的积极效果在心理学研究中得到了证实（Locke & Latham，1990）。

企业是否选择基于结果为主的考评方法，一个很大的影响因素，就是工作结果是否容易量化，也就是说，是否能够形成具体的考评指标而不是空泛的考评指标，这是决定是否使用基于结果为主的考评方法的重要影响因素。仅仅有具体的考评指标是不够的，还应使各级员工清楚指标的内容和含义。这种事前说明而非事后的解释，可以有效提高员工对绩效考评的认可程度。

（4）对影响下属工作绩效的问题进行讨论并寻求解决方案会引发生产率的直接提高（Mairer，1958；Meyer & Kay，1964）。

考评中，强调行为标准方面的问题和与员工讨论其职业的发展与其后来的绩效提高是相互关联的，这两个变量加上让员工参与考评过程，与员工后来的工作满意度有很强的关联（Nathan，Nohrman & Milliman，1991）。同时，在组织满意度方面，一个结构良好的考评会弥补员工与考评者之间不好的人际关系所带来的影响。当然，员工与考评者之间的良好关系也可以弥补那些结构不良考评的不足。

（5）考评面谈中，批评的次数与员工表现的防御性反应呈正相关关系，那些遭到批评最多的工作，其绩效最不可能得到改善（Kay，Meyer & French，1965；Nemeroff & Wexley，1977）。

后来的研究（Anderson & Barnett，1987）却表明：正式考评的重点放在员工的绩效而不是人格上时，会议结束后，反馈员工感受到鼓舞，从而会提高绩效。同样重要的是，考评要被认为是公平的，这对提高员工的士气很重要。

这一点即我们常说的"对事不对人"。就一件事情具体地讨论，而不要由事情引出当事人的人格、品行，这不仅是管理者与员工讨论问题时的戒条，也是我们日常生活中的真谛。

（6）考评中，下属被允许表达意见的机会越多，他们对考评就会越满意（Greller，1975；Nemeroff & Wexley，1977；Wexley，Singh & Yukl，1973）。

Burke 及其同事（1978）还总结出，员工对参与项目和与工作有关的项目的反应（如解决工作问题、设置具体目标等）与他们对考评过程的满意度呈相关关系,但工作绩效的提高只与工作相关的项目有关。

毫无疑问,让下属有机会在上司面前发发牢骚、表表意见,必然能够使员工心情舒畅,工作满意度提高。当然,在员工表达意见时,作为上司如何对问题作出反应也是一个很有技巧的工作。

在制定目标、解决问题时,员工的高度参与可以使员工对目标或问题的意义、原因、过程有更深刻的了解,因而在解决问题或向目标前进时,则可以能动、创造性地工作,避免被动、保守的工作方式。

4. 关于进一步提高知识员工组织承诺和组织公民行为的建议

影响员工的组织承诺和组织公民行为的因素有很多,如人口统计学因素、组织特征变量等,但由于企业的运作是在各种约束下进行的,在有限的条件内如何尽可能地提高知识员工的组织承诺和组织公民行为则成为对管理者的挑战。

(1)知识型企业的管理者应当了解知识员工的个性特点,树立以人为本的管理理念,通过建设富有特色的企业文化来提高知识员工的组织承诺和组织公民行为。

管理大师巴斯·彼德斯才说:"企业或事业唯一真正的资源是人,管理就是充分开发人力资源,以做好工作。"这就要求管理理念从传统的"以事为中心"转向"以人为中心"的人本管理。实行人本管理就是一切工作符合人性要求,不能把知识员工单纯地看作"经济人",而是要有关心人、尊重人、培养人的现代经营理念。企业对员工实行人本管理,加强组织文化建设,为知识员工创造良好的工作氛围,让员工在愉悦的情境中工作。知识员工的创新活动、灵感的发挥与工作氛围密切相关,如宽敞舒适的工作环境,宽松和谐的人际关系等都是知识员工特别关注的工作氛围;同时,为知识员工提供自主的工作环境,实行弹性工作制,允许员工在一定程度上自由地选择工作时间、工作地点、工作进度,可以进一步促进知识员工工作热情和灵感的发挥。

(2)自我管理和知识共享是知识员工的工作特点,因此管理者应当塑造团队导向的企业文化和创建有效的自我管理团队,实现组织内部的知识共享,提高知识员工的组织承诺和组织公民行为。

知识员工的工作自主性相对较高,为此,管理者应使知识员工处于一个独立机构，使他们在工作程序方面具有高度的自治权。这种自我管理团队是知识员工非常热衷的工作形式。从结构上来看，自我管理团队就像在公司内部建立一个由专家组组成的独立部分。其特征是：工作团队作出大部分决策，选拔团队领导人，团队领导人是"负责人"而非"老板"；信息沟通通过人与人之间直接进行，没有中间环节；团队将自主确定并承担相应的责任；由团队来确定培训计划的大部分内容。自我管理团队彻底改变传统的组织结构，取而代之的是一种扁平化的组织结构，这种结构满足了知识员工的工作自主要求，能够激发知识员工的工作热情。

自我管理团队还有利于创建共享知识平台，促进知识员工之间的相互交流和信任，有利于实现知识、信息的共享。组织复杂任务的完成需要多种知识和技能的结合，这就要求知识员工之间对知识相互学习、相互补充，从而达到知识共享。组织内部的知识共享，受个人特征、组织文化、工作性质等诸多因素的影响。而自我管理团队可以从组织角度，建立合理的、与组织目标相适应的知识架构，以促进知识员工各自专业知识之间的互相融合和学习。从管理角度，可以选择有针对性的策略，促进组织内的知识共享；强化个人知识传播的成就感和对工作挑战性的追求；建立融洽开放、情感交流、亲密合作的企业文化；增强员工的归属感、对错误的宽容和信任等。

很多企业由于害怕知识员工将企业知识盗走，因此不允许他们和外界进行信息交流，这是不对的。知识、信息只有在相互交流中才会增值。正如英国文豪萧伯纳所说的引人深思的话："如果你有一个苹果，我有一个苹果，我们互相交换，每人只有一个苹果。但是，你有一个观点，我有一个观点，我们相互交流之后，你就会有两个观点，我也有两个观点。"因此，信息在交换过程中增值。知识员工正是在这种信息增值、知识共享过程中，实现他们的自我成长。

Karambayya（1990）指出组织文化是组织公民行为的自变量之一，Moorman 和 Blakely（1995）也认为，组织的信仰、价值观及规范会影响组织公民行为，而组织的信仰及价值观即组织文化。通常情况下，在团队导向的文化中，越容易产生组织公民行为。以团队为导向的文化，强调组织成员彼此信任，互相支持，共同负责，充分沟通协调，虽有不同看法但仍互相尊重，因而使得组织的凝聚力得到提高。因此，组织若希望员工多从事组织公民行为，应建立团队导向的文化，例如，强调员工间的合作共事，绩效考核时考量团队绩效，奖励适当的团队行为，化解团队冲突，以及建立纵向、横向的沟通渠道，以使员工形成展现组织公民行为的良好工作态度，进而提升组织效率。

（3）改善领导行为，鼓励员工展现组织公民行为。

Chen 等人的元分析研究表明，核心变革型领导行为（魅力型领导、明确表达前景、提供合适模型、鼓励组织目标的接受、高绩效期望和智力启发）与利他主义行为、礼貌、良心、运动家道德和公民道德有显著正相关。Hui 等（1999）的研究表明，领导—成员交换（LMX）与利他主义行为、总体组织公民行为有显著负相关，说明组织公民行为在相互的社会交换过程中扮演着重要的角色。巴纳德在其所著的《经理人员的职能》（Barnard，1938）一书中早就认识到合作和公民精神在组织中的重要性，而且指明一个尽职的管理者不能置身事外，而应扮演"引导者"的角色，鼓励员工展现组织公民行为。

A. 要做到以身作则。所谓"身教胜于言教"，管理者的一言一行深刻影响着员工的想法和做法，经常展现组织公民行为的管理者，会使部属产生观察学习，最后则模仿其行为，并自发性地展现出来。

B. 要尝试改变领导风格。Smith、Organ 和 Near 等（1983）发现，领导者主动关心部属、支持部属会对其组织公民行为产生正影响。当员工在职场上受到关怀与尊重，自然而然就会对组织忠诚，从而在行为上提高其组织公民行为的出现率。

C. 要拓宽组织监控的范围。当管理者以一定的绩效水准来考核员工时，员工不会倾向于展现组织公民行为，因为员工认为管理者的重点是放在内角色行为上，这种知觉会降低员工展现组织公民行为的动机。

D. 要适度控制展现的数量。一般认为，只要员工展现出组织公民行为则必然对组织有利，其实不尽然如此，Lam、Hui 和 Law（1999）曾指出，若组织公民行为的数量太多时，也不见得对组织有利，因为员工可能会把太多办正事的时间用在展现组织公民行为上，而产生顾此失彼的结果。

E. 要及时强化员工的组织公民行为。当员工表现出良好的组织公民行为时，管理者要及时进行正强化，不吝惜给予奖金报酬或口头赞美或当众表扬，只有这样，员工才会展现更佳的运动家精神和谦恭有礼的行为。但值得注意的是，当有些员工的组织公民行为被多数员工认定是一种拍马逢迎的手段时，管理人员就不宜有太多正面的响应，否则失去的团队士气可能高于该行为带来的"好处"。

（4）重视组织的程序公正感和分配公正感，提高知识员工的组织承诺和组织公民行为。

国内外的研究均支持，当员工知觉到的组织公平程度越高时，员工的组织承诺和组织公民行为水平越高（Scholl，Cooper & Mckenna，1987；Organ & Konovsky，1989；Robinson & Morrison，1995）。奥根（1988）还进一步指出：组织内的员工一般将组织公民行为视为个人的工作投入，当员工认知不公平时，若选择改变角色内的行为可能会有利益上的损失，例如减薪、降级等；而选择改变角色外的组织公民行为则一般不会立即损失本身的利益，因此，员工增加或降低自己的组织公民行为可视作对不公平情境的一种反应。

当组织在进行内部资源分配和薪资分配时，必须符合公正感的原则，让员工知觉到高度的分配公正，感到自己是被组织平等对待的，这样员工才会有好的工作态度与工作表现。而程序公平比分配公平对员工的组织公民行为的影响更大（Konovsky & Pugh，1994；Niehoff & Moorman，1993）。因为程序通常是组织分配公正与否的前提，对于未来不确定的组织薪酬分配，如能通过健全、公正、公开的程序先予以制度化，对员工将是一种保障。因此，组织的资源分配、薪资制度的制定与运作，应设身处地地替员工着想，让最多的员工感到公平，那么员工必然会产生回报的心理，除了对自己的工作尽心尽力外，还会产生敬业乐群、忠诚尽职、古道热肠的组织公民行为回报组织的公平对待。

（5）应对知识员工进行合理、有效的职业生涯规划。一方面，知识员工希望通过企业知识架构和知识共享增进自己的专业知识；另一方面，知识员工期望在公司中有升迁的机会和更深层次的参与。公司内部职位的升迁不仅意味着他们的能力得到承认，并且意味着在公司中有更高的决策权。前人和本研究的研究结果都表明，建立合理的晋升体系和个人职业发展计划，可以有效提高知识员工的组织承诺和组织公民行为。

下篇 绩效考评变革执行研究

在我国改革开放的大背景下，变革已经成为企业生命中的一个重要组成部分，从激进式变革（如企业重组和改制）到渐进式变革（如激励制度修改和调整；王辉，2008），各种变革无处不在。通过各种方式的升级转型和持续改进，变革让我国国有企业和民营企业获得了新的生命力和竞争力，从而在激烈竞争的市场中继续生存和发展。随着变革由浅层级向深层次逐步迈进，企业变革也越来越复杂，如何更好地推进变革成为一个紧迫问题。

本书的下篇将绩效考评变革泛化为一般组织变革，即从组织变革的视角入手，讨论如何有效推进绩效考评变革。下篇选取了高绩效人力资源管理系统、领导行为、创新与团队三个方面来分析如何有效推进组织变革。

第六章

高绩效人力资源管理系统

第一节　高绩效人力资源管理系统

一　高绩效人力资源管理系统的相关概念

自 20 世纪 60 年代著名经济学家舒尔茨、贝克尔等用人力资本解释美国经济增长开始，西方人力资本理论就迅速兴起和发展起来。近几十年来，人力资源管理无论是从理论上还是实践上都已经有了长足的进步，人力资源本身随着社会和经济的发展变化也在不断地变革以适应组织发展的需要。在全书第一节中，我们曾对中国改革开放前后的人力资源管理的变革进行系统性的总结概括与比较，而人力资源管理究竟如何变革，它的变革又为组织带来怎样的影响？这是我们在本章中需要探讨的问题。

从产业结构调整来看：以服务业为代表的新兴行业的兴起使得人与产品的关系变得密不可分。第三产业的出现和发展使得组织再也难以将组织员工当成企业生产线或者生产工具的延伸，越来越多的企业管理者开始认识到组织的效益与员工的工作热情、对组织的忠诚度等因素息息相关。因此，传统的人力资源管理难以帮助组织更好地管理和开发员工价值、实现组织目标。

另外，目前知识资本在企业资本中的比例正在加大，知识型员工及其所包含的知识资本对企业的生存与发展起着其他物质资本无法比拟和替代的作用；而与此同时，知识型员工对于工作自主性与灵活性有着高于传统员工的要求，他们敢于挑战权威，渴望获得更多的社会与组织认同等，这些特点都将对传统的组织人力资源管理系统提出直接的挑战，要求其具有更高的战略性和适应性。

从企业发展来看：在后知识经济时代，仅靠拥有高水平的人才已经不足以帮助企业在竞争中获胜，企业还应该学会如何通过合理有效的管理使组织的人力资源转化为竞争对手无法复制的生存砝码和竞争优势。目前，在人力资源是企业第一资源已成为共识的情况下，企业要始终保持领先地位势必需要人力资源管理变革的支撑，企业要适应社会经济发展所要求的技术、服务变革或者主动地在组织内部进行技术、服务变革以取得竞争优势都需要相应的人力资源管理变革作为支持。在此情况下，传统的单一的人力资源管理实践已不能适应组织的竞争需要，人力资源管理本身的变革势在必行。

以资源基础论为基础的研究已经指出，可持续的竞争优势源于有价值的、稀有的以及不可模仿的组织资源，这些资源可以是物质上的、财务上的或者是人力资源上的（Barney，1986；Barney，1991）。相对而言，获取物质与财务上的竞争优势较为直接和简单，而要想获取人力资源上的优势则往往需要依赖一个企业优秀的人力管理实践体系，其中包含民主的决策机制、公平的资源分配机制、长远的员工培训与发展计划等。因此，大量学者和企业高层逐步把目光转向一种更为系统更具有战略意义的高绩效人力资源管理。高绩效人力资源系统是近二十年来人力资源管理领域发展的热点问题，也可以说是人力资源管理变革的最新动态。

任何一个命题的展开、任何一门学科的发展都必须有理论的支持和引导。高绩效人力资源系统的概念发展有两个阶段：第一个阶段，学者在研究战略人力资源管理和人力资源管理通用性时，提出了一系列类似的概念，主要包括：

1. 高绩效工作系统（Huselid，1995）

高绩效工作系统包含全面的员工招聘和选拔程序、激励机制、绩效管理体系、广泛的员工参与和培训，通过这些系统的管理实践来提高一个公司员工当前和潜在的知识、技能以及能力，提高他们的学习动机，规避员工间的责任推卸，并促进对企业员工的优胜劣汰（Jones & Wright，1992；U. S. Department of Labor，1993）。

2. 高承诺工作系统（Whitener，2001）

高承诺工作系统通过实施高承诺策略的人力资源政策和程序，从组织层面影响员工的承诺和动机。组织采用选择性的员工配置、发展性的员工评价、兼顾竞争性与公平性的薪酬体系以及系统的员工培训和开发项目等。高承诺工作系统通过鼓励的方式来提高员工的效率和生产率，使员工目标与组织目标保持一致并激励其努力工作以实现组织目标（Ichniowski，Shaw & Prennushi，1997；MacDuffie，1995；Snell & Dean，1992）。

3. 高参与人力资源管理系统（Paré & Tremblay，2007）

高参与人力资源管理系统强调，通过授权让员工承担某些角色和责任，从而让他们在享受更多自主权的过程中为组织绩效发挥更大的作用。高参与人力资源管理系统通过扩大员工的灵活性和影响程度让他们感知到更多的来自组织的支持与信任，从而使员工产生一种更为积极的工作态度（Eby，Freeman，Rush & Lance，1999；Lawler，1986）。采用高参与人力资源管理系统的企业会更多地注重发展员工能力来提高企业的生产力，同时给员工传递一个强有力的信号：决策者愿意在他们身上进行长期投资（Agarwal & Ferratt，1999；Guptill，1998；Morrison，1996；Schwochau，Delaney，Jarley & Fiorito，1997；Tsui，Pearce，Porter & Hite，1995）。

以上这些概念主要是关注服务组织的战略目标、充分配置组织的各种资源、有效地满足市场和顾客需求并实现高绩效的组织系统（Nadler，Gerstein & Shaw，1992；刘善仕和周巧笑，2007）。

在本书中，将高绩效人力资源系统定义为能够实现组织高绩效的一系列人力资源管理实践，包括员工招募与培养、激励性薪酬、绩效考核、员工参与、信息分享、团队工作等。高绩效人力资源系统注重"系统"的而非单一的人力资源管理实践（Sun，Aryee & Law，2007；刘善仕和周巧笑，2004），通过这些系统的管理实践，高绩效人力资源系统"激发"员工而不是控制员工，使他们更愿意主动为组织作出贡献，从而使组织获取持续竞争的优势。

首先，高绩效人力资源系统首先是多元的人力资源管理实践的组合。早期人力资源管理对组织绩效影响的研究多注重于某一单一人力资源管理实践的作用，如培训选拔对组织绩效的影响（Terpstar & Rozell，1993）。但随着理论与实践的发展，越来越多的学者和企业管理者开始注意到单一人力资源管理实践并不能很好地解释组织绩效，人力资源管理工作涉及企业活动的各个方面，其管理实践也会在多方面对组织绩效产生影响。因此，管理研究越来越开始注意到多种人力资源管理实践组合的效能。

其次，高绩效人力资源管理系统是一个系统的、具有高度内部耦合性的人力资源管理实践的有机组合。各人力资源管理实践之间的内部联系和协同作用是它区别于传统人力资源管理的一大特征。MacDuffie（1995）和 Ichniowski（1997）等认为，除非相互适应的人力资源管理实践被整合在一起，否则不能充分实现它们的效能。因此，有必要将不同的人力资源管理实践活动有机地捆绑在一起，通过发挥相互契合的人力资源管理实践之间的相互作用，来发挥人力资源管理系统的协同效果（刘善仕和周巧笑，2004）。

最后，高绩效人力资源系统必须站在组织战略的高度。高绩效人力资源系统强调多种人力资源管理实践与组织战略之间的匹配与协调，组织必须水平排列各种人力资源管理实践并使之与组织战略相结合。正是人力资源管理实践之间的复杂匹配和系统完整性使得高绩效人力资源系统成为组织竞争者无法复制的竞争优势。

在第二个阶段，学者罗列了一系列的高绩效人力资源管理实践，对这些概念的内涵给予具体的界定，以便于开展进一步的研究。

Combs 等（2006）对 92 项研究（含近 2 万个组织）进行总结，得出 13 项高绩效人力资源管理实践，结合 Sun 等（2007）以及 Zheng 等（2006）针对我国中小企业的研究，本书将这些实践总结为三个方面，分别是员工选拔培养、员工激励计划、工作设计，具体如表 6 - 1 所示。

表 6 - 1　高绩效人力资源系统内涵界定

	具体实践	部分代表性文献
员工选拔培养	市场甄选、人员配置、培训和发展、人力资源规划	Wright, Gardner, Moynihan & Allen, 2005；Bae & Lawler, 2000；Zheng, Morrison & O'Neill, 2006；Tsui, Pearce, Porter & Tripoli, 1997；Horgan & Muhlau, 2006；Huselid, 1995；Bae & Lawler, 2000；Way, 2002；Combs et al., 2006；Sun et al., 2007
员工激励计划	激励性薪酬（包含高薪酬水平、绩效工资、股票红利或股票期权计划）、绩效考核	
工作设计	员工参与、信息分享、团队工作、弹性工作（包含了灵活工作设计、工作轮换、授权等）	

如表 6 - 1 所示，系统的、多元的高绩效人力资源管理实践包括了从员工角度出发的人员选拔、配置、培训开发、人力资源规划以及对员工实施的激励性薪酬和绩效考核，同时也包括了从岗位角度出发的员工参与、信息分享、弹性工作以及团队工作等。在一项针对中国中小企业中人力资源管理实践对企业绩效的影响的实证调查研究中显示，对员工的激励计划相关实践（主要包括绩效薪酬、员工参与决策机制、自由市场选择以及绩效考核）将会对企业的人力资源管理的产出产生显著积极的影响，具体而言，这些人力资源管理实践的恰当实施可以有效地降低员工流动率，提高员工对组织的承诺以及员工自觉性，同时也会对员工岗位胜任力有显著提高等，进而对企业绩效产生积极的作用（Connie, Mark Morrison 和 Grant O'Neill, 2006）。

高绩效人力资源管理实践不是直接地影响组织绩效，而是通过构筑企业的知识资本来使企业的价值增值。综合前人研究发现，高绩效人力资源实践可以通过提高员工的组织承诺（Meyer & Smith, 2000；Whitener, 2001）、员工对于组织程序公平性的认知（Meyer & Allen, 1997）、组织公民行为（OCBs；Podsakoff, MacKenzie, Paine & Bachrach, 2000）、减少员工流动倾向等来影响组织效率。

从宏观层面上看，一个系统的、战略性的高绩效人力资源系统会给企业塑造一种强势的组织氛围，在这个氛围之下，人力资源管理实践给员工传递的关于何种反应和行为所被期待和认可的信号是准确的、无歧义的。在这种情形下，员工对于什么是重要的、什么行为是被期待的会有一个共同的无差别的认识，员工对于组织所传递的信息的反应也趋于一致。这种组织氛围的形成需要依靠人力资源管理系统的支持（David & Cheri，2004）。更进一步地说，高绩效人力资源系统通过影响员工对组织氛围的理解来影响员工的态度和行为，员工态度和行为的变化会导致员工知识、技能以及能力的改进，最终达到组织绩效的提高。要塑造一个强势的被普遍接受的组织氛围必然需要一个强势的人力资源管理系统来支持。

归因理论可以很好地帮助员工理解组织传递的信息，从而在员工中形成统一认识和理解。对归因的推断不仅仅是员工个人的心理活动，同时也是员工之间互相征求意见互相影响的过程。为了对情境作出合理的归因和恰当的反应，员工必须接收到充足的无歧义的信息。研究表明，当人力资源管理系统所采取的管理实践被感知为具有高度的区别性（实践的影响是可以被明显感知的）、一致性（实践以不同的方式和时间呈现时其影响保持一致）和共识（不同个体对于实践的影响具有相同的看法）时，它会营造一种强势的情境，在这种情境下，员工会对情境作出一致的解释。

总结而言，作为一个系统的人力资源管理实践，高绩效人力资源系统通过引导员工采取被期待的态度和行为来塑造一个强势的组织氛围，进而提高组织绩效，帮助组织实现其战略目标。

二　国内外研究主要成果

如前文所述，国内外目前关于高绩效人力资源系统作用的研究大多集中于组织层面，如绩效、生产率等，没有或很少涉及关于高绩效人力资源系统影响员工变革行为的研究，但相关的研究还是有很多。回顾这些研究，可以帮助我们在理解高绩效人力资源系统定义的基础上对它有进一步的理解和定位，下面从三个方面对这些研究进行回顾与整理。

1. 高绩效人力资源系统对组织的影响

学者进行大量实证研究，探究高绩效人力资源系统对组织的影响作用。这些研究主要是在组织层面关注对组织绩效的作用，总结起来主要有三个方面的绩效指标：①组织效率指标，例如生产率；Arthur（1994）研究发现人力资源实践的不同组合能有效预测企业生产率。②组织财务指标，例如利润率。Huselid（1995）研究发现，高绩效人力资源系统可以有效提高企业人均销售额，进而提高企业绩效。刘善仕等（2005）对我国连锁行业进行研究，结果表明采用高绩效人力资源系统可以帮助零售企业提高利润率。③员工关系指标，如员工流失率。例如 Way（2002）发现，高绩效人力资源系统和低劳动力离职有关，但和劳动生产率没有关系。

当然，也有研究没有发现高绩效人力资源系统的积极作用，例如欧洲的研究表明，高绩效人力资源系统并没有提高工作效率（Cappelli & Newmark，2001）；有研究显示，高绩效人力资源系统对组织绩效的积极作用并不显著（Combs et al.，2006）。

2. 高绩效人力资源系统促进员工变革行为

并没有关于高绩效人力资源系统影响员工变革行为的直接文献，相关研究主要是研究单一人力资源实践对员工创造性产出的影响，这些实践分别是：①工作设计。例如，Tierney 和 Farmer（2004）研究发现，复杂的工作更能调动员工的内在激励，激发员工的变革行为。Shalley 和 Oldham（1997）研究显示，相互之间有间隔、不容易被打扰的工作空间更有利于员工采取变革行为。②绩效考核和奖励。当绩效考核和奖励使员工产生被控制感时，则降低员工的内在激励从而阻碍员工采取变革行为。相反，当二者的作用是为了促进员工发展，则会有利于员工变革行为的产生（George & Zhou，2002；Shalley & Perry - Smith，2001）。上述研究表明，以往研究主要关注单一人力资源实践对员工变革行为的影响。高绩效人力资源系统是多元和系统的人力资源实践，它是如何对员工创造性产出施加积极作用、在组织变革中影响员工变革行为的，还需要进一步研究探索。

3. 国内外研究现状总结

从以上的研究文献来看，主要有三点结论：第一，高绩效人力资源系统强调在人力资源管理实践中的多元性和系统性，其最终目标是为了达到组织的战略目标（宗骞、赵曙明和 Guthrie，2002）。因此，在研究高绩效人力资源系统时，要注意其多元性和系统性，这是与以往单一人力资源管理实践研究的区别。第二，大多数研究集中在组织层面，研究显示高绩效人力资源系统对组织绩效的显著积极作用，但通过这些研究，还无法判断高绩效人力资源系统对员工层面尤其是员工变革行为的影响机制。第三，从现有零散的研究可以大致判断，高绩效人力资源系统对员工变革行为有潜在的积极作用，但还需要有系统和规范的研究来揭示其作用机理，从而用于指导实践。

三　高绩效人力资源管理系统的理论和实践意义

1. 研究高绩效人力资源系统的理论意义

如图 6-1 所示，高绩效人力资源系统对组织的影响（图 6-1 中 A 部分）、单一人力资源实践对个体和组织产出的影响（图 6-1 中 B 和 D 部分）都得到了广泛的研究，但研究人力资源实践整个系统对个体的作用还刚刚开始（图 6-1 中 C 部分），本书通过探讨高绩效人力资源系统对个体变革行为的影响机制，来丰富现有的人力资源管理和员工变革行为理论。

<table>
<tr><td colspan="3" style="text-align:center">人力资源管理实践</td></tr>
<tr><td></td><td>系统的</td><td>单一的</td></tr>
<tr><td rowspan="2">研究开展的层次</td><td rowspan="1" style="vertical-align:top">组织层次</td><td>A. 系统人力资源管理实践对企业绩效的影响研究

例如：高绩效人力资源系统对企业市场占有率、财务指标等的作用

研究数量：大量</td><td>B. 单一人力资源管理实践对企业绩效的影响研究

例如：团队工作形式对企业绩效的影响

研究数量：中等</td></tr>
<tr><td>个体层次</td><td>C. 系统人力资源管理实践对个体的影响研究

例如：高绩效人力资源系统对银行员工服务质量的影响，以及本书研究内容

研究数量：中等</td><td>D. 传统的人力资源管理研究，即单一人力资源管理实践对员工的影响研究

例如：绩效工资强度对员工组织承诺和绩效的影响

研究数量：大量</td></tr>
</table>

图 6-1　人力资源管理研究

说明：图 6-1 中所涉及的文献主要有 Wright & Boswell（2002）、Du & Choi（2009）、Liao, Toya, Lepak & Hong（2009）、Banker, Lee, Potter & Srinivasan（1996）。

2. 研究高绩效人力资源系统的现实意义

笔者在企业调研和咨询的过程中发现，目前许多企业限于时间和精力等条件的制约，在人力资源管理方面常常是"头疼医头，脚疼医脚"，大多只进行单一的人力资源管理实践改进工作，而没有进行系统的梳理。尽管目前企业仍有很多条件限制，不可能进行系统的人力资源管理工作改进，但我们需要理解系统人力资源管理实践对员工的作用，为下一步发展奠定基础。本节对高绩效人力资源系统促进员工变革行为的机制进行研究，为管理者实施系统人力资源管理实践、推动企业变革提供指导。

第二节　高绩效人力资源系统对员工
变革行为影响机制

一　高绩效人力资源系统影响员工变革行为的内在机制

前文已经指出，高绩效人力资源系统对组织绩效和个人行为的影响并非是直接的，而是通过一定的中间变量对其产生影响。那么，高绩效人力资源系统是通过何种中介机制促进员工变革行为的，这成为我们对影响机制进行研究的首要问题。

在就高绩效人力资源系统对员工变革行为的影响机制进行阐释时，我们引入了匹配理论。Woodman 等（1993）认为人的所有态度和行为都是个人和环境相互作用的结果，当组织的管理策略与个体相匹配时，才能有效发挥积极作用。高绩效人力资源系统三个方面的管理实践，即员工成长、员工激励以及工作设计，可以提升员工与环境左三个方面的匹配，它们分别是：

员工选拔培养→工作要求—个人能力匹配：组织通过人力资源规划、市场甄选、人员配置、员工培训和发展等来选择和培养员工，确保员工能力与工作的创造性要求相匹配并适应组织变革；

员工激励计划→个人需求—组织供给匹配：组织通过绩效考核和基

于绩效的薪酬计划，与员工的个人物质需要相匹配；

工作设计→工作价值观匹配：工作价值观是指员工对工作的观点和认识（Choi & Price，2005），从事创造性工作的员工倾向于开放的快乐的工作方式，重视享受工作而不是被控制去工作，当组织实施参与授权、信息分享、团队工作、弹性工作等工作形式时，会使得工作与员工的工作价值观相匹配。

个人与环境的匹配会进一步影响员工的心理状态，进而最终影响员工的产出。Choi（2004）以及 Nembhard 等（2006）认为对于变革行为，员工工作动机和心理安全感是两个关键变量：

个人与环境的匹配→动机：足够的能力、符合需求的激励计划、适合的工作形式会提高员工主动采取变革行为、迎合组织变革的动机和愿望。

个人与环境的匹配→心理安全：心理安全是指工在工作时心理上觉察到的安全感，对于变革行为来说，主要是指工对自己在采取变革行为时是否能得到足够的支持，变革行为的结果会不会被同事和领导嘲讽和讥笑，结果会不会给自己带来足够的积极回馈（Nembhard & Ed-mondson，2006）。显然，足够的能力会让员工对自己的成果更自信，适合的激励计划和工作形式会让员工感到组织的支持，因此，个人与环境匹配会带来员工心理安全感的提高。

总结而言，高绩效人力资源系统影响员工变革行为的内在机制的解释如图 6-2 所示。

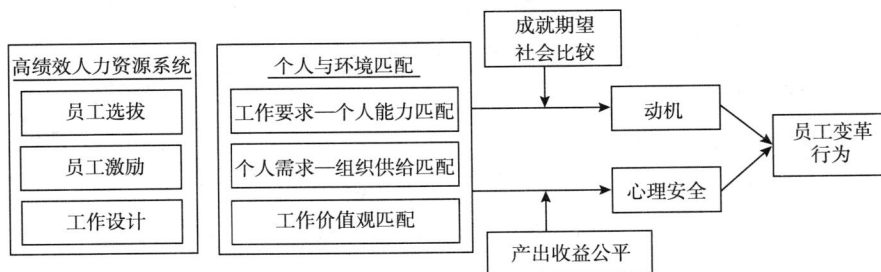

图 6-2 高绩效人力资源系统对员工变革行为的影响机制

高绩效人力资源系统会提高员工个人与环境匹配程度，展现为三个方面：

（1）高绩效人力资源系统中员工选拔培养对工作要求—个人能力匹配有显著的积极作用；

（2）高绩效人力资源系统中员工激励计划对个人需求—组织供给匹配有显著的积极作用；

（3）高绩效人力资源系统中工作设计对工作价值观匹配有显著的积极作用。

此外，个人与环境的匹配会最终影响员工的产出，也展现为两个方面：

（1）员工个人与环境匹配对员工工作动机和心理安全感有显著的积极作用；

（2）员工工作动机和心理安全感对员工变革投入有显著的积极作用。

高绩效人力资源系统通过个人与环境匹配、员工动机和心理安全促进员工变革产出，这其中的中介作用包括：

（1）高绩效人力资源系统通过个人与环境匹配对员工动机和心理安全有积极作用，即个人与环境匹配有中介作用；

（2）个人与环境匹配通过员工动机和心理安全对员工变革投入有积极作用，即员工动机和心理安全有中介作用。

作为多元和系统的人力资源管理实践，高绩效人力资源系统的作用是否是各单一管理实践作用的总和呢？即高绩效人力资源系统中的管理实践是否是 $1+1=2$ 的作用？

高绩效人力资源系统的员工选拔培养、员工激励计划、工作设计这三部分通过员工个人与环境匹配来激励员工并提升员工心理安全感，从而提高创造性产出。在三部分的管理实践中，缺少任何一部分，都会影响到另外两部分管理实践的促进作用，降低对员工的积极影响。例如，即使有很好的激励计划和工作形式，但当员工选拔培养不足，员工感到自己能力不能满足创造性需求时，也会降低自己的期望和动机。因此，高绩效人力资源系统中三方面的管理实践既有直接的主作用，也有三者之间的交互作用，这表明高绩效人力资源系统中各人力资源管理实践并不是简单的 1 + 1 = 2，当我们系统地实施人力资源管理实践，这三方面会相互促进，产生 1 + 1 > 2 的效果。总结如下：

高绩效人力资源系统中三部分具体的实践，即员工选拔培养、员工激励计划、工作设计通过员工个人与环境匹配，既直接促进员工动机和安全感，也产生交互作用（员工选拔培养 × 员工激励计划 × 工作设计），促进员工动机和安全感，提升员工变革投入。

二　高绩效人力资源系统影响员工变革行为的外在机制

在什么情况下高绩效人力资源系统的积极作用会加强，什么情况下其积极作用会被削弱？

我们把关于高绩效人力资源系统促进员工变革行为的过程中，个人和环境因素会产生什么作用的问题归类为外在作用机制，研究它们有助于我们更好地实施和运用高绩效人力资源系统。笔者将研究聚焦于两个方面的四个因素，具体包括：①个人因素，包含成就期望和社会比较；②组织因素，包含产出收益公平和资历导向文化。这些因素均具有较强的现实意义。

1. 成就期望

成就期望是指员工对自己职业发展所能达到目标的期望值（Dennis，Phinney & Chuateco，2005），该因素的选取是因为在我国现实生活中，受到个人、家庭、职业发展阶段等因素的影响，每个人的成就期望会有很大不同。当员工具有高成就期望时，会利用高绩效人力资源系统所带来的个人与环境匹配，产生更强的工作动机，相反，个人与环境匹配对低成就期望员工的推动作用会降低。因此：

成就期望将调节个人与环境匹配对工作动机的积极作用，当员工具有高成就期望时，个人与环境匹配对动机的积极作用会加强，当员工具有低成就期望时，个人与环境匹配对动机的积极作用会减弱。

2. 社会比较

Festinger（1954）指出，人们会不断地将自己的情况与其他人进行比较，即社会比较。大家普遍的感受是，中国人喜欢相互比较，但目前还没有具体研究来探索社会比较对员工产生的影响。社会比较可以发生在组织内，也可以发生在不同组织、不同地域之间，同样的社会比较既可以产生积极的作用也可以产生消极的作用。例如，某员工与在另一个城市从事同样工作的朋友比较，发现自己生活状态很好，于是产生成就感和满足感，从而在事业上止步于现状，但也可能在比较后产生成就感的同时也产生了危机感，从而继续努力奋斗。当个人从社会比较中得到积极的结果时，会珍惜目前的工作状况，提高个人与环境匹配对动机的积极作用。因此，上述讨论可表述为：

社会比较将调节个人与环境匹配对工作动机的积极作用，当员工从社会比较中得到积极结果时，个人与环境匹配对动机的积极作用会加强，当员工从社会比较中得到消极结果时，个人与环境匹配对动机的积极作用会减弱。

3. 产出收益公平

员工投入常常涉及产出成果的收益分配，这种收益不仅有直接的物质收益，也包括间接的名誉、晋升等收益。受我国传统文化的影响，员工的创造性收益常常会被上级、同事、专家不同程度地分享（例如项目团队中的项目经理）。有些情况下，分享者确实作出了贡献，有权利分享产出，但也有分享者只参与分享而贡献很少。当产出收益不公平时，员工会怀疑组织提供的物质激励是否会兑现，开放的工作环境是否只是表面现象等，从而个人和环境匹配对心理安全的积极作用会降低。相反，当收益分配公平时，个人和环境匹配会有更强的积极作用。总的来说：

产出收益公平将调节个人与环境匹配对心理安全的积极作用，在高产出收益公平情况下，个人与环境匹配对心理安全的积极作用会加强，在低产出收益公平情况下，个人与环境匹配对心理安全的积极作用会减弱。

4. 资历导向文化

资历导向的组织文化更重视员工的资历，这种文化会降低员工个人与环境匹配对心理安全所带来的积极作用。例如，尽管员工感到自己能力满足工作要求，但员工在提出新的解决方案时，会担心由于自己资历浅而不受重视，甚至受到老员工的嘲讽，因而心理安全感降低。在低资历导向的组织文化中，组织将以绩效为导向，员工更相信组织能够兑现激励计划，从而提升员工的心理安全感。以上讨论可以概括为：

资历导向文化将调节个人与环境匹配对心理安全的积极作用，在高资历导向文化情况下，个人与环境匹配对心理安全的积极作用会减弱，在低资历导向文化情况下，个人与环境匹配对心理安全的积极作用会加强。

可见，人力资源系统的各方面因素，都可能会对人力资源管理变革中的员工行为产生影响，如何在变革中把握并利用好人力资源系统的各个因素，关乎变革的过程与成败。在接下来的几章中，我们将针对人力资源管理变革中的若干个重要方面进行讨论，探讨变革中人力资源系统的不同因素如何对员工行为产生影响及其作用机制，并根据笔者点面结合的思考，给出相关研究建议。

第三节　高绩效人力资源管理在情绪管理中的应用

一　情绪管理

Hochschild 于 1983 年正式提出"情绪管理"的概念，认为情绪管理就是一种需要遵循情感规则的工作，是个人试图去改变情绪或感觉之程度或质量而采取的行动，并且指出，情绪是可以根据环境的要求来进行管理的。目前，国内较为认同的对情绪管理的定义是，情绪管理就是对个体和群体的情绪进行感知、引导、控制、调节的过程。具体来说，情绪管理是指通过研究个体和群体对自身情绪和他人情绪的认知、协调、引导和控制，充分挖掘和培植个体和群体的情绪智商，培养驾驭情绪的能力，从而使个体和群体保持良好的情绪状态，并由此产生良好管理效果的一种现代管理方法。情绪管理的核心，在于将人本原理作为最重要的管理原理，从尊重人、依靠人、发展人、完善人的理念出发，增强人的自觉意识，使人性、人的情绪得到健康发展，人的价值得到充分体现。

情感与员工的创造性绩效之间确实存在紧密联系，通过情感管理影响员工的创造性绩效是一条有效途径（孙飞，2012）。组织中的每一个成员，无论是普通员工还是管理人员，都有可能遭遇由于情绪调节而导致的工作倦怠（Gardner，Fischer & Hunt，2009）。采用表面表演的方式进行情绪调节，由于情绪表现与情绪体验的背离，容易产生情绪失调，由此导致工作倦怠（程红玲、陈维政，2010）。Melissa M. Sloan 关于员工个人情绪管理的研究表明，员工个人的情绪调节和管理会使得员工对自身以及自己的情绪产生一种不真实感并伴有心理上的痛苦，而这些不真实感和心理痛苦都会对员工的工作表现和绩效产生显著的影响。Fredrickson 提出了积极情绪的拓展—塑造理论，认为积极情绪因为出现在生命不受威胁的环境中，个体感到安全，注意范围变得拓展，思维也相对灵活，更容易注意到新进入认知系统的信息，而任务恰恰又是对新信息的加工，所以，此时积极情绪状态下的个体能够迅速地按照任务的要求对新信息作出反应。

种种研究表明，无论是正面的工作情绪还是负面的二作情绪都会对员工及组织产生影响。尤其是负面情绪，无论是对个人还是组织而言，危害都是很大的。如果情绪困扰长期得不到解决，除了会降低个人的生活质量外，还会使个人丧失工作热情，影响个人与同事的人际关系，并且影响个人的绩效水平进而影响整个组织的绩效水平。

二　情绪管理的意义

自 1975 年 Hochschild 提出"情绪工作"（Emotional Work）的概念以来，员工情绪开始受到管理者的关注，西方将情绪作为组织管理的重要内容已有三四十年之久，而国内对此的研究和实践相对滞后一些。现在，无论是学者还是企业管理者都已经广泛接受了"组织是有情感的"（Albrow，1994，1997）这一理念。

从员工层面上看，在信息和科学技术日新月异的现代社会条件下，知识、技术更新换代的速度越来越快，社会对产品和服务的要求也越来越高，由此导致企业员工的工作压力与生活压力不断增加。员工在工作和生活过程中受到的压力往往会导致过分焦虑、压抑、烦躁、挫折和心理不平衡引起的思维障碍和情绪不适状况，这些状况使得员工在工作中注意力分散、决策及操作频频失误，给企业和个人发展造成很大影响。

从企业层面上看，企业的发展、管理目标的实现，依赖员工认真负责的态度、积极进取的精神、智慧和创造力的发挥。注重对员工情绪进行关注和正确引导，加强情绪管理，营造精神愉快、关系和谐、宽松平等的工作环境和氛围，能够从情商高度激励并引导员工积极正确地评价自我，不仅能使员工以积极饱满的情绪高效完成工作任务，并且能使员工坦然地面对工作中的困难和失误。在这种环境氛围下，企业员工的使命感、责任感、进取心和创造性都可以得到充分发挥。注重加强情绪管理，提高员工个体及群体认识和调控情绪的能力，可以最大限度地减少员工的情绪压力，增强企业和员工的适应性，从而使员工以更理想的情绪状态投入工作，改善或提高企业绩效水平。

现代企业管理面对的是高度分工和知识密集的员工，而工作的基本形式也越来越多地转化为团队工作，企业的生产力与竞争力极大地依赖员工团队之间的配合与协作。企业情绪管理在着力于员工社会情感学习和人际关系能力提高的同时，对管理制度、领导艺术、环境氛围等与企业情绪有关的各方面进行综合管理，改进员工的工作方式和工作氛围，使员工在互相协作配合、互相激励帮助的环境中尽情发挥其智慧、才干和创造性，从而塑造高绩效的团队和高绩效的企业。

三　情绪管理与高绩效人力资源管理系统

高绩效人力资源管理关注员工的情绪并将其作为一项重要的管理内容。高绩效人力资源管理注重以人为本，并从系统性角度对员工进行管理，而情感伴随、影响并塑造着员工和员工行为，贯穿了员工的整个工作过程（Brief & Weiss，2002）因此，在管理过程中不能一味追求员工绩效而忽视员工的工作情绪。与此同时，前人研究已经证明，员工情绪对于员工绩效具有显著影响，因此高绩效人力资源系统更应将员工情绪纳入管理内容之中。高绩效人力资源管理系统通过对员工进行深入、全面的观察来了解员工工作情绪，尤其关注员工在工作中负面情绪的产生原因，并注重员工负面情绪对工作产生的影响，适时采用各种科学的管理手段对员工进行引导。

另外，高绩效人力资源系统注重对人力资源的动态关注和管理。高绩效人力资源系统通过对员工工作情绪的动态关注来及时发现员工情绪的状态和变化，并适时对员工进行正向引导或消除其消极情绪，使员工的情绪向积极的方向转变，从而使员工保持良好的精神状态和饱满的工作热情，创造融洽和谐的组织氛围，充分调动员工的积极性和创造性，以提高员工的工作质量和生活质量，从而实现公司和员工的共同发展。

高绩效人力资源系统贯穿于企业管理活动的各个方面，从人员选拔到员工培训以至最终的员工离职管理，高绩效人力资源管理系统都从组织绩效的角度出发对企业人力资源进行管理与开发。高绩效人力资源系统直接或间接地对个人行为和组织绩效之间的关系产生影响，从而推动个体行为向提高组织绩效的方向发展。在这个过程中，注重员工情绪，将员工情绪管理纳入人力资源管理系统之中必定是提高人力资源管理水平与效果，推动高绩效人力资源管理系统建设的题中之义。

四　餐饮业员工情绪管理研究：海底捞的案例分析

1. 研究背景

在上一部分中我们已经阐明了情绪管理的定义及其研究的必要性。情绪枯竭是情绪管理中的极端案例，在此，我们引入国内著名的"海底捞"员工管理案例来对其进一步探究。

餐饮业作为一种传统且典型的服务行业，其工作有一些固有的特点，如员工与顾客互动频繁、工作强度大、工作内容单调、低人力成本策略、缺乏有效激励等。这些特点使得餐饮企业通过管理策略降低员工情绪枯竭、提升服务质量成为一项很具有挑战性的工作。但海底捞在员工情绪管理方面取得很大的成功（黄铁鹰、梁钧平、潘洋，2009）。近些年来，海底捞依靠员工提供"变态式"的完美服务，在激烈竞争的餐饮行业声名大噪，俨然不仅仅是一个火锅店的代名词，转而上升为一种管理现象。与其他餐饮业的工作一样，海底捞员工也从事着高强度、长期与人打交道的服务工作。那么，海底捞是如何保持员工积极高昂的工作情绪，避免员工情绪枯竭的呢？对于大多数餐饮企业来说，如何学习和借鉴海底捞的管理策略呢？笔者通过对海底捞的调查研究，用一系列分析来回答这些问题。

本部分内容将首先对情绪枯竭进行介绍，并分析影响餐饮业员工情绪倦怠的因素，而后以海底捞为案例对企业的员工情绪管理进行分析，最后提出餐饮业员工情绪管理、预防情绪枯竭的管理策略。

2. 定义变量

（1）情绪枯竭。情绪枯竭（emotional exhaustion），是指个体缺乏精力且觉得情绪资源已经耗竭的心理状态和感觉，它是在一种工作压力下产生的反应（Lewig & Dollard，2003）。情绪枯竭时，员工会出现缺乏精力、情感麻痹、丧失工作热情、冷漠与疏离等心理或反应。情绪枯竭的员工由于以上反应，已不再适合从事有关情绪支出的工作，如为顾客提供服务、解答问题等。

从事任何工作的员工都有可能情绪枯竭，但处理"人"的工作时，员工则更容易出现情绪枯竭的情况。这是由于在处理"人"的工作时，工作内容主要为与人沟通和交流，员工需要大量的情绪劳动和情绪支出（Kim，2008）。服务业作为为顾客提供服务的产业，其员工工作正是典型的处理"人"的工作。在服务业中，员工的服务即企业产出，员工与顾客高度频繁接触，并常常在高压力状态下工作，因此极易出现情绪枯竭（Maslach，Schaufeli & Leiter，2001）。但同时服务业又是典型的情绪劳动行业，向顾客提供热情满意的服务，需要持久保持饱满的情绪。当服务业员工出现情绪枯竭，则不可能再有精力和情绪提供热情周到的服务，这不仅会导致服务质量下降，同时会损害员工的身心健康（曾垂凯和时勘，2008）。

（2）员工情绪枯竭的影响因素。影响员工情绪枯竭的因素包含员工个体因素和组织因素，其中，个体因素又包括个性、能力、观念等，组织因素包含工作性质和内容、薪酬福利与个人成长、领导方式和领导支持等，具体有以下几个方面：

第一，个体个性特征的缺陷。影响员工情绪枯竭的个性特征主要有大五性格中的外倾性（extroversion）和神经质（neuroticism）。外倾性是指个体对人际互动的舒适程度，典型外倾者表现为善于社交、乐于交谈、不喜欢独处，但外倾者也容易激动并表现出轻率的行为。一般认为，外倾性格适合从事人际互动的工作，但研究发现只有适度外倾人格有助于员工进行人际互动，过分外倾者则有可能因为人际互动时极度透支情绪而产生情绪枯竭（杜旌和尹晶，2009）。神经质人格是刻画个体承受压力的能力。神经质者倾向于紧张的、焦虑的、失望的和缺乏安全感的。很明显，神经质人格的员工在工作中更容易出现情绪枯竭。

除了上述两种大五人格中的维度之外，AB 型人格理论中的 A 型人格也会影响员工的情绪枯竭。美国心脏病专家 Rosenman 和 Friedman（1963）通过观察冠心病人的行为提出了 A 型人格，这种人格可以用四个单词来概括其特性：恼火（aggravation）、激动（irritation）、发怒（anger）和急躁（impatience）。A 型人做事，甚至包括运动、走路和吃饭通常都是快节奏的，他们不会充分放松下来进行休息，而是不断给自己施加压力，因此他们常常处于高度的焦虑状态。在餐饮业高压力、快节奏的工作中，A 型人格会越发不善于休息和放松自己，因而也就容易出现情绪枯竭。

第二，工作能力不足。工作能力的高低会影响员工的情绪枯竭。当员工工作能力高时，他们能够较为轻松地处理自己的工作，因此，他们感知到的工作付出和工作压力都较小，工作中的情绪消耗也会处于可控的范围之中。相反，若员工工作能力不足，会不得不投入更多精力来应对工作问题。他们会感知到更高的人际工作压力、付出更多时间、体力、精力，因而也更容易出现情绪疲惫和枯竭。例如，高人际技能的员工可以轻松处理某个顾客投诉，处理后没有产生疲惫感和消极情绪；但低技能员工可能投入了大量的时间和精力，最终仍没有妥善处理某个顾客的投诉，进而产生焦虑、郁闷等消极情绪。由此说明，低技能员工更可能在工作中经受消极体验过程进而使员工情绪低落，而这种消极感知的反复积累就容易导致员工的情绪枯竭。

第三，期望与现实的差距。期望理论认为只有当工作所得满足员工期望时，员工才有可能被激励（Du & Choi，2010）。与许多行业相比，餐饮服务业具有工作单调、劳动强度高、晋升通道狭窄、收入相对较低等特点。而许多员工的期望值远高于这种现实状况，他们希望有良好的工作条件、较高的工作收入、有前途的职业发展，但现实餐饮工作的高付出、低所得以及未来低持续的个人增长，让员工极易产生很大的落差和消极情绪。

在目前的餐饮工作中，大多数员工并非因为热爱这一工作才入行，而是由于没有较好的教育背景和专业技能，才不得已进入餐饮业。在这种情形下，如果不能正确认识自己的低教育背景和个人技能，而是眼高手低、好高骛远，则很容易产生期望落差。而从现阶段的社会背景来看，目前普遍的浮躁和拜金价值观也加剧了新生代员工的期望落差，人们希望一夜暴富，而不愿脚踏实地从事最基层的工作。这些期望落差为情绪枯竭埋下了隐患，每日重复餐饮业的琐碎工作以及高强度地与顾客互动成为情绪枯竭产生的导火索。

第四，工作单一枯燥。餐饮业员工之所以出现较高的情绪枯竭，除了与员工个体因素相关之外，还与其工作性质和内容密切相关。长期以来，餐饮业的工作时间长且负荷量大，员工在工作过程中付出大量的体力、脑力和情感。法定的节假日往往是餐饮业的客流高峰，无规律的工作让员工难以得到充分的休息，体力和脑力的透支既危害身体健康，更会导致员工的心理负担加重，使个体情绪处于极度疲倦的状态。除了劳动强度大之外，工作内容的单一和缺乏自主性也是员工情绪枯竭的重要原因（陈禹，2009）。员工入职后通常会根据个人条件被分配到服务流程的某一环节，在最初的新鲜感消退之后，高度重复和单一的工作内容对员工而言不再具备挑战性，枯燥感和厌烦情绪随之产生。

第五，薪酬福利与个人成长有限。根据马斯洛的需要层次理论，员工除需要满足薪酬福利的物质需求外，还需要满足知识增进、组织承认和职业晋升等精神层次的需求。目前，餐饮服务业的薪酬水平相对较低，难以让员工付出的超负荷劳动得到相应回报；而职业上升通道狭窄，亦无法为员工的成长发展提供机会（李玲和彭学强，2009）。这些缺陷使员工的物质和心理需求都难以满足，这种期望与现实之间的差距使他们感到身心疲惫。

第六，领导方式和领导支持不足。中层管理者作为餐饮机构管理承上启下的中坚力量，他们的管理方式会在很大程度上影响员工的态度和行为。对于与顾客直接接触的餐饮业员工而言，中层管理者的教练式领导能够给予员工业务上的指导和心理上的支持，让他们清楚工作方向和方法，避免由于工作失误或与顾客冲突而产生消极情绪。在完成某项工作后，教练式领导一句积极的评价也能使员工在很大程度上获得心理满足，从而降低疲劳感。但遗憾的是，由于受我国传统权威式领导风格影响，现实中的餐饮业管理者尤其是中层管理者的管理方式还停留在重罚不重奖、重结果不重过程的阶段。他们吝啬于对员工进行赞美，很少给予员工正面、积极、建设性的工作反馈，反而有可能会打骂员工。这种粗放甚至是粗暴的领导方式，使员工不能感受到上级的支持和关怀，使本已很高的工作压力上又增加了领导压力。

3. 海底捞火锅店的情绪管理

近些年来，海底捞依靠近乎完美的服务，在激烈竞争的餐饮行业声名大噪，目前海底捞已经在北京、上海、郑州、西安等城市拥有30多家直营分店、员工六千多名，年营业额超亿元、利润过千万元。海底捞餐饮有限责任公司的创始人张勇董事长认为海底捞的成功关键之一是"变态式"的完美服务。通过"变态式"的完美服务，让顾客产生良好消费体验从而成为忠诚顾客，这些顾客的再次消费和口碑推广使企业得以持续获利。员工保持稳定而积极的情绪是向顾客提供"变态式"完美服务的前提。与所有餐饮工作相似，海底捞员工也是高强度的、长期地与人打交道的服务工作。如何避免在每天长达10个小时的工作中可能出现的情绪枯竭，保持员工积极的工作情绪，海底捞在这方面采取的管理策略值得管理者借鉴。

（1）有效的员工招聘

海底捞的招聘程序提倡内部推荐，许多员工把自己的老乡、同学和亲戚介绍进企业一起工作。与常用的社会招聘相比，内部推荐更容易为海底捞带来合格的员工和稳定的队伍。对于进入低人力成本策略的餐饮行业来说，内部推荐优势明显：①一方面内部推荐人对应聘者的个性、能力、期望的认识要比一般招聘更为全面真实，能够有效鉴别和剔除有个性缺陷、能力欠缺、期望过高的求职者。②另一方面，应聘者通过已经在职的熟人，可以清楚了解工作内容、工作强度、薪资福利等一系列情况，能够事先确认工作要求及回报是否与自己的能力和期望相符合。这两个方面有助于企业和员工全面真实地了解对方供求与己方供求并进行匹配，帮助餐饮饭店获得合格胜任的员工。③当这些老乡、同学或亲戚成为同事后，他们有了可以信任的倾诉对象，更易形成相互信任与支持的群体，这些对缓解员工工作压力和情绪枯竭大有帮助。

（2）良好的生活保障

对于每天高强度工作的服务人员，充分休息十分重要。相对于餐饮业员工普遍较差的住宿条件，海底捞的员工拥有设备齐全的正规公寓和免费食堂，此外，企业还雇专人给宿舍打扫卫生、处理日常事务（吴青，2009）。为了节约员工的时间和体力，海底捞给员工租房的第一标准不是价格而是距离，即从住处步行到工作地点不能超过20分钟。规律生活和充足休息，能够使员工保持最佳工作状态，避免因体力不支而出现情绪低落和工作倦怠。

（3）切实的晋升体系

相比一般餐饮业员工职业生涯发展的不确定性，在海底捞任何新来的员工都有三条晋升途径可以选择。其具体晋升路线如图3-1所示（胡慧萍，2009）。

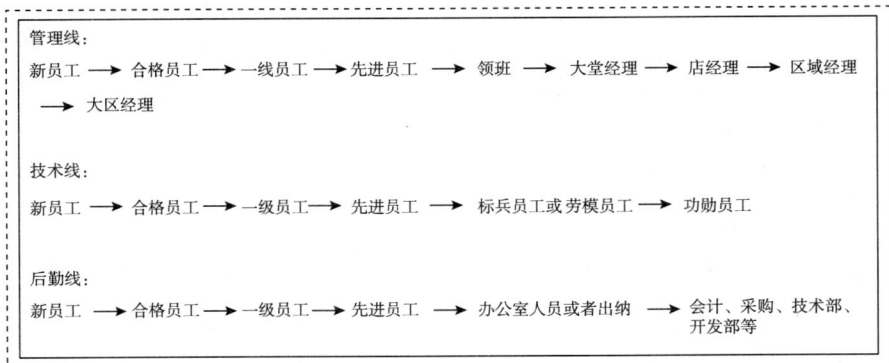

```
管理线：
新员工 ⟶ 合格员工 ⟶ 一线员工 ⟶ 先进员工 ⟶ 领班 ⟶ 大堂经理 ⟶ 店经理 ⟶ 区域经理
        ⟶ 大区经理

技术线：
新员工 ⟶ 合格员工 ⟶ 一级员工 ⟶ 先进员工 ⟶ 标兵员工或劳模员工 ⟶ 功勋员工

后勤线：
新员工 ⟶ 合格员工 ⟶ 一级员工 ⟶ 先进员工 ⟶ 办公室人员或者出纳 ⟶ 会计、采购、技术部、
                                                        开发部等
```

图6-3　海底捞员工晋升路线

海底捞的"底"字代表海底捞的用人原则，即每位员工必须从底层做起。在海底捞，店长、小区、大区经理都是从普通的服务员晋升而

来的，他们在不同的晋升路线上都是从新员工脚踏实地地做到管理者，这样的管理者不仅令下属信服，同时也给员工树立了榜样和标杆。明确的晋升制度让员工们看到了真切的希望，通过公平竞争和透明的晋升制度，海底捞为员工提供了一条明晰的职业发展道路，进而有付出劳动的积极意愿和积极情绪。

（4）充分信任和授权

在海底捞，30万元以下各店店长就可以签字，200万元以下的开支均由副总负责，而大区经理的审批权达到100万元。不仅是对管理层的授权，海底捞对一线员工的信任也让同行匪夷所思。海底捞的一线员工都有免单权，不论什么原因，只要员工认为有必要就可以给客人免费送菜，甚至可以免掉全餐费用，而在其他餐厅一般要经理及以上级别才有这种权力。充分信任和授权增强了员工对工作的控制感和责任感，使工作的简单和乏味性在一定程度上得到缓解。

（5）注重培训和过程管理

虽然海底捞和很多企业一样需要员工牢记服务流程和手册，但流程和程序是死的，顾客的需求则是多种多样的。为了让员工能够主动和创新地服务顾客，除了统一培训外，海底捞对员工实行一对一"师徒式"的单兵教练。"师徒式"可以让师傅根据员工的不同情况来帮助其发展个性能力：不善言语的员工可以替顾客去店外购买用品，外向健谈的员工可以陪客人海阔天空，动作麻利的员工可以为顾客端水送菜。这种培养模式更具有实用性和针对性，其效果绝不是简单的标准化培训所能实现的。有针对性的培训使得员工具备应对各种工作的能力，极大地避免了由于能力不足而产生过大的工作压力。除了培训以外，海底捞同样十分关注过程管理，这种过程管理与授权并不冲突。授权是让员工在工作过程中有充分的自由权，而过程管理则是根据顾客的动态变化来总结和改进工作过程。海底捞认为，流程制度本身只是一个标的物，一个参照标准，人才是重点，因此，在企业管理中注重每一位顾客和员工的想法，并动态地对他们的需求与建议进行总结和改进。通过细致的过程管理，也可以及时发现员工的工作失误和情绪波动，对员工的情绪枯竭采取相应的辅导措施。

通过以上分析，可以看出海底捞情绪管理的基本策略是：通过内部推荐选拔合适员工→提供良好的生活福利保障员工生活→选取适合的激励方式调动员工积极性→实施细致培训和过程管理关注员工。这一系列管理措施为员工营造了家的积极氛围，使他们始终处于被关爱之中，帮助其保持积极的心理状态和饱满的工作热情。

4. 餐饮业员工情绪管理策略

海底捞是餐饮业员工情绪管理的成功案例。通过对该案例进行分析，可以看出尽管餐饮业有许多限制条件，但管理者仍有空间进行员工情绪管理的改善。根据对餐饮行业的调查研究，笔者对需要关注员工情绪的企业管理者提出了一些建议，具体来讲，可以从以下四方面着手。

（1）选人——内部推荐、知根知底

从海底捞的经验来看，内部推荐的选人方式对于预防餐饮业员工情绪枯竭的作用十分明显：首先，通过内部员工的推荐获得知根知底的员工，确保了员工个性、能力、期望与餐饮工作相匹配，避免不适合的员工进入企业。其次，内部推荐员工又能通过老乡、亲戚、朋友的彼此支持和帮助加快适应工作的过程，缓解情绪压力，进而为管理工作提供了便利。最后，内部推荐为餐饮饭店的企业文化建设增加了人情的纽带，这对于构建积极情绪氛围无疑是十分有利的。当然，内部推荐也有可能导致出现裙带关系、小团体等消极因素，这就需要在日常管理工作中，做到公平公开，提高晋升、加薪、工作分配的透明度，降低裙带关系和小团队的消极作用。

（2）育人——师徒传承、双方受益

当餐饮企业选择员工后，需要对他们进行技能培训，在这方面师徒制不仅能履行培训功能，也有助于预防员工情绪枯竭：第一，对于新进员工而言，师徒制能够提供个性化培训和指导。师傅能够根据员工的自身情况，为员工进行工作角色定位，使员工能够提供有特色的餐饮服务，增加新进员工的成就感，提升他们的积极情绪。第二，师徒制帮助新进员工快速、深入了解企业文化，并根据员工特征设计职业生涯规划目标，降低他们在进入餐饮业后由于对未来发展不确定而产生的焦虑。第三，师徒制中师傅也能够通过培训来丰富自己的工作内容，通过徒弟的认可来提高工作满足感和成就感。虽然师徒制的培育方式对参与的双方都有一定帮助，但师徒制在一定程度上增加了师傅的工作量和工作责任，因此，需要一定的激励制度和约束机制来监督和保障师徒制的运行。

（3）用人——支持授权实现内在激励、过程管理及时发现问题

餐饮业工作的流程和内容单一，因此各种规章制度、操作流程是确保工作不出差错的必不可少的条件。这些条条框框会让工作变得乏味，但餐饮企业管理者可以从领导支持授权和过程管理两个方面入手：一是领导支持和工作授权。管理者的情感支持是十分重要的激励措施，如当员工在与顾客交流发生不愉快时，管理者对下属的及时情感支持，会有效减少员工的消极情绪。在有限范围内对员工进行授权，提升员工的工作控制感，有助于培养员工的积极情绪。二是过程管理，如每天的例会和工作中师傅的及时辅导，不仅可以发现每日的工作问题，而且可以及时发现员工情绪上的波动，起到预防情绪枯竭的作用。

（4）留人——生活保障解除后顾之忧、多线发展拓宽成长空间

海底捞为员工提供良好的生活保障和清晰的职业前景，这两方面有助于降低餐饮业员工的流失率。餐饮企业和员工出于成本原因，生活住宿的条件都较差。但员工在高强度工作之后，如还不能好好休息，就不利于员工体力和精力的恢复。海底捞不仅为员工提供良好的住宿条件，还为员工子女创办了寄宿学校，这种保健型措施有效解除了海底捞的后顾之忧，降低了员工的生活压力。海底捞还制定了清晰的职业发展通道（管理线、技术线、后勤线），这种激励型职业通道为员工提供了"盼头"和"希望"，从而避免了因对未来迷茫而产生困惑、烦躁、倦怠等消极情绪。海底捞的保健型措施有助于降低员工的生活压力以及压力所产生的消极情绪，激励型措施通过良好的职业发展前途创造员工积极情绪。海底捞从两个角度同时入手，来缓解餐饮业高强度工作所带来的情绪疲惫和枯竭，值得其他餐饮企业借鉴。

5. 研究贡献

在竞争激烈的餐饮行业中，通过员工提供高质量的服务进而吸引高忠诚度的客户，这已然成为获得成功的关键路径。在提升员工的顾客服

务质量过程中，对员工情绪枯竭的管理也不容忽视。避免员工情绪枯竭，不仅对提升餐饮企业服务意义重大，而且对餐饮员工个人的身心健康具有重要影响（刘帮成、张海燕，2006）。

员工情绪枯竭源于个人和组织两方面因素，因此在餐饮企业管理实践中，也需要综合考虑这两方面：首先通过合理的途径和方法甄选适合的员工，特别在员工的个性、能力和工作期望值等方面进行考察，避免不适合从事高强度情绪劳动的员工进入；其次，运用多种管理策略来降低员工情绪枯竭，这些策略包含能力培训、职业发展、领导支持、日常过程管理等。在本章海底捞案例中，管理者通过一系列措施营造了独特的企业文化，使员工能够在苦闷和劳累时感觉到企业的关怀和温暖，进而保持高昂的工作热情。员工们的这些积极感受源于餐饮企业长期坚持不懈的努力。

对于餐饮业而言，需要通过选人、育人、用人、留人多方入手，建立以人为本的企业文化，倡导"人人皆平等、工作无贵贱"的思想。企业应当为员工提供工作和情感支持，使员工主观上愿意克服困难，客观上可以获得及时支持，进而有效降低员工情绪枯竭的可能性，促使员工积极健康地投身到工作中。

第七章

变革中的领导

第一节　领导行为研究进展

一　领导的重要性

领导（leadership）一直以来都是一个十分迷人的话题，吸引着来自政治学、心理学、社会学、经济学等不同领域的研究者对这一现象进行不断的解释、描述和大量的实证研究，试图构建一个清晰、明确的整体图像，来说明在不同的政党、社会运动、各种营利和非营利组织中，领导起到怎样的作用，以及管理者如何起到有效领导的效果（王辉，2011）。虽然本书的研究中心是绩效考评变革，但在本章中，我们的研究是从企业一般时期的领导过渡到企业变革时期的领导，对这两种不同情形下的领导行为均进行考量，并将绩效考评变革泛化到组织中的各种变革，对其重要性、类型及作用机制进行探索。

领导活动具有普遍性。我们每一个人对于领导这个话题都不陌生，大到一个国家，小到一个班组，都存在着领导活动；远到电视报纸上有关某个国家领导人外出访问的新闻，近到每天在工作单位要随时随地听候的上司的差遣，领导现象真真切切地在我们的认识里、我们的生活里存在。比如，你是一个部门经理，那么作为下属员工的领导的同时，你还得服从你的领导——总经理的指导；又比如，你是公司临时成立的工作小组中的一名普通成员，那么为了圆满完成小组任务，服从小组组长的工作安排便尤为重要。领导这一概念，对我们的工作、生活都有直接或间接的影响。

同众多的管理学概念一样，领导既是一门科学，也是一门艺术。说它是科学，是因为我们可以采用科学的方法对它进行全面的探讨和深入的研究，总结出一般规律，并用这种科学研究的结果指导我们的实践。此时，领导是正式结构中一种规范化、科学化的活动，要符合客观性和客观规律的要求。说它是艺术，是因为我们在将领导规律运用到实践中时，要充分发挥主观能动性，灵活地根据不同的情境、不同的对象、不同的时间和地点发挥其作用。此时的领导，是非正式结构中得以施展领导者个人影响力的一种艺术化活动。

领导的定义多种多样，这里也不作赘述。但不论是哪种定义，有一点是一致的，即领导是存在于一定的组织或者团队中的，脱离了组织，领导的概念便不复存在。一个团队，包括领导和成员。有人认为，只要内部的成员都足够能干且刻苦肯干，那么即使没有领导或者没有优秀的领导，这个团队依旧是强有力的集体。对于这种观点，始终有反对的声音存在。用古人的一句话来形容，就是一头狮子带领的羊群一定战胜一只绵羊带领的狮群。

对于领导的重要性，我们可以从领导在团队或组织中所具有的作用来理解。

首先，领导具有指导作用。在一个企业中，往往分为高层领导、中层领导和员工。大家各司其职，如同一辆跑车，一个小部件出了问题可能会牵一发而动全身。高层领导关心的是这辆跑车奔驰的方向，使之在大的方向上不偏离，中层领导的作用是让跑车的各个部分发挥最好性能且紧密配合，员工才能人尽其才找到用武之地，这辆跑车跑起来才可谓"风驰电掣"。可见，只有领导进行正确的指导，组织的运转才不会偏离正轨。

其次，领导具有激励作用。为了使组织内的所有人都最大限度地发挥才能，以实现组织的既定目标，领导者就必须关心下属，激励和鼓舞下属的斗志，发掘、充实和加强下属积极进取的动力。

再次，领导具有协调作用。在组织实现其既定目标的过程中，人与人之间、部门与部门之间发生各种矛盾和冲突及在行动上出现偏离目标的情况是不可避免的。因此，领导的任务之一就是协调各方面的关系和活动，保证各个方面都朝着既定的目标前进，这就犹如一名乐队指挥，必须使不同演奏家共同努力从而形成整体和谐的声调和正确的节奏。

最后，领导具有沟通作用。领导是组织的各级首脑和联络者，在信息传递方面发挥着重要作用，是信息的传播者、监听者、发言人和谈判者，在管理的各层次中起到上情下达、下情上达的作用，以保证管理决策和管理活动顺利地进行。

总体来讲，领导就是一个过程，一个影响下属朝着一个目标努力工作、从而实现这一目标的过程。一个优秀的领导对于组织的成败至关重要，昔日楚汉之争，力拔山兮的项羽论文才武功均胜于亭长出身的刘邦，唯独不比刘邦深谙用人之道，刘邦文有张良武有韩信，一建大汉王朝，而项羽最终只能是英雄迟暮霸王别姬。

二　领导在变革中的重要性

当今世界正处在一个急剧变革的时代，对任何企业而言，为求不被经济大潮淘汰，在其成长过程中必然不断经历大大小小的管理变革，或因外部环境，或因内部需求。从变革的角度，我们可以认为，企业只做两件事情，其一是经营，其二就是变革。领导在企业管理中的重要性，尤其体现在企业变革进程中不可替代的作用方面。

企业变革是一个复杂的系统工程，涉及的因素很多，其中任何一个因素都可能影响变革的成败。一般而言，企业变革的关键成功因素可以归纳为八点：①变革的必要性；②变革计划的可行性；③对变革的广泛认同；④妥善解决变革过程中的问题；⑤变革中阻力的化解；⑥变革过程的管理；⑦注重变革过程的文化因素；⑧变革成果的巩固（袁炎林，2004）。这几个变革成功的关键因素，无不与领导尤其是高层领导息息相关。

首先，从变革决策制定的角度看，无论是评估变革的必要性，还是确定变革计划的可行性，都深受领导个人认识与风格的影响。

北魏孝文帝改革，是中华文明史上民族融合的一大步。五胡乱华后统一北方的北魏王朝，是由古老的少数民族鲜卑族建立。然而，在民族征服的过程中，北魏统治者对各族人民实行民族歧视和残酷的民族压迫政策，在征服战争中也常常出现疯狂的民族杀戮，致使民族矛盾不断激化。频频爆发的农民起义，使北魏统治者受到了极大的震动。473 年，拓跋宏即位，是为孝文帝。孝文帝认为，朝廷的残酷镇压，使农民起义不减反增，少数民族与汉族广泛混居却敌对疏离，为了缓和社会矛盾和民族矛盾，改革势在必行。而孝文帝拓跋宏受过良好的汉文化教育，对汉民族的文化极其崇拜。他从小由其祖母冯太后抚养，冯太后是汉族人，知书达理，聪明果断，曾执掌北魏大权 20 多年，她参照汉族的文化制度，颁布了许多重要的改革措施。孝文帝在她的熏陶下，成长为汉文化忠实的推行者。穿汉服、讲汉语、改汉姓、通婚姻、改籍贯，革除鲜卑旧俗，接受汉族先进文化，促进民族大融合。北魏的汉化改革，实受孝文帝影响颇深。

其次，从变革执行的角度看，建立组织成员对变革的广泛认同，对变革过程进行有效管理并充分考虑变革过程中的文化因素，领导依旧发挥着决定性作用。

清朝是我国少数民族建立的封建王朝，其统治 200 多年间，社会得到不断的进步，这在很大程度上得益于其统治者的社会改革。然而，犹如王朝有盛衰，改革亦有成败。纵观清朝驰骋中原二百多年的改革，以康熙、光绪二者为例，同为心怀天下的开明君主，然前者缔造了康乾盛世的开端，后者却无法阻止百日维新成为清朝改革的挽歌。康熙的吏治变革，削三藩，拢汉臣，"满汉皆朕之臣子"，重用信奉程朱的理学名臣，这些措施都起到了收揽汉官和汉族士子人心的作用，同时，开疆辟土收复台湾，皆为民心所向。突出的领导风格与杰出的个人能力，以及逐步集中的权力，大大促成了康熙时代变革进程的成功。反观近代百日维新，变法诏令颁布者光绪帝仅为一名傀儡皇帝，手无实权，纵有梁、康等人热血赤诚，但在慈禧一派保守人士的阻挠下，变革仅持续一百零三天便落下帷幕。领导缺乏明确的指导思想，中央权威的弱化，使清末的这场改革更像是一出闹剧。

再次，从解决变革问题的角度看，变革过程总不会是一帆风顺的，如何解决变革中的突发问题，如何化解变革中出现的阻力，并依需要进行恰当的变革调整，领导都扮演着关键角色。

史蒂夫·乔布斯，一个被世界记住了的名字。超凡魅力，是一种赋予极少数人的礼物，是由众多条丝线凝集成的一根绳索，而自然界把这份珍贵的礼物赠给了他，这位与电灯发明人爱迪生、汽车发明人福特并称为人类历史上最传奇的革新者的苹果公司的领航人。苹果掀起了一场改变世界的革命，这注定是曲折迂回困难重重的过程，是乔布斯及其团队，在问题出现时的果敢与创新，奠定了这场伟大变革成功的基石。乔布斯具有敏锐的市场嗅觉，做事亦是雷厉风行，在许多重大项目上，如《玩具总动员1》和苹果专卖店，乔布斯都会在其接近尾声的时候叫停，要求作出重大修改。iPhone 的设计过程也逃不开这个命运。其最初设计是将玻璃屏幕嵌入铝合金外壳。一个周一早晨，乔布斯走到艾弗跟前说："我昨晚一夜没睡，因为我意识到我就是不喜欢这个设计。"这是自第一台麦金塔问世后乔布斯最重要的产品，可他就是看不顺眼。艾弗瞬间意识到，乔布斯说得没错，于是很沮丧："我记得自己当时感到非常尴尬，因为居然要等到他来发现这个问题。"问题在于，iPhone 的重点是屏幕显示，而他们当时的设计是金属外壳和屏幕并重。整个设备感觉太男性化，太注重效能，是一款任务驱动型产品。"伙计们，在过去9 个月你们为了这个设计拼死拼活，恨不得杀了自己，但是我们要改掉它。"乔布斯告诉艾弗的团队，"我们要没日没夜没有周末地工作，如果你们愿意，我现在就给你们发几把枪，把我们全干掉"。然而团队成员并没有迟疑，同意修改。"这是我在苹果最值得骄傲的时刻之一。"乔布斯回忆说。新的设计出来了，手机的正面完全是金刚玻璃，一直延伸到边缘，与薄薄的不锈钢斜边相连接。手机的每个零件似乎都是为了屏幕而服务。新设计的外观简朴而亲切，让人忍不住想要抚摸。而这也意味着，必须重新设计、制作手机内部的电路板、天线和处理器，但是乔布斯认可了这种改动（沃尔特·艾萨克森，2011）。变革本身意味着改变，而变革中出现了问题和阻力，要求的是改变中的改变，这无疑是巨大的挑战。很难想象，若是没有乔布斯的果敢坚决，最后关头 iPhone 的华丽转身，怎么可能如此惊艳。

最后，从变革成果维护的角度看，领导更应有前瞻性。

变革取得初步成功后，人们往往容易犯"高兴过早"的错误，或是放低对"阻碍势力"应有的警惕，使问题随之发生；或是忽视变革之后应有的整合，以至变革成果不能得到巩固，甚至出现反复，最终导致变革的失败。这时，便需要有领导的力量保持团队的清醒意识，促使变革成果及时形成制度，或者使变革成果融入企业文化当中，从而使变革能够真正指导企业日后的发展。一代枭雄拿破仑·波拿巴，多次击败保王党的反扑和反法同盟的入侵，缔造了一个个军事奇迹。为捍卫1789年法国资产阶级大革命的成果，拿破仑主持修订并于1804年颁布实施了具有跨时代意义的《拿破仑法典》，将革命成果用法律的形式固定下来。《法典》确立了资本主义社会的立法规范，是资产阶级国家的第一部民法典，它的立法精神和原则为后来的许多欧洲国家所效仿。而拿破仑这种果决的立法行为，恰恰就是对变革成果进行维护的典范。

可见，领导在制定变革决策、执行变革计划、解决变革问题、维护变革成果等阶段，均发挥着举足轻重的关键作用。

三　目前主要的领导行为

领导理论是研究领导有效性的理论，它的研究成果可以分为三方面：即领导特性理论、领导行为理论及领导权变理论。我们把关注的焦点集中在领导行为这一领域，简单回顾一下目前学术界所研究的主要的领导行为，对不同的领导风格形成基本认识。

1. 魅力型领导

魅力（charisma）这个概念最早由马克斯·韦伯（Weber，1947）提出，意为上天赋予的或者天生的特殊礼物或才能。在《现代汉语词典》（1998）中将魅力定义为一种"很能吸引人的力量"。魅力型领导（charismatic leadership），拥有敏锐的感知，能够判断出组织对员工的要求及员工对组织的期望之间的差距。这就要求领导能够描绘出未来的愿景，使组织成员相信"明天会更好"的事实。他们通常会运用隐喻、象征、故事等大众易于接受的方式，向员工清晰有力地描绘未来的图景，并向潜在的追随者传递自己的宏图，因此魅力型领导往往表现得很张扬（Ray，2011）。总的来说，魅力型领导是指自信并且信任下属，对下属有高度期望，并有理想化的愿望，以及具有个性化风格的领导者。

对魅力型领导的特质，有许多不同的研究结果，也有许多种不同的概括方式。1987 年，加拿大麦吉尔大学的 Jay Conger 和 Rabindra Kanungo（1987）对魅力型领导的行为及其归因进行了一项研究，结果表明，作为一个魅力型领导，应该具有以下的行为或者特质：①要提出一个与众不同或令人意想不到的愿景。②要提出一系列实现这个愿景的方法。③要敢于牺牲个人、家庭的利益，以及承担个人的风险。④拥有强烈的自信。

2. 变革型领导

"变革型领导"（transformational leadership）作为一种重要的领导理论是从政治社会学家伯恩斯（Burns）的经典著作 *Leadership* 开始的。在他的著作中，伯恩斯将领导者描述为能够激发追随者的积极性从而更好地实现领导者和追随者目标的个体，进而将变革型领导定义为领导者通过让员工意识到所承担任务的重要意义和责任，激发下属的高层次需要或扩展下属的需要和愿望，使下属为团队、组织和更大的政治利益超越个人利益。变革型领导，通过一系列行为与能力来影响追随者。变革型领导的风格或特点，可以概括为以下三方面：①注重个人的转变。即将强调的重点从个人利益转变为集体利益，使组织目标与个人利益结合起来。②注重组织的变革。这种变革常常通过组织结构的扁平化、塑造企业价值观与企业文化来实现。③扩展了"追随者"和"领导者"的概念。变革型领导并不是单方面影响、要求下属服从权威，而是依靠关心、支持下属，激发下属的内在动机，使下属主动认同组织价值观，心甘情愿接受领导建议、自觉完成领导交办的任务（王辉，2011）。

变革型领导存在于组织的各级层面，而不只是在最高领导层中存在。研究表明，中层的变革型领导通过激发员工的内在认同感而对员工的工作绩效产生直接的影响，而这种对基层员工的渗透作用，是通过影响低层管理者的领导行为开始的。作用的前提条件是，基层管理者对其

185

上级或者中层领导的变革型行为进行模仿。当这种模仿的心理机制形成时，基层管理者所认同的权力距离，便会成为变革型领导行为渗透作用的调节变量。这个研究向深入了解多层次领导行为迈出了重要的一步，同时加大了对中层领导重要性的关注（Yang，Zhang & Tsui，2010）。

目前，随着商业全球化及劳动力多样性愈演愈烈，领导者必须加强管理拥有不同文化背景的个体的能力。将个体权力距离导向及员工反应机制引入变革型领导行为进行研究，可以发现，个体权力距离导向以及在集体内分享的对变革型领导的认识，与员工对程序公平性的感知成正相关（Kirkman，Farh，Chen & Lowe，2009）。

3. 交易型领导

领导的交易模式是 1978 年贺兰德（Hollander）所提出的。贺兰德认为，领导行为乃发生在特定情境之下，领导和被领导者相互满足的交易过程，即领导借由明确的任务及角色的需求来引导与激励部下完成组织目标。交易型领导（transactional leadership）的特征是强调交换，在领导与部下之间存在着一种契约式的交易。在交换中，领导给部下提供报酬、实物奖励、晋升机会、荣誉等，以满足部下的需要与愿望；而部下则以服从领导的命令和指挥，完成其所交给的任务作为回报。

交易型领导喜欢在既定系统以及契约下工作以达成组织目标，他们倾向于在固有的思维模式中解决问题。交易型领导其实是一种被动消极的领导行为，采用这种行为模式的领导，往往依靠设立一套规章制度来奖惩部下以掌控环境。在交易型领导中有两个要素，条件奖励（contingent reward）和特殊管理（management - by - exception）。条件奖励提供给作出努力以及取得高绩效者，特殊管理则用来应对诸如干预培训未达到预期绩效水平的部下以及旨在提高绩效的纠正行为等特殊情况（Hackman，Johnson，Michael & Craig，2009）。与变革型领导相比，两者的主要区别在于其中的动机。变革型领导依靠的是部下的内在动机，而交易型领导则是依靠部下的外在动机。

4. 支持型领导

支持型领导（supportive leadership）作为一个管理风格的概念，

在 20 世纪 90 年代被广泛接受。支持型领导不喜欢发号施令，也不喜欢对管理环节的每一个细节面面俱到，而是提供员工所必需的帮助来让他们自主完成工作。管理者不是简单地指派任务，然后等着接收成果。委派，是支持型领导的一个关键环节。管理者会参与到员工的工作当中，帮助员工提高技巧和能力，直到他们认为员工已经具备了足够在某个领域完成任务的能力以及确信工作能没有差错地被完成为止。

我们可以通过观察领导在三个维度上的表现程度来判断其是否属于支持型领导：情绪、训练以及时间。支持型领导会仔细倾听员工所说的话，并帮助员工缓解工作压力、解决相互之间的个人冲突，所以要求领导者应该富有同情心及一定程度的敏感性。事实上，这对于一些管理者而言是很难做到的。而且，支持型领导会帮助员工训练自己解决问题的能力，当员工能力提升后，员工会尽可能地依靠自己解决问题，只在必要时向上级寻求帮助。如此一来，就必然要求支持型领导进行大量的时间投资。支持型领导具有一种富有先天活力和对情绪敏感的领导风格，和其他的领导行为一样，只在某些特定的管理情境中具有显著的有效性。

5. 参与型领导

参与型领导（participative leadership），又被称为民主式领导（democratic leadership）。这种领导风格，在当今的商业领域发挥着重要的作用，它承担着创造和维持员工与领导之间健康和谐的工作关系的任务。作为一个参与型领导，意味着要让你的工作团队参与到某些关键决策中。在面对复杂的问题时，参与决策的创造性思维是至关重要的。那么，为什么那么多的管理者并不属于参与型的呢？一个主要的原因在于，他们认为自己作为一位卓有成效的管理者，一定是足够能干，坚强，独立，并英明果断的。他们觉得鼓励下属参与后，自己会被认为是脆弱且优柔寡断的。此外，喜欢掌控一切的权力以及最后拍板的感觉，也是许多领导者不愿鼓励下属参与的原因。而出于对时间的考虑也是原因之一，一般情况下，领导作出个人决策会比集体参与决策要更快速地得到结果（Mitch McCrimmon，2007）。

参与型领导的优点是明显的。首先，他能够帮助寻找未来的领导者。参与型领导能够发掘团队中潜在的人才，使具有突出能力的人获得更多的发展机会。其次，通过让员工意识到组织认真对待他们的建议和想法，使员工认同自我价值，可以激发员工动力、凝聚团队精神，并提升员工生产力。最后，参与型领导有利于全面决策。"人各有智"，在决策中进行不同想法的充分激荡，能尽可能地从多角度考虑问题，对不同的决策结果进行分析，最终作出符合现实情境要求的最优决策。

6. 道德型领导

Gini（1997）指出领导者的本质是发挥其社会权力的重要作用，因此道德型领导（ethical leadership）更关注领导者在决策、行动、影响他人的过程中如何使用其社会权力。Trevino 等提出，道德型领导具有双重角色，即道德的人（ethical person）和道德的管理者（ethical manager）（Trevino, Hartman & Brown 2000）。到目前为止，只有 Brown 和 Trevino 等对道德型领导作出明确的定义，并充分阐述其内涵。他们将道德型领导定义为，在个人行为及人际关系中表现出规范性的、适当的行为，并通过双向沟通、巩固和决策，在其追随者中促进这种行为（Brown, Trevino & Harrison, 2005）。

在组织与组织的交往中，领导的道德是非常重要的。商业领导作出决策时，不能仅仅顾及自身的利益，还必须考虑到这个决策对其他成员或组织的影响。最优秀的领导，能够清楚分辨自己的价值观和道德准则，并在自己的领导风格与行为中传播它们，这其中包括与人交流完整清晰的信息，而这种信息往往是个人的、专业的、有道德的，以及合乎法律规范的。领导一旦践行了道德，便会获得员工们的尊重与信任，也会因为意识到自身做了正确的事情而获得满足感（Stansbury, 2009）。

7. 真实型领导

最初在领导研究领域使用真实性（authentic leadership）这个概念的是社会学与教育学（Hannah & Chan, 2004）。Luthans 和 Avolio（2003）认为，真实型领导是一个管理过程，这个过程存在于积极的心理能力以及发展成熟的组织情境中，带来领导及部下双方的自我意识的提高以及积极行为的自我调整，从而实现自我发展。真实型领导的形象被描述为，"能够深刻地理解自己的思想和行为，并且能被他人认同内化为自己的观点、知识和技能；能够清楚意识到他们行动的环境情况；自信的、怀有希望的、积极的、能迅速恢复活力的、具有高尚品格的"（Avolio，Luthans & Walumba，2004）。与其他类型的领导最大的不同是，真实型领导善于发挥自身的榜样作用，通过增强下属对其价值观和道德感的认同，与其发展一对一的、动态的、互动的真实关系而改进下属的工作产出。

Walumbwad 等在整合前人的研究成果的基础上归纳了真实型领导的四种关键行为：①平衡信息过程（balanced processing），是指领导善于在动态的环境中客观、系统地分析各种相关信息进行决策，甚至包括那些与他意见相左的建议。②内化的价值观（internalized moral perspective），是指领导的行为受到他内在价值观的指引，即使面对来自同事、组织和社会的外部压力，也能做出与其内在价值观一致的行为。③关系透明（relational transparency），是指领导向上级、利益相关者和下属都能展现真实的自我，如与下属分享信息、表达真实想法、增强彼此之间的信任等行为。④自我意识（self-awareness），是指领导对其优缺点及动机的了解。这种优缺点包括内部和外部两方面的参照物（Walumbwad，Wang，Schaubroeck & Avolio，2010）。

8. 辱虐式领导

辱虐式领导（abusive supervision leadership）又译辱虐管理或不当督导，国内学者常采用 Tepper（2000）的观点，即认为辱虐管理是指员工知觉到的管理者持续表现出的怀有敌意的言语或非言语行为，而不包括身体接触行为。综合起来，辱虐式行为可以分为两大类：一类反映领导主动的辱虐行为，如嘲笑下属、指责下属能力不足、在别人面前贬低下属、对下属翻旧账等；另一类则反映相对被动的辱虐式领导行为，如对下属不理不睬，即使下属完成了非常费力的工作也不予以表扬，不履行对下属的承诺，对下属撒谎等（Mitchell & Ambrose，2007）。虽然辱虐式管理行为在低概率情境（a low base-rate phenomenon）中发生，但已有实验性证据证明辱虐管理行为与下属工作和生活满意度、离职倾向、实际离职率、心理压力、工作场合异常行为以及减少的公民行为之间存在着联系（Tepper，2000；Zellars，Tepper & Duffy，2002）。为了详述这个概念，Tepper指出辱虐领导是管理者一方的故意行为，然而在之后的研究中他解释说，因为辱虐管理是一个主观性的判断，其能被感知到的发生情况受到诸如品格这类下属的个人特征以及人口统计资料的影响。这意味着，两位下属能对同一管理者的行为有不同的看法：在一位下属认为某领导行为有辱虐倾向的同时，另一位下属可能认为这种行为是刚好合适的（Martinko，Harvey，Sikora & Douglas，2011）。

一直以来，对领导的大部分研究都集中在如何激发积极的员工工作态度和工作行为上，从而最终实现组织有效性。虽然经验告诉我们领导有时候会运用他们的权力虐待下属，并且并不总是能激发动机导向的行为，但是对这种氛围的研究是近期才开始系统进行的，这种对领导行为阴暗面的研究兴趣与目前有碍生产率的工作行为的研究非常吻合（Aryee，Chen，Sun & Debrah，2007）。不论是从组织层面还是个体层面来看，辱虐管理行为的后果都是消极的。除了货币形式的消耗外，辱虐管理的组织产出还包括诸如攻击性和破坏性的有碍生产率的行为以及组织公民行为和承诺义务的减少。而消极的个人产出包括痛苦、工作—家庭冲突、糟糕的工作绩效以及下降的工作生活满意度等。详细地说，即认为管理者有虐待倾向的下属更有可能辞去他们的工作，而在留下来的下属中，辱虐管理会使他们产生更低的工作生活满意度、更少的规范有效的承诺、更长时间的诉讼、更多的工作—家庭冲突以及更重的心理压力。下属关于公平方面的经历能够解释他们面对辱虐管理行为的反应，辱虐管理行为的后果在工作流动性较低的下属身上表现得更加明显（Tepper，2000）。近来研究表明，作为一种具有反生产率作用的领导行为，辱虐管理受到管理者对相互公平感的认识以及专制领导风格的交互影响。这意味着，虽然管理者对相互公平感的认知促成攻击性的行为，但是只有那些具有高专制领导风格的管理者才会表现出辱虐式的领导（Aryee et al.，2007）。

9. 家长式领导

家长式领导（paternalistic leadership）是被中国企业广泛使用的一

种员工管理方式，樊景立（Farh）与郑伯埙（Cheng）回顾了自 Silin 以来的所有研究结论，将家长式领导定义为：一种表现在人格中的、包含强烈的纪律性和权威、包含父亲般的仁慈和德行的领导行为方式。根据这一定义，家长式领导包含三个重要维度：威权、仁慈和德行。威权领导指的是领导对其下属施行极大权威和控制并要求他们无条件服从的行为。中国领导通常通过设立集权式的组织结构并且扮演一个拥有直接控制权和威严的父亲角色来传递这种企业价值观（Peng，Lu，Shenkar & Wang，2001）。仁慈领导意味着领导对下属的个人及家庭福利表现出富有人性的、全面的关心。道德领导则通常是指领导通过无私的和具有示范效应的言行来表现其高尚的道德品格和正直品质。一般情况下，领导会利用自己父亲般的角色以及对下属员工工作和私人生活的保护和关心，来换取下属的忠诚和服从（Pellegrini & Scandura，2008）。

家长式领导在过去 20 多年中吸引了组织研究者越来越多的目光，虽然由于它的独裁意味，西方文献常用消极眼光来看待家长式（Aycan et al.，2000；Martinez，2003；Pellegrini & Scandura，2006），但是在诸如印度、土耳其、中国、日本、墨西哥等非西式文化环境中的研究表明，下属会更乐意用服从来回报父亲般权威带来的保护和关心（Aycan et al.，2000；Martinez，2003；Pellegrini & Scandura，2006）。特别是在中国情境下的研究，更揭示了家长式领导在预测员工工作态度和工作绩效时的有效性（Cheng，Chou，Wu，Huang & Farh，2004；Cheng，Huang & Chou，2002；Farh，Cheng，Chou & Chu，2006；Wu，Hsu & Cheng，2002）。对台湾高层领导的数据研究显示，仁慈领导和道德领导都与员工角色内及角色外的绩效呈正相关关系，而威权领导则与员工绩效呈负相关关系。在威权领导带来较低水平的员工角色外绩效的同时，仁慈领导和道德领导带来的则是高绩效。并且情感信任这一因素，在仁慈领导和员工绩效以及道德领导和员工绩效之间都发挥着中介调节作用，但不在权威领导和员工绩效之间发生作用（Chen，Eberly，Chiang，Farh & Cheng，2011）。过去众多的研究无疑都证明了中国社会中的家长式领导会给本土员工的心理健康造成影响，在此基础上，近来有学者的研究更进一步揭示了在跨文化与多民族的背景情境下，家长式领导对非中国籍员工心理产生的影响。该项研究针对中国跨国企业全球分支机构的海外员工进行，结果表明，中国家长式领导中的道德领导和威权领导会对工作场合的员工心理健康产生消极影响，这与过去针对中国本土员工进行的研究得到的结论有所不同（本土研究中道德领导与员工心理健康呈正相关关系）。同时，该项研究还表明，不确定性规避部分调节了这种独特的领导追随型的工作关系：员工的不确定性规避倾向越强，这种领导风格对非中国籍员工心理健康的负面影响就越小（Chen & Kao，2009）。这暗示了外派的中国管理者在面对国际企业分支机构所在东道国的员工时必须学会调整自己的家长式领导风格，使其与本土有所不同。

认识家长式领导的三个维度相互共同作用对领导有效性的影响固然是重要的，然而有心的学者还将这三个维度从其他影响因素中独立出来，进行针对性研究，并得到有意义的结果：（1）仁慈领导和道德领导强化员工对上司的服从程度和工作动机，而威权领导与这些员工结果无关（并非如前人研究所表现出来的消极结果，原因可能在于该项研究将威权领导中与当代中国社会公平价值观相抵触的控制因素排除）；（2）仁慈领导和道德领导对这两个员工结果（服从程度和工作动机）的作用是交互的。也就是说，在中国情境下，仁慈领导和道德领导能够提高领导的有效性，并且，仁慈领导和道德领导比管理者表现出来的其他领导风格能够带来更多的让人欣喜的员工结果（Niu，Wang & Cheng，2009）。

10. 谦卑式领导

谦卑式领导（humble leadership）很容易让人联想到"第五级领导"（Level 5 Leadership）的概念，"谦卑"是第五级领导的重要品质。第五级领导是谦逊的个性（personal humility）与强烈的专业意志（professional will）看似矛盾的混合，他们是顽固、无情的。然而，他们又是谦逊的。他们对自己的公司充满热情，雄心勃勃，但是又绝不允许丝毫个人的自负成为公司发展的桎梏。对于公司来说，他们功勋卓著，但是，他们自己将所有的贡献归功于同仁、属下以及外部帮助，或者用他们的话来说，"纯粹是运气"。柯林斯（Collins）在 2001 年撰文首次提出第五级领导这个概念，这在当时简直就是异端邪说，因为那时的美国还没有频繁爆发公司丑闻，所有人都认为 CEO 就应该是极具个人魅力的明星。在过去的一个多世纪里，关于组织问题的演讲主题，都大量聚焦在领导和领导力问题上。然而，近期来自学术界与流行刊物的一些观点表明，领导却在很大范围中承担了恶名。人们认为，领导所具有的超凡魅力及社会地位的迅猛提高，在很大程度上类似于好莱坞明星或者职业运动员在周围人中所获得的狂热的名人符号。领导被看成偶像、英雄、战士、魔术师，以及无所不知无所不能的半个神灵，总之领导似乎是"需要不断拯救世界的救世主一样的存在"（Rost，1991）。这种对领导的赞美反而逐渐增加仇视情绪，这种憎恨不断证明了许多领导的行为离英雄的标准仍然相去甚远。与明显的对领导个人魅力崇拜的风气形成鲜明对比的，是对领导者谦卑品质的、弱小却正逐渐增强的需求。

对于谦卑式领导的含义，有学者认为，谦卑的人会使自己服从于内心的一个理想典范，并在这种自我概念的基础上朝理想的方向发展，其对谦卑进行如下三方面的界定：①自我意识和自我完善；②他人赞美和他人提高；③低程度的自我聚焦和自我卓越的追求。对 CEO 的谦卑式领导风格的研究发现，谦卑的领导实际上是授权的领导，他们的授权领导行为与企业高层领导团队的聚合度以及企业的授权文化氛围呈正相关关系，从而与中层管理者多才能的发挥以及工作绩效也呈正相关关系（Qu，2011）。领导过程中的谦卑有着几项潜在功能：首先，谦卑能够影响领导做出促使他人提高而非自我提高的行为；其次，拥有谦卑品格能保护领导不需要接受外界的谄媚，并能使领导回避对这方面的关注；最后，谦卑作为一种领导特质，能够通过作用在组织学历能力以及组织弹性方面，来对组织绩效有所贡献（Morris，Brotheridge & Urbanski，2005）。

最好的医生不是救病人于危难的医生，而是能看到微小的症状并在病人发病前就将其治愈的医生。相类似的，有时候我们因为渴求一位如救世主一样的领导降临而忽视了真正的英雄，这些英雄通过建立充分授权的、能使成百上千的有能之人在一起工作的组织结构，来实现组织稳步持续的增长，并阻止危机的发生，谦卑式领导正属于这样的领导。

第二节 领导行为与员工变革反应的关系

一 员工变革反应

员工变革反应是指员工针对变革的行为反应（Callan，1993），Hercovitch 和 Meyer（2002）根据员工在变革中投入参与程度将变革反应划分为五种，由低到高分别是积极抵制→消极抵制→消极服从→主动配合→积极支持，这种划分刻画出变革期员工的心理状态，即从反对到服从，再到认同和内化的过程（Armenakis & Bedeian，1999）。Luscher 和 Lewis（2008）提出员工变革期会有一个判断决策的过程，这个过程被称为观望，具体的就是指个人在决策时面对不确定环境而采取一种自我保护的过渡性行为。通过观望，员工获得了更全面的信息和更清晰的认识，从而可以采取正确的行动（Maitlis，2005）。观望常常发生在变革初期，但也有可能会发生在变革进行过程中，这常常是由于变革遇到各种困难而使变革前景变得不明朗。

在已有研究基础上（Boswell，Shipp，Payne & Culbertson，2009；Jokisaari & Nurmi，2009），本节将员工变革反应变化分为正向变化和负向变化，正向变化是指员工由低参与行为变为高参与行为，例如以下变化：观望或抵制→主动配合→积极投入。负向变化是指员工由高参与行为变为低参与行为，例如以下变化：观望→抵制或积极投入→主动配合→消极服从→观望。总的来说，本研究将员工在变革中的反应界定为五种，分别是抵制、观望、消极服从、主动配合、积极支持，将员工变革反应的变化界定为变革反应正向变化和变革反应负向变化。

二 领导行为对员工变革反应的动态影响模型

本研究内容可以用以下研究框架示意图来展示，如图 7 - 1 所示，研究共分为三个部分。

（1）变革期不同层级领导行为对员工变革反应的动态影响。领导行为是影响员工变革反应的重要因素，以往研究只关注单一的高层或中层管理者领导行为对员工的影响，但在企业变革中，企业高管或企业家在变革中精神震慑或感召与中层管理者务实推进和执行，都对员工有着至关重要的影响，而且这种影响在不同变革时期会有所不同。高管或企业家在变革初期对员工的影响作用显著，而中层管理者的作用会随着变革推进逐渐增强，成为主要影响因素。本研究将科学系统地探究这两个层级领导行为对员工变革反应的动态影响。

（2）员工变革反应的动态变化。员工的变革反应遵循事物产生、发展、成熟、再发展的变化规律，但由于数据获取困难，很少有学者考察员工变革反应的变化。本研究将采用长期跟踪研究，揭示在不同层级领导行为动态作用下的员工变革反应变化特征。

（3）本土文化因素的权变作用。人对外界行为反应会带有强烈的文化特征，在我国典型的东方文化下，员工变革反应是否受到影响？为解决该问题，本研究选取中庸和关系导向文化作为本土文化因素关注对象。作为我国典型的文化特征，这二者在理论和实践上都已经被众多学者认可，并发现他们对员工行为有着显著作用。考察他们在领导行为对员工变革反应影响中的权变作用，有助于丰富中国情境下的变革理论和实践。

本研究从图式理论视角分析员工对于变革期领导行为的心理认知，阐释员工变革反应的内在原因。图式理论（Schema Theory）是指人们利用头脑中的认知结构（Fiske & Taylor，1984）来理解外界环境的一种认知模式。通过图式理论中的因果联系、价值衡量和推断预测，员工可以简单有效地认识和解释变革的内涵及变革的不确定性，从而形成对变革的认知（Lau & Woodman，1995）。本研究选取图式理论来分析员工的变革心理认知。

总的来说，本节旨在考察在我国企业变革中，变革的发起者（企业高层或企业家）和变革的推进者（企业中层）的多层领导行为对员工的影响，研究采用纵向追踪和横断面研究相结合的方法，从动态和静态两个角度实证探究领导行为对员工变革反应的作用。研究考察多层面文化因素的权变作用机制，探索图式理论视角下员工心理认知的中介作用机制。研究结果对于我国企业变革期间，改进各层级管理者领导行为、减少员工抵制行为、促进员工积极支持和参与变革有着重要的理论价值和现实意义。

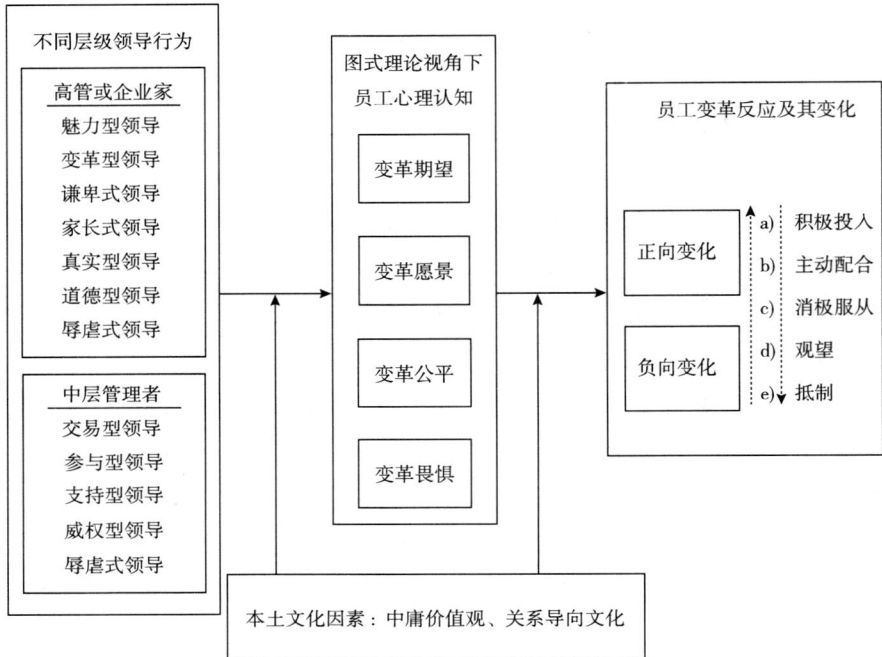

图 7-1　本项目研究框架

说明：图中最右侧框图内向上的虚线箭头代表员工变革反应的正向变化，员工从任一反应向上变化都是正向变化，例如从消极服从变为主动配合。向下的虚线箭头代表员工变革反应的负向变化，同样的，员工任一反应向下变化均为负向变化，例如从积极投入变为抵制。

在具体展开研究时，应当从静态、动态、中介和权变作用三个方面入手，具体的：

（1）静态分析：不同层级领导行为对员工变革反应影响作用的横断面研究。在变革期，员工会受到高层或企业家和中层管理者的共同影响，本研究同时探索企业不同层级领导行为对员工变革反应的影响。高管或企业家通过不同的领导行为影响员工的变革行为。例如，在威权领导下，员工惧怕受到惩罚而不敢抵制变革，会表现出观望或消极服从（Pellegrini & Scandura，2008）。魅力型领导善于鼓舞员工、激发员工，增加员工对变革的认同程度，因此，魅力型领导下，员工会表现出更多的配合和投入行为（Levay，2010）。

对于基层员工，中层管理者领导行为更具有实质性效果（魏峰、袁欣和邸杨，2009；Somech，2003）。例如，交易型领导和参与型领导分别关注管理的结果和过程，他们通过经济和心理的及时有效交换，使员工自我利益得到满足，提升员工在变革中的认同程度和投入程度，增加员工参与变革的动机水平（陈雪峰和时勘，2008）。在变革中，中层管理者与高管或企业家领导承担不同的角色，两个层级领导行为相互作用以影响员工，完成变革发起和执行工作（Balogun & Johnson，2004）。总结来说，这些内容可以概括为以下四点：

A. 高层魅力型、变革型、家长式、谦卑式、真实型领导显著提升员工积极投入和主动配合行为；

B. 高层威权领导和辱虐式领导显著降低员工变革观望和抵制行为；

C. 中层交易型、参与型、支持型领导显著提升员工积极投入和主动配合行为；

D. 中层威权领导和辱虐式领导显著降低员工变革观望和抵制行为。

（2）动态分析：不同层级领导行为对员工变革反应影响作用的纵向研究。在变革期间，员工变革反应不是一成不变的（Langley，Smallman，Tsoukas & Van de Ven，2010）。不同层级领导行为在不同时期对员工作用的变化影响员工对变革的认知，进而改变员工的变革反应。在变革初期，员工不可能掌握变革的所有信息（Rafferty & Restubog，2009），他们对变革的判断更多地受变革发起人影响，通常将变革与高管或企业家的个人行为特征联系在一起，来认识和理解变革，这时高管或企业家扮演着精神震慑或感召的角色（Farh & Cheng，2000；Levay，2010）。

中层管理者在变革中扮演着代理人角色（Balogun & Johnson，2004），随着变革的逐步推进，作为代理人的中层管理者通过与员工的频繁互动，向员工传递更多的有关变革的信息，从而影响员工的变革认知和变革反应。相对于高管或企业家对员工的精神领袖作用，这些信息对员工有着更为实际的作用（Connors & Romberg，1991）。变革是打破原有状态建立新情形的过程，这个过程依靠精神的推动作用是非常必要的，但还需要来自中层管理者更为实际的支持来克服各方阻力，这种支持在变革执行期尤为重要（Holt，Armenakis，Feild & Harris 2007），因此，随着变革由发起向执行推进，中层管理者的领导行为对员工的影响作用逐步增强。本研究将采用长期纵向的跟踪研究来探讨以上的变化，即一是不同层级领导行为对员工影响作用的变化，二是在领导行为影响下员工变革反应的变化。研究的主要假设如下：

A. 变革不同时期，领导行为对员工变革反应的影响作用显著不同：

（a）相对于变革初期，在变革中后期高层领导行为对员工变革反应的影响作用显著降低；

（b）相对于变革初期，在变革中后期中层领导行为对员工变革反应的影响作用显著增加。

B. 变革同一时期，不同层级领导行为对员工变革反应的影响作用显著不同：

（a）在变革初期，高层领导行为对员工变革反应的影响作用显著高于中层领导行为的影响作用；

（b）在变革中后期，高层领导行为对员工变革反应的影响作用显著低于中层领导行为的影响作用。

C. 高层魅力型、变革型、家长式、谦卑式、真实型对员工变革反应变化有显著影响作用，主要表现为对员工变革反应负向变化有显著消极作用；

D. 中层交易型、参与型、支持型领导对员工变革反应变化有显著影响作用，主要表现为对员工变革反应正向变化有显著积极作用。

（3）中介和权变作用分析：不同层级领导行为对员工变革反应影响的机制研究。图式（schema）是人们对特定概念或事物联系的组织化的认知结构，人们通过这种认知结构对外界信息进行加工（sensemaking），形成对事物的认识和理解。在变革中，员工通过图式中的因果联系和价值衡量，来加工上级传来的信息，形成对变革的心理认知，这些认知包括变革期望、变革愿景、变革公平和变革畏惧。例如，员工会形成变革是否公平的认知，即变革公平（Fedor，Caldwell & Herold，

2006；Rodell & Colquitt，2009）。员工还会通过图式中的推断预测维度，在上级领导行为的基础上预测变革可能会带来什么，即变革期望（Caldwell，Herold & Fedor，2004）。公平理论和期望理论表明，员工对变革公平和变革期望的认知影响员工的变革反应（Line，2001；Vroom，1964），当员工认识到变革是公平的并对变革有积极预期时，会积极投身到变革中。高层和中层领导行为正是通过员工的这些认知来影响员工变革行为，具体的：

A. 高层魅力型、变革型、家长式、谦卑式、真实型领导更有助于建立员工积极的变革预期、变革愿景、变革公平感，从而影响员工变革行为；

B. 中层交易型、参与型、支持型领导更有助于建立员工积极的变革预期、变革愿景、变革公平感，从而影响员工变革行为；

C. 高层和中层辱虐式和威权领导通过引发员工变革畏惧而影响员工变革行为。

组织行为研究离不开考察文化因素，但以往领导力与变革的关系研究缺乏考虑东方文化的影响。本研究将探索我国文化因素的权变作用，这些因素包括中庸价值观和关系导向文化。中庸是我国传统的文化，不同学者对中庸有着不同理解，但其基本含义类似，即强调和谐、执中、顾全大局（吴佳辉和林以正，2005；赵志裕，2000）。具有中庸价值观的员工倾向于与周围同事保持一致，容易受周围同事的影响。在变革中，周围同事的变革反应影响中庸价值观的员工对变革的认知和判断，这种影响作用会对领导行为有替代作用，即会削弱领导行为对员工的影响。

中国的关系文化已经受到许多国际学者的认可并展开了有效研究（Chen，Friedman，Yu，Fang & Lu，2009），关系实质是人际关系对规则、规范和制度的一种替代（Xin & Pearce，1996），企业中关系文化常常是指在企业中涉及人员变动、提升、奖励等情况时，人情关系凌驾于政策规章制度之上的情形（Farh，Tsui，Xin & Cheng，1998）。由于关系对制度和规范的替代性，关系文化影响员工对领导行为的判断，例如由于威权领导本身的家长式作风，在高关系文化下，员工会担心威权下的公正性而越发惧怕威权 (Tsui & Farh, 1997)。对于魅力型领导，员工会质疑其魅力是否能有效抵挡各方面的人情关系，能否坚决推进变革。关系文化下员工对领导行为的怀疑，会降低领导行为的影响作用。上述讨论可以总结为以下假设：

A. 员工中庸价值观和他人变革反应互动，降低领导行为对员工变革反应的影响作用；

B. 企业关系导向文化降低领导行为对员工变革反应的影响作用。

三　研究方法和路线

本研究的具体方法包含以下五种：

（1）文献研究法。文献研究是指通过对已有研究的查阅、总结、凝练，完成项目理论基础构建的过程。文献研究是本项目的关键研究方法，只有大量的文献研究，才能使研究思路清晰、方法科学、理论充实、论证合理。在本项目中，将需要系统查询领导行为和变革反应等有关研究文献，进行总结和提炼，构建研究理论框架，提出合理研究假设，为实证研究提供指导。

（2）专家访谈法。专家访谈的主要目的是为了获取研究对象的实际情况，这些情况包括变革期高管或企业家的领导行为、中层管理者领导行为、基层员工的变革反应、企业文化等。根据这些实际情况，可以调整理论和概念模型，有针对性地修正测评量表，提出更有意义的研究假设，使研究更具有现实意义。专家访谈的对象主要是企业中的人力资源管理专业人士和中高层管理者。

（3）问卷调查法。问卷调查可以大范围取样，获得充足数据，为理论假设检验提供支持。该方法是本项目重要和核心的研究方法，问卷调查质量的好坏，决定实证研究成果的优劣。在编制问卷调查时，推荐采用国内外成熟的测量量表，在文献研究和专家访谈的基础上进行本土化修正，形成本项目需要的测量量表。

威权领导测量可以参考 Cheng、Chou 和 Farh（2000）的研究量表，魅力型领导测量可以参考 Conger、Kanungo 和 Menon（2000）的研究量表。交易型领导测量可以参考 Doucet、Poitras 和 Chênevert（2009），

Pearce 和 Sims（2002），以及 Waldman、Ramírez、House 和 Puranam（2001）的研究量表，而参与型领导则可以参考 Chen 和 Tjosvold（2006）的研究。变革公平和变革期望可以分别参考 Rodell 和 Colquitt（2009），Caldwell、Herold 和 Fedor（2004）和 Fedor、Cɑldwell 和 Herold（2006）的研究。变革反应测量可以参考 Hercovitch 和 Meyer（2002）以及 Luscher 和 Lewis（2008）的研究。权力距离可以采用 Dorfman 和 Howell（1988）研究中的问卷，吴佳辉和林以正（2005）以及赵志裕（2000）的研究提供的中庸思维测量问卷。关系文化导向测量可以参考 Chen 和 Chen（2004），Chen、Friedman、Yu、Fang 和 Lu（2009）以及 Patterson 和 West 等（2005）的研究来测量。以上有关量表研究都已经公开发表，在注明出处的前提下，获取和使用这些量表不会有知识产权的障碍。

（4）常用数据分析方法。本研究需要运用各种常用数据分析方法，如运用 SPSS 软件对数据进行描述性统计、信度和效度分析、方差分析、一般回归分析等。本研究还可以应用结构方程模型来进行验证性因子分析，以及部分中介作用和因果关系分析。

（5）多层次线性模型（Hierachical Linear Models）和多层次线性增长模型（Hierachical Linear Growth Models）。多层次线性模型是用来分析嵌套数据（Raudenbush & Bryk，2002）的一种统计方法。针对嵌套数据，传统的基于最小二乘法的回归分析会产生较大的误差，而多层次线性模型则可以尽可能地减少这种误差。多层次线性增长模型是在长期追踪研究中，用来分析个体随时间变化规律的方法。企业员工都是嵌套在每个部门中的个体，本研究中针对这些个体的调查数据具有嵌套特性并随时间序列变化，因此可以采用多层次线性模型和多层次线性增长模型，从而能够使本研究的数据分析更为准确和可靠。

本研究技术路线和流程如图 7-2 所示。

具体研究流程步骤是：

阶段一：通过文献研究和专家访谈工作，构建理论框架、提出研究假设、确立调查问卷。这个阶段的主要工作是查阅有关领导行为和变革期员工认知和行为的文献，对文献进行梳理和总结。同时，须开展专家

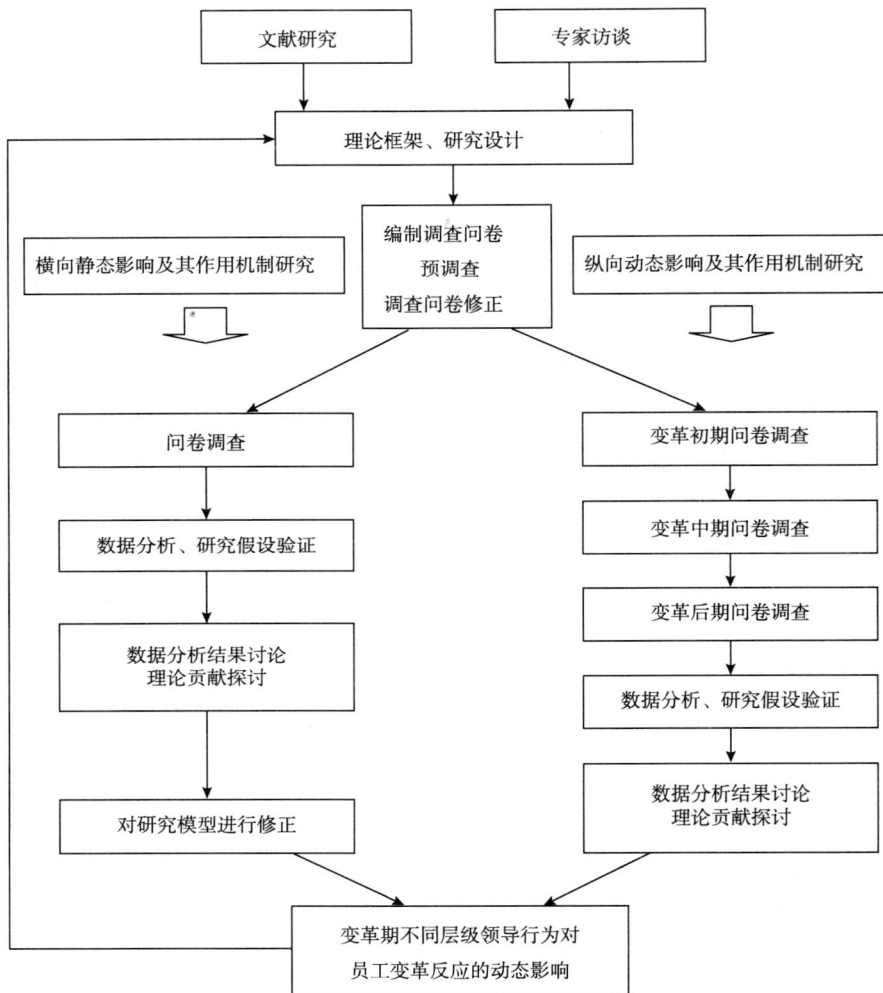

图7－2　本研究技术路线和流程

访谈工作，发现现实问题并与理论结合，发展本研究的理论框架、提出研究假设。文献研究和专家访谈也是编制调查问卷的基础，在已有研究的基础上编制的问卷具有可靠的信度和效度，根据专家意见进行调整，会使问卷更符合现实情况。通过预调查发现问卷中存在的问题，对调查问卷进行修正和完善。

阶段二：不同层级领导行为对员工变革反应影响的横向静态研究，

中介和权变作用研究。这个阶段可以在数十家企业的上百个部门，收集千份以上的配对问卷。为减少数据同源误差，问卷由不同对象填写：员工负责填写个人感知到的不同层级领导行为、权力距离倾向和中庸思维、关系文化导向、变革公平和变革期望；员工的直接领导负责完成对员工变革反应的评价。部分数据分析采用常用的相关分析、方差分析、结构方程技术等，主要分析采用多层次线性模型技术。这个阶段研究目标是探索不同层级领导行为对员工变革反应的影响，以及在这个影响过程中，员工变革认知的中介作用和本土文化因素的调节作用。

阶段三：不同层级领导行为对员工变革反应影响的纵向动态研究，中介和权变作用研究。这个阶段研究是本项目的核心研究，研究应该选取几十家正在进行变革的企业，每个企业调查六个以上的部门或工作单元，共计上千名员工。调查须进行三次，分别在变革前期、变革中期、变革后期，总调查量约达到 5000 人次。为减少同源误差，数据应采取配对收集，调查变量包括不同层级领导行为、员工变革反应、本土文化变量、员工变革心理认知。除了常用数据分析方法外，本阶段数据分析还可以采用多层次线性增长模型。通过一系列分析，研究探索在变革不同时期不同层级领导行为对员工影响的变化，领导行为作用下员工变革反应的动态发展过程，以及在这些变化过程中员工变革认知的中介作用和本土文化因素的调节作用。

四　小结

本章采用独特的视角和方法对领导行为与员工变革反应之间的关系进行解读，以期对实际企业管理中的变革起到一定的借鉴作用。其特色和创新是动态和静态相结合，考察不同层级领导行为对员工变革反应的影响作用，具体的特点可以归纳为：

（1）两个层级领导：关注两个层级领导行为（高管或企业家和中层管理者）对员工变革反应的影响作用。变革中高管或企业家的精神震慑或感召与中层管理者的务实推进和执行，对员工都有着至关重要的影响，在实际企业变革中，关注这两个层级领导行为的影响作用并发现和运用其作用机制，有助于我们提升领导工作和有效推进变革。

（2）两种动态变化：运用长期纵向研究，关注在变革的不同时期两个层级领导行为影响作用的动态变化，探索不同时期员工变革反应的动态变化。事物发展都有产生、发展、成熟、衰落或消亡的变化过程，变革期事物变化的特点就更为显著。探究两个层级领导行为的影响作用在整个变革期的变化，以及相应的员工变革反应的变化，可以为我们勾勒出一幅立体变革过程图。

（3）两个方面文化：考察中庸价值观、关系导向文化在不同层级领导行为对员工变革反应影响中的权变作用。对比西方组织行为理论和实践，我国企业组织行为实践具有鲜明的文化特征，考察这些文化特征的权变作用不仅是学者研究需要考虑的重点，更是我国企业领导管理变革时的现实需求。

第八章

变革中的创新与团队

第一章我们讨论了领导行为与员工变革反应的影响，本章我们将围绕"变革中的创新和团队"展开讨论。变革离不开创新，某一种程度上，变革本身就是创新。组织要变革，则必然要面对一系列不确定性问题，只有创造性地解决这些问题才有可能顺利推进变革。例如，在绩效考评变革中，考评指标体系建立就是一个很有挑战性的任务，创造性建立合理的考评指标体系，是推进绩效考评变革的前提。建设高绩效的团队，是促进创新、推动变革的有效手段，这已在企业界获得共识。本章首先探讨我国传统集体主义文化和个人创新的关系，尔后讨论如何营造良好的团队氛围来促进创新，最后通过进一步探索团队的运作机制，来提升人们对团队的认知，进而更好地利用团队来推进组织变革。

第一节　变革中的集体主义文化与个人创新

一　创新与个体创新

1. 创新

创新在组织发展中的作用日益关键。时代的进步使得竞争日益加剧，只有创新，才能使组织形成自己独特的优势，从而在全球化的竞争中取得成功（Oldham & Cummings，1996）。创新产生出新颖的且对组织的流程、产品、服务等有潜在价值的想法，这些想法被运用在实践中，使得组织能够更好地适应外部变化，提高响应速度，战胜竞争对手

（Baer，Oldham & Cummings，2003）。在知识密集型组织中，知识是组织的主要资源或产品（Lapierre & Giroux，2003），能否通过创新产生出更多有价值的知识，是知识密集型组织与竞争对手抗衡的关键所在。因此，创新数量的多与少、质量的好与坏，对一个组织的成长和成功有重要影响（Shalley et al.，2004）。

创新研究范围很广，有宏观层面的创新，如国家创新、地区经济创新、产业创新等。也有关注某项专门的创新活动，如产品创新和技术创新等。组织行为学领域内的创新研究主要研究组织、团队以及个体的创新，如组织和团队水平的创新氛围研究（Hunter，Bedell & Humford，2007）、认知与个人创新关系研究等（Shalley et al.，2004）。

国外创新研究用 Creativity 和 Innovation 表达不同的创新阶段。Creativity 是指产生新颖的、有潜在价值的新想法和新主意（novel and potentially useful ideas）（Amalible，1996），这常常是创新的第一个阶段。Innovation 是指新想法、新主意在组织或团队层面中得到成功的实施和执行等（West & Anderson，1996），这是创新的第二个阶段。由于新想法、新主意源头来自个体，因而国外大量组织行为学的 Creativity 研究关注的是个体新想法、新主意的产生（Shalley et al.，2004）。在我国，学者常常用"创造性"或"创新"来表示个人创新（卢家楣、贺雯、刘伟、卢盛华，2005），由于"创造"常常表示产生一个以前从没有的、全新的主意、方法或事物（如发明创造）。而组织内部的创新有时也包含将已有的方法、想法应用于新的领域，因此用"个人创新"来表达个体新想法和新主意的产生，其概念与 Creativity 相对应。我国研究中的"团队创新、组织创新、技术创新"等概念常常是指新想法、新主意、新技术的运用（唐翌，2005），这与 Innovation 相对应。研究集体主义与个人创新的关系，即集体主义对个体产生新想法、新主意的影响，这些新想法和新主意对组织有潜在的应用价值。

2. 个人创新

个人创新是所有革新的源头，是现代企业生存与发展的决定因素，所有的革新归根结底都是源于个人的创新，因此，国外有大量学者关注个人创新。随着时代的发展，竞争日益加剧，面对全球化的竞争，组织必须通过创新形成自己独特的竞争优势，才能取得成功（Egan，2005）。为了能够更好地适应外部变化，提高响应速度，战胜竞争对手，组织需要产生出新颖的、对组织流程、产品、服务等有潜在价值的想法，并将这些想法恰当运用于实践中（Baer, Oldham & Cummings，2003）。在知识密集型组织中，知识是组织的主要资源或产品（Lapierre & Giroux，2003），能否通过创新产生出更多有价值的知识，是知识密集型组织与竞争对手抗衡的关键所在。创新不可能凭空产生，所有的创新归根结底都是源于个人的创新（Choi，2004），个人的新想法、新主意是产品创新、流程创新等创新的基础和前提（Shalley, Zhou & Oldham，2004）。

个人新想法、新主意的产生来自个人的内在动力（Intrinsic motivation）（Shalley et al.，2004），只有当个体"愿意"时，他们才能贡献自己的想法和主意。为了提高个人创新，学者把主要精力放在影响个人创新因素的研究上，这些因素可以分为两类，一是个人特征，如性格和认知类型。二是外界因素，如工作特征、领导、奖励等。在 Shalley 等学者（2004）的研究基础上，我们把个人创新影响因素研究总结为三类，具体见表 8 - 1。其中没有包括集体主义与个人创新关系的研究，我们将在下一部分进行介绍。

表 8 - 1　个人创新研究总结

影响因素		主要研究内容和结论	代表性学者、年份
个人特征	性格	经验开放性（openness to experience）的个体能够主动获取信息，将新的、不相关的信息组合，他们愿意去体验新事物，获得新经验，大部分研究显示经验开放性性格与个人创新显著相关	McCrae & Costa，1997；Scratchley & Hakstian，2000
		创新性格量表（Creative Personality Scale；CPS）所测量的创新性格与个人创新显著相关	Gough，1979；Piedomnt，McCrare & Costa，1991
	认知类型	适应—创新理论：适应认知型的个体倾向于按照惯例完成工作，而创新认知型愿意冒险尝试新的方法去解决问题；创新认知类型个体创新绩效显著高于适应认知类型个体	Kirton，1994；Tierney，Farmer & Graen，1999

影响因素		主要研究内容和结论	代表性学者、年份
外界因素	工作复杂性	复杂的工作更能调动员工内在激励，促进员工创新	Farmer, Tierney & Kung - McIntyre, 2003
	领导风格	领导支持可以有效激发员工内在激励，提高创新，而领导控制会降低员工创新；变革型领导与个人创新显著正相关	Deci, Connell & Ryan, 1989; Shin & Zhou, 2003
	奖励	当奖励对员工产生控制时，会降低员工的内在激励从而阻碍创新；而当奖励让员工感到认可而不是控制时，奖励可以促进创新	Eisenberger, 1992; George & Zhou, 2002;
	评价考核	当评价考核是为了发展目的，则有利于创新，当评价考核是为了判别或控制，会阻碍创新	Zhou, 1998; Shalley & Perry Smith, 2001
	时间压力与创新目标	有研究显示时间压力、创新目标对创新有消极作用，也有研究显示二者对个人创新有积极作用	Andrews & Smith, 1996; Andrews & Farris, 1972; Shalley, 1995
	创新需求	创新需求是对个人创新影响非常直接的因素	Unsworth, Wall & Carter, 2005
	工作空间	相互之间有间隔、不容易被打扰的工作空间更有利于个人创新	Shalley & Oldham, 1997
个人与外界因素相互作用	性格与外界因素	大量研究显示 CPS 或经验开放性高的个体对外界促进创新的因素反应更为积极，如在领导支持下，经验开放性个体创新水平更高	George & Zhou, 2001; Oldham & Cummings, 1996
	认知类型与外界因素	对于简单工作，及时奖励对适应认知型的员工创新有积极作用。对于复杂工作，外界奖励对创新认知型的员工没有作用。外界奖励对从事复杂工作的适应认知型员工创新和从事简单工作的创新型员工创新，有显著的消极作用	Baer, Oldham & Cummings, 2003

除了表 8 - 1 中所介绍有关个人创新的研究以外，有学者还进行了其他相关研究。Amabile 等学者进行了创新氛围研究（Amabile，Conti，Coon，Lazenby & Herron，1996；Amabile，1996），在他们的研究中，影响个人创新的外界因素（如组织和领导支持、工作挑战性、奖励）被综合考虑，并上升到团队和组织水平，形成"创新氛围"。在我国，许多学者对创新进行理论探索或对国外创新理论进行介绍，如陈威豪（2006）对国外创新氛围研究的回顾，也有研究对创新进行实证研究，如卢家楣等（2005）考察情绪对学生创新的影响，卢小君和张国梁（2007）研究工作动机和个人创新的关系，张钢和倪旭东（2007）分析知识差异和知识冲突对团队创新的影响，尽管这些研究还没有形成体系，但它们都为我国创新研究奠定了良好基础。

二　集体主义文化与创新

自从 Hofstede 于 1980 年提出国家文化模型以来，集体主义和个人主义成为跨文化研究的热点之一（Hofstede，1993）。集体主义是指个体被定义为集体（社会、组织、家庭）的一分子，个体和集体相互依赖，个体的目标须服从集体的利益；个人主义是指个体被定义为独立于集体之外，具有很高的自主性，个体利益居于首要地位（Triandis，1996）。Triandis（1996）还将集体主义和个人主义进一步划分为垂直/水平集体主义（horizontal/vertical collectivism）和垂直/水平个人主义（horizontal/vertical individualism）。为了使研究更具操作性和对比性，国外学者大多在研究中采用集体主义—个人主义模型，在后续部分我们也提出建议采用该研究模型。

传统观点认为，个人主义更有利于创新，而集体主义对创新有一定阻碍作用（Goncalo & Staw，2006）。具体而言，人们普遍认为个人主义有利于个人创新，个人主义价值观的个体强调独立和自我，喜欢成为"唯一"，他们更愿意提出独特的想法，或采取新的方式完成工作。而集体主义个体认为个人是集体的一分子，与集体保持同步和一致非常重要，他们不愿意冒着失败、"与众不同"或被嘲笑的可能而提出新想法、新主意，因而集体主义被认为会妨碍创新的产生（Goncalo & Staw，

2006）。的确，国外已有研究显示，集体主义对个人创新有显著消极作用，杜旌和汤雪莲（2009）对此类研究进行归纳，具体见表 8 - 2。

表 8 - 2　集体主义与个人创新研究总结

学者、年份	研究内容及结论	研究方法
Goncalo & Staw, 2006	相对于集体主义团队，个人主义为主的团队中，个体产生出更多创新想法和主意	以美国大学生为样本的实验研究
Hornsey, Jetten, McAuliffe, Hogg, 2006	相对于个人主义价值观为导向团队，集体主义价值观为导向的团队不鼓励发表不同意见（如新想法）	以澳大利亚大学生为样本的实验研究
Zha et al. , 2006	在美中国留学生为集体主义价值观，美国学生为个人主义价值观。美国学生比中国学生展现出更高的创新潜力	基于成年学生的实证研究
Kwang Ng, 2003	集体主义对个人创新有消极作用，个人主义对个人创新有积极作用，独立型自我、依赖型自我为中介变量	以新加坡和澳大利亚学生样本的实证研究

资料来源：杜旌和汤雪莲（2009）：《集体主义对个人创新影响的理论探索》。

尽管以往研究显示集体主义对创新有阻碍作用，但创新对传统集体主义国家经济发展的贡献有目共睹，如东亚（如中国、日本、韩国）经济实力逐步增强，新兴国家（如墨西哥、土耳其）经济不断崛起。它们的经济发展都同样建立在大范围、高水平的创新之上。由此可以推断，集体主义对创新的作用并不一定是西方学者所认为的消极作用（Hornsey，Jetten，McAuliffe & Hogg，2006），而有可能是在一定环境因素下，对创新有积极作用。因此，笔者认为集体主义对个人创新的具体作用还须进行更深一层的研究。遗憾的是，相关研究结论大多来自西方学者在发达国家进行的研究，还很少有在传统集体主义国家进行的研究。

我国是典型的集体主义国家，但国内有关集体主义与个人创新的研究并没有展开。在我国，虽然经济的快速发展使得人们的观念发生了一定的变化，但毫无疑问的是集体主义仍占主导地位。研究我国的集体主义与个人创新的关系，不仅对我国创新管理实践具有现实指导意义，同时对全球跨文化创新研究也会有显著贡献，因而，有必要在我国围绕集体主义和个人创新的关系进行深入研究。

以往大多数研究没有考虑环境因素的作用，只有考虑各种因素之间的相互作用，才能全面清晰了解前因变量与个人创新的关系。因而，有必要在传统集体主义国家中考虑环境因素，对集体主义与个人创新的关系进行深入探索。基于此，杜旌和汤雪莲（2009）提出新的研究模型建议。如图8－1所示，该模型主要包含三个方面的内容。

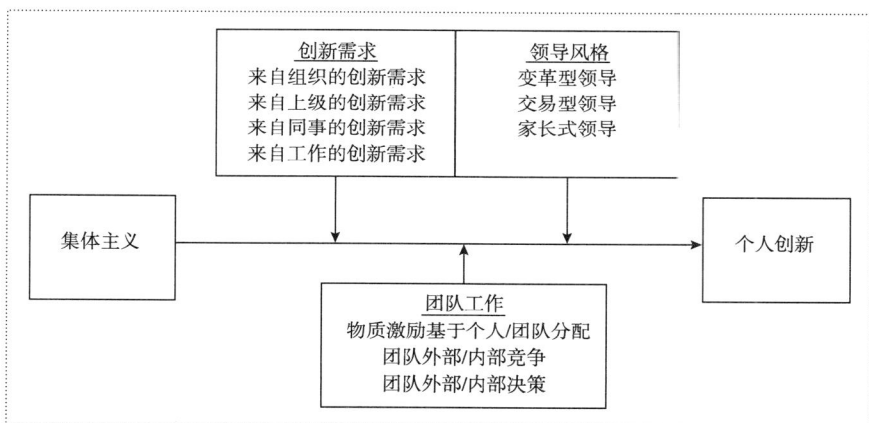

图8－1　集体主义与个人创新的关系以及环境因素对二者关系的影响
资料来源：杜旌和汤雪莲（2009）：《集体主义对个人创新影响的理论探索》。

第一，研究集体主义与个人创新的关系，以及创新需求对二者关系的影响作用。具体的研究假设有：

H1：集体主义对个人创新有消极作用。

H2a：相对于低创新需求，高创新需求下集体主义个体的个人创新显著增高。

H2b：相对于来自组织和工作的创新需求，在上级和同事的创新需求下，集体主义个体的个人创新显著增高。

H3a：集体主义个体的创新水平显著低于个人主义个体的创新水平。

H3b：在明确的创新需求下，集体主义个体的个人创新显著高于个人主义个体的个人创新。

第二，研究领导风格对集体主义与个人创新关系的影响作用。具体的：

H4：相对于低变革型领导，在高变革型领导下集体主义个体的个人创新显著增高。

H5：相对于低交易型领导，在高交易型领导下集体主义个体的个人创新显著降低。

H6：相对于低家长式领导，在高家长式领导下集体主义个体的个人创新显著增高。

H7a：在高变革型领导或高家长式领导下，集体主义个体的个人创新显著高于个人主义个体的个人创新。

H7b：在高交易型领导下，集体主义个体的个人创新显著低于个人主义个体的个人创新。

第三，研究团队工作对集体主义与个人创新关系的影响作用，具体的：

H8：相对于物质激励基于个人分配，当物质激励基于团队分配时，集体主义个体的个人创新显著增高。

H9：相对于团队内部竞争，在团队之间存在竞争情形下，集体主义个体的个人创新显著增高。

H10：相对于团队外部决策，当团队内部有更多决策权时，集体主义个体的个人创新显著增高。

H11：当物质激励基于团队平均分配时，或在团队之间存在竞争情形下，或团队内部有更多决策权时，集体主义个体的个人创新显著高于个人主义个体的个人创新。

以上假设源于杜旌与汤雪莲（2009）的研究。对于每类假设的具体分析，两位学者有详细阐述，这里不多作讨论。随着研究的深入和实践的发展，需要对假设进行修正和完善，以上仅将其提出，为读者解读和解决集体主义与个人创新之间的问题提供一定的借鉴。

该研究解决三个核心问题，分别是：

第一，集体主义是否阻碍了个人创新？

第二，外部环境条件（创新需求、领导风格、团队工作）对集体主义与个人创新关系有什么作用?

第三,在什么外部环境条件下（创新需求、领导风格、团队工作），集体主义个人创新高于个人主义个人创新?

该模型的理论意义和实践意义可归纳如下:

（1）理论上的意义:创新对社会经济发展的作用日益明显,但关于我国传统集体主义价值观对创新影响的研究还没有。随着跨文化研究日益深入,我国已成为国际学术领域关注的焦点之一,在我国进行集体主义与个人创新关系的研究,有助于正确、全面地理解集体主义对个人创新的影响,丰富和延伸国际跨文化创新研究理论。

（2）实践上的意义:许多企业已经认识到只有不断创新,企业才能生存、发展。传统集体主义文化对我国企业管理有很深的影响,但我们还不知道在我国集体主义对创新究竟有什么样的作用? 如果西方学者观点正确,集体主义确实对创新有副作用,那如何降低集体主义的消极影响? 如果集体主义对创新有积极作用,又如何充分发挥这种作用? 该研究将在实证研究的基础上,对这些问题进行探究,为管理者激发员工创新提供直接参考。

三 建议研究路线

该研究建议采用实验研究与实证研究相结合的方法。其原因有两点:

（1）基于学生样本的实验研究。采用学生样本进行研究的优势是可以较为精确地控制研究变量和研究过程,因而该研究建议基于学生样本,设计一系列实验来检验假设。

（2）基于企业员工样本的实证研究。由于实验研究不可能完全模拟企业环境,例如,实验很难模拟组织和上级创新需求的不同,因而上述一些假设还需要在企业实践中进一步考察。研究团队可以通过大量问卷调查在企业中采集数据,对假设进行检验。

关于本研究的主要内容、研究方法与技术路线见图 3－2。

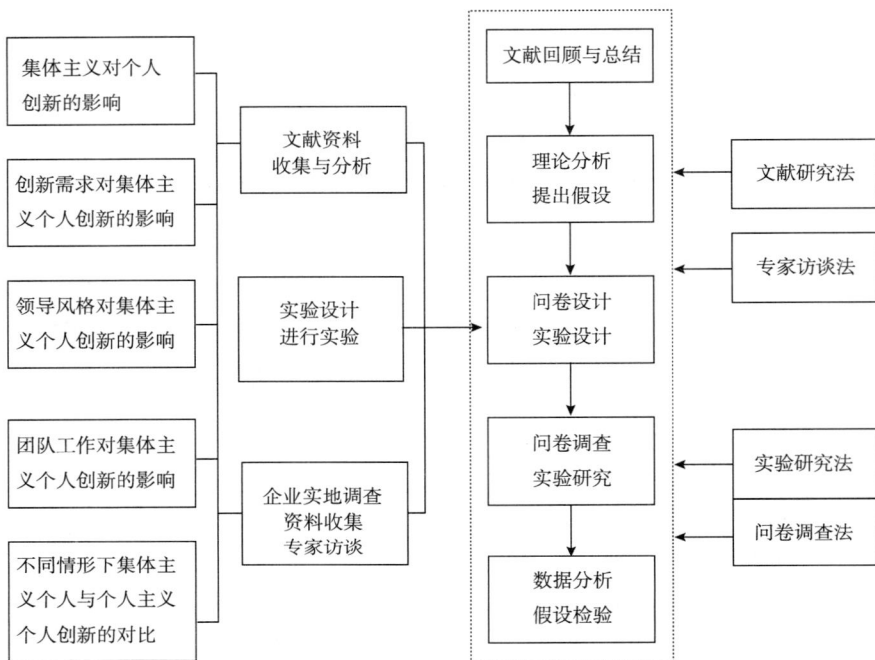

图 8 – 2　研究内容、研究方法和技术路线

第二节　团队创新氛围与创新绩效

一　团队创新氛围

在本章第一节中我们已经强调并例证了创新对于现代组织的重要作用，创新是企业生存发展的关键因素（Egan，2005）。而在越来越普遍的团队工作方式中，员工创新不仅与其个人特质有关，还受到团队环境的影响，其中，团队创新氛围（team climate for creativity）尤其值得关注（Choi，2004）。

团队创新氛围是指团队成员对团队有关创新工作环境的共同认知和感受，这种认知和感受影响员工的创新意愿和行为（Hunter，Bedell & Humford，2007）。学者认为，相对于组织层面环境因素来讲，团队创新氛围对员工创新的影响更为显著（Shalley，Zhou & Oldham，2004），掌握团队创新氛围基本规律，可以营造积极的团队创新氛围，促进员工创新。

在现代企业中，团队正在成为流行的工作方式，如销售团队、研发团队正扮演着越来越重要的角色（Lim & Klein，2006）。这些团队常常面临具有挑战性的新问题，因而解决问题的方法必须有所创新。团队创新的基础是个人创新（Mathisen & Einarsen，2004），除了受个体特质的影响以外，个人创新很大程度上与团队创新氛围有关。Amabile 等学者认为，团队创新氛围反映了团队成员对各种外部创新环境的最直接感受，因而要理解外在环境对员工创新的影响，团队创新氛围是首选的关键外部环境因素（Amabile，Schatzel，Moneta & Kramer，2004）。

二　团队创新氛围的结构

大多数创新氛围研究集中探索了创新氛围的内容结构，比较系统的研究成果有基于心理过程的 CCQ（Creative Climate Questionnaire）（Ekvall，1996）、以内在激励为理论基础的 KEYS 量表（Amabile，Conti，Coon，Lazenby & Herron，1996；Amabile，1996）、强调团队交互作用的 TCI（Team Climate Inventory）（West & Anderson，1996）等。还有学者进行一些零散的研究，Hunter 等（2007）对已有的研究结果进行归类，总结出 14 个维度的创新氛围模型，杜旌和徐珏（2010）将其总结如表 8－3 所示：

表 8－3　创新氛围结构研究总结

四个方面	创新氛围维度	代表学者
人际合作与创新支持	合作（cooperation）：信任、开放、沟通	Abbey & Dickson，1983
	上级支持（supportive supervision）：积极上下级关系	Oldham & Cummings，1996
	和谐（conflict harmonization）：团结、无冲突	Ayers，Dahlstrom & Skinner，1997
	组织整合（cross－functional cooperation and support）：跨部门或跨团队的合作与支持	Thamhain，2003
	创新支持（support for innovation）：组织最高层的支持	Anderson & West，1998

四个方面	创新氛围维度	代表学者
工作本身	工作挑战性（challenging）：挑战性、有趣、压力	Amabile et al.，1996
	目标（clear organizational objectives）：清晰的工作目标	Anderson & West，1998
工作过程与方式	资源（resource）：创新可利用的资源	Amabile et al.，1996
	自主（autonomy）：自由、自主完成工作	Ekvall，1996
	讨论（debate）：鼓励和支持讨论	Ekvall，1996
	弹性和冒险（flexibility）：鼓励冒险、运行不确定性	Ayers et al.，1997
	参与（participative safety）：鼓励和支持参与交流、变革	Anderson & West，1998
工作结果	品质（quality orientation）：质量和原创性并重	Sethi & Nicholson，2001
	奖励（reward orientation）：对创新绩效的奖励	Tesluk，Farr & Klein，1997

资料来源：杜旌和徐珏（2010）：《团队创新氛围：以团队水平促进个人创新》。

三　团队创新氛围的形成及作用机制

1. 团队创新氛围当前研究

团队工作方式越来越普及，相对于组织氛围来讲，团队氛围对员工态度和行为的影响更为直接和有效。因而近些年来，有关团队氛围的研究成为热点，如团队公正氛围（Naumann & Bennett，2000）、团队服务氛围（Schneider，Salvaggio & Subirats，2002）等，研究包括氛围的形成、结构、作用等。尽管创新氛围研究较多，但有关团队创新氛围的研究比较少，主要是 West 等（1996）对有关 TCI 内容结构和效度的研究。在这部分内容中，我们借鉴了团队公正氛围和团队服务氛围的研究，对团队创新氛围形成机制进行回顾和总结。

一是跨文化的创新氛围研究。我国是集体主义文化，西方许多学者认为集体主义对创新有阻碍作用，不利于创新氛围的营造，但近年来亚洲传统集体主义国家的创新经济快速发展说明，现在下这种结论为时过早，集体主义对创新氛围作用还须进行深入探讨（刘惠琴和张德，

2007）。以往相关研究大多是在西方发达国家进行，很少有在集体主义国家进行的研究，因此，在我国展开相关的研究，是对创新理论的有益补充。

二是团队氛围水平和强度。最初团队氛围主要研究氛围水平（climate level），即所有团队成员对工作环境共同认识和感知的均值，均值越高，氛围水平越高。Schneider 等（2002）学者指出团队氛围研究的另一个关键是氛围强度（climate strength），氛围强度是指群体中对氛围认知的差异（离散性），差异越小，氛围强度越高。团队氛围水平和氛围强度完整地描述团队氛围。的确，在有关团队公正氛围和服务氛围的研究中，学者发现氛围水平和强度都对结果变量有直接作用（main effect）（Liao & Rupp，2005）和调节作用（noderation effect）（Colquitt，Noe & Jackson，2002；Naumann & Bennett，2000），同时氛围水平和强度还会相互作用。例如，研究发现在高服务氛围强度下，服务氛围水平对客户满意度的积极作用更为显著（Schneider et al.，2002）。考察创新氛围水平和强度对创新的影响有助于更好地理解创新氛围对创新的促进机制。

三是团队创新氛围的形成研究。Woodman 等（1993）学者曾经在理论上提出团队特征会对创新氛围的形成有影响，如团队规范、凝聚力、团队规模、成员多样性等。遗憾的是，至今还没有直接的实证研究来对其验证。团队成员对团队创新环境的认知一方面源于自己直接的认识，比如对团队目标和规范的理解，与团队领导接触中对领导支持的感受；另一方面源于团队成员之间的互动（Liao & Rupp，2005），例如，A 成员对 B 成员讲述自己对领导支持创新的感受，有可能会影响 B 成员对领导支持创新的认识。这两个方面的作用，促使团队成员对团队创新环境的认知形成，即团队氛围水平的形成过程。同时，通过团队成员之间的互动，才有可能使团队成员对团队创新环境的感知和认识趋于一致，即提高团队创新氛围的强度。尽管缺乏团队创新氛围形成的实证研究，但团队公正氛围的研究结果支持 Woodman 等（1993）学者的观点。研究表明团队凝聚力和领导可接触到的频率对氛围形成有显著积极作用（Naumann & Bennett，2000），团队规模对团队公正氛围水平有显著的消极作用，团队人口变量的多样性对团队公平氛围强度也有显著的消极作用（Colquitt et al.，2002）。这些研究表明，团队特征会对团队氛围形成产生影响，为研究团队创新氛围形成机制研究提供了思路。

上述三个方面回顾显示，创新氛围形成机制研究有两个特点：第一，有关团队创新氛围形成机制研究非常薄弱，几乎没有检索到专门探讨创新氛围形成机制的文章；第二，氛围团队特征是团队创新氛围水平和强度的一个重要前因变量，团队公正氛围和团队服务氛围研究成果表明，团队创新氛围研究还有非常大的空间。

2. 团队创新氛围的形成和作用机制

上述研究一方面表明学者已经认识到创新氛围的重要性，但大多数都在探索创新氛围的内容结构（Anderson & West，1998；Lapierre & Giroux，2003），而涉及团队创新氛围形成及作用机制的相对匮乏，使得管理者在营造团队创新氛围上缺乏理论指导。Woodman 等学者认为，正如组织特征会对组织氛围产生影响一样，团队特征在团队创新氛围形成中所扮演的角色不容忽视（Woodman，Sawyer & Griffin，1993）。但文献查阅表明，这方面实证研究成果也很缺乏，对于团队创新氛围的影响因素及作用机制的相关研究还有待进一步探索。

另外，团队创新氛围的研究主要集中在西方国家，目前还很少有学者研究我国传统文化对创新氛围的影响。探索中西方领导风格和集体主义价值观对团队创新氛围的影响，探究团队创新氛围对创新绩效的作用机制，有助于人们全面认识团队创新氛围，丰富和延伸团队管理和创新管理现有理论，为管理者营造有效的创新氛围、激发团队成员创新提供直接参考。研究我国的团队创新氛围，理论上有助于认识我国背景下团队创新氛围的形成和作用特点，实践上有助于为企业提供指导、促进创新。

在此引入中国背景下团队创新氛围形成与作用机制的研究成果。该研究模型在总结前人研究的基础之上将领导风格等因素引入团队创新氛围形成机制的讨论之中。更为重要的是，该模型考察团队创新氛围水平及强度对于创新绩效的作用，对于解读团队创新氛围的作用机制提供了一定的思路。由于团队创新绩效并不是个人创新绩效的简单相加，因此，该研究的结果变量包含个体和团队层面的创新绩效，即个人创新和团队创新。具体内容包括三个方面：

第一，研究团队创新氛围水平和强度对个人与团队创新的影响作用；第二，研究工作特征对团队创新氛围与创新绩效关系的调节作用；第三，研究领导风格、集体主义、工作特征对团队创新氛围水平和强度的影响作用。

本研究主要研究内容示意如图 8 - 3 所示。接下来将以假设的形式对这些研究内容作阐述，随着研究的深入，这些假设还要进一步展开和完善。阐述的顺序首先是有关团队创新氛围与创新的关系，尔后是有关领导风格等因素对创新氛围形成的影响作用。

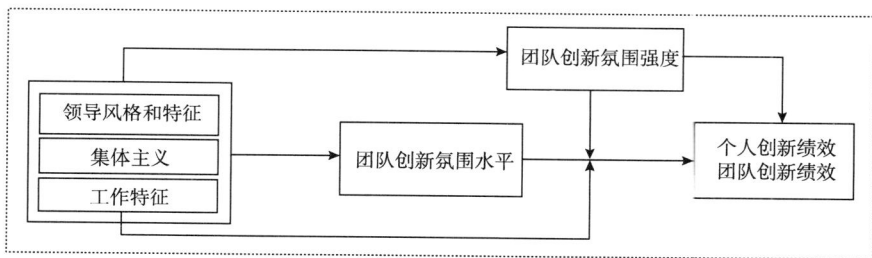

图 8 - 3 主要研究内容

（1）团队创新氛围水平和强度对创新绩效的影响作用

团队创新氛围水平（climate level），即所有团队成员对团队工作环境中创新氛围的共同认识和感知的均值，均值越高，氛围水平越高。团队创新氛围强度（climate strength）是指所有团队成员对团队创新氛围认知的差异（离散性），差异越小，氛围强度越高。我们假设二者对创新绩效都有显著积极作用，同时氛围强度对氛围水平和创新绩效关系还有积极的调节作用，即当团队成员对团队创新氛围认同一致性越高，创新氛围对创新的积极作用越显著。

H1：团队创新氛围水平和强度对创新绩效有显著积极作用。

H2：团队创新氛围强度对团队创新氛围水平与创新绩效关系有显

著调节作用，当创新氛围强度越高时，创新氛围水平对创新绩效的积极作用越显著。

（2）工作特征对团队创新氛围水平与创新绩效关系的调节作用

随着工作性质发生变化，创新氛围与创新绩效的关系也可能会有不同，主要体现在对于不同的工作性质，创新氛围的四个方面（四个方面见表 8-3）对创新绩效的贡献会有不同。本研究建议选取两大类不同工作特征的团队进行研究，分别是在不完全商业环境下的我国大学学术科研团队和在完全商业环境下的企业工作团队。在不完全商业环境下的学术团队，其创新的动力大多源于工作本身，因此我们假设对于学术团队，创新氛围的工作本身、工作过程与方式对创新绩效解释力度大。在典型商业环境中，创新的激励偏向于物质方面，如奖金，因此本研究假设对于完全商业环境下的团队，创新氛围的工作结果对创新绩效解释力度更大。

如前所述，学者关注两类创新氛围，一是促进创新想法产生的创新氛围，二是促进创新实施的创新氛围（Amabile et al.，1996；Amabile & Conti，1999），分别称二者为创新想法氛围和创新实施氛围。这两类创新氛围会同时在团队中存在，但随着工作性质发生变化，它们与创新绩效的关系也可能不同。在企业团队中，本研究可以选取金融业服务团队和科技企业研发团队，来研究不同类型团队创新氛围特点。对于金融业服务团队，新想法的提出和创新实施有较为明显的界限。金融服务的新产品、新流程的实施运用需要更多的组织支持、员工配合，在这种创新中，我们的假设是金融服务团队在两个阶段（创新想法、创新实施）所需的创新氛围不同，第一个阶段需要创新想法氛围；第二个阶段需要创新实施氛围。而对于研发人员的工作来说，不仅需要新想法，也需要将新想法付诸实施，两者联系比较紧密，因此，在研发团队的同一时期，两类创新氛围都有相同的重要性。总体来说，这部分将主要验证如下假设：

H3：在大学科研学术团队中，团队创新氛围中工作本身、工作过程与方式对创新绩效变异解释力更强；在企业团队中，团队创新氛围中工作结果对创新绩效变异解释力更强。

H4：金融服务团队在两个阶段（创新想法、创新实施）所需的创新氛围不同，在创新想法阶段，团队创新想法氛围对创新绩效变异解释力更强，在创新实施阶段，团队创新实施氛围对创新绩效变异解释力更强。在研发团队中，两类创新氛围在同一时期对创新绩效变异解释力相同。

（3）领导风格、集体主义、工作特征对团队创新氛围水平和强度的影响作用

在考察创新氛围对创新绩效的作用后，本研究将关注团队创新氛围的形成。我们可以首先研究国内外学术界认可的两种领导风格，即变革型领导和交易型领导，以及具有儒家文化特色的家长式领导对创新氛围的影响作用。变革型领导通过智力激发（intellectual stimulation）、个性化关怀（individualized consideration）、领导魅力（charisma）、愿景激励（inspirational motivation），把员工个人利益和团队、组织的长远目标相结合，注重建立员工的自信、自我效能、自尊，在团队中发展一种友好、信任、承诺的关系，这些领导方式会在团队中营造一种鼓励新思想、尝试新方法的氛围，有助于创新氛围建设。而交易型领导注重利益交换、家长式领导注重权威统治，都不利于建设自由的氛围，激发员工内在动力从事创新活动。因此，我们假设变革型领导对创新氛围有显著积极作用，交易型领导和家长式领导对创新氛围有显著的消极作用。同时还假设当变革型领导与团队成员接触和沟通越频繁，其团队成员对创新氛围的认可程度也会越一致。

集体主义强调个人与集体相互依赖、共同发展，认为个体是集体的一分子，个体应当服从集体并与集体保持一致。集体主义团队倡导的氛围是遵守规范、保持和谐，在这种氛围下，团队成员不愿意因为展示与众不同的新想法和行为，而使自己成为一个独立于集体之外的人，因此我们假设集体主义对创新想法氛围有消极作用。为了集体利益而牺牲个人利益是集体主义的典型特征，在创新实施阶段，常常涉及利益的重新调整。这种情况下，集体主义会展现其优势，即弘扬以大局为重的精神、暂时牺牲个体利益、积极参与变革，因此我们假设集体主义对创新实施氛围有积极作用。

变革型领导善于调动员工的内在积极性，借助集体主义提倡一切为了集体利益的优势，变革型领导可以激发员工为集体利益献计献策的主动性和更积极参与变革，因此在变革型领导风格下，集体主义对创新想法氛围的消极作用会减弱，对创新实施氛围的积极作用会加强。另外，集体主义有助于统一团队成员对团队氛围的认识，因而我们假设它对团队创新氛围强度会展现积极作用。

工作自主性通过给员工授权而创造一个自由的环境，促进员工主动采用新方法进行工作。当团队工作要求团队成员相互合作，会增加他们直接的沟通机会，因而有利于促进他们对团队氛围的统一认识，因此我们假设工作自主性对团队创新氛围水平有积极作用，工作的合作性对团队创新氛围强度有显著积极作用。总的来说，我们提出如下假设：

H5：变革型领导风格对团队创新氛围水平有显著的积极作用，交易型和家长式领导风格对团队创新氛围有显著的消极作用。变革型领导与团队成员接触和沟通越频繁，团队创新氛围强度越高。

H6：集体主义对团队创新想法氛围有消极作用，对团队创新实施氛围有积极作用；集体主义对团队创新氛围强度有积极作用。

H7：在变革型领导风格下，集体主义对团队创新想法氛围的消极作用会减弱，对创新实施氛围的积极作用会加强。

H8：工作自主性对团队创新氛围水平有积极作用，团队工作的相互合作性对团队创新氛围强度有积极作用。

四　研究方法和路线

本研究拟解决三个关键问题，分别是：①不同工作团队的团队创新氛围有什么不同？②集体主义价值观对创新氛围究竟是什么作用？西方研究显示集体主义对创新氛围有消极作用，然作者认为集体主义在一定条件下会展现积极作用，本研究将针对这个问题作深入探讨。③在营造创新氛围方面，哪种领导风格更为有利？本研究将进行领导风格的对比，其中包含中西领导风格的对比，即变革型领导是否比家长式领导有优势？

本研究需要采取实证研究方法，具体工作中涉及两个重要方面，分别是文献研究和实证研究中的问卷调查，这里作简要介绍。

第一，文献和理论研究。文献和理论研究是本研究项目的序幕，这方面需要获取国内外大量的文献资料，高校图书馆一般有完备的国内外数据库资源，通过研究团队自身努力是可以完成高质量的文献与理论研究的。

第二，实证研究数据收集。本研究项目可以在高校和企业中收集300～400个团队的数据进行实证研究，在数据收集过程中，有两个关键问题，一是问卷设计，二是数据获取。在问卷设计方面，在国内外同行的研究中已有成熟的相关问卷和量表，通过文献研究，是可以获取本项目实证研究所需要的原始问卷和量表的，而后通过对这些问卷量表进行修正或改进，来满足本研究需要。

本研究主要研究思路和研究路线可以采用图8-4所示的方法。

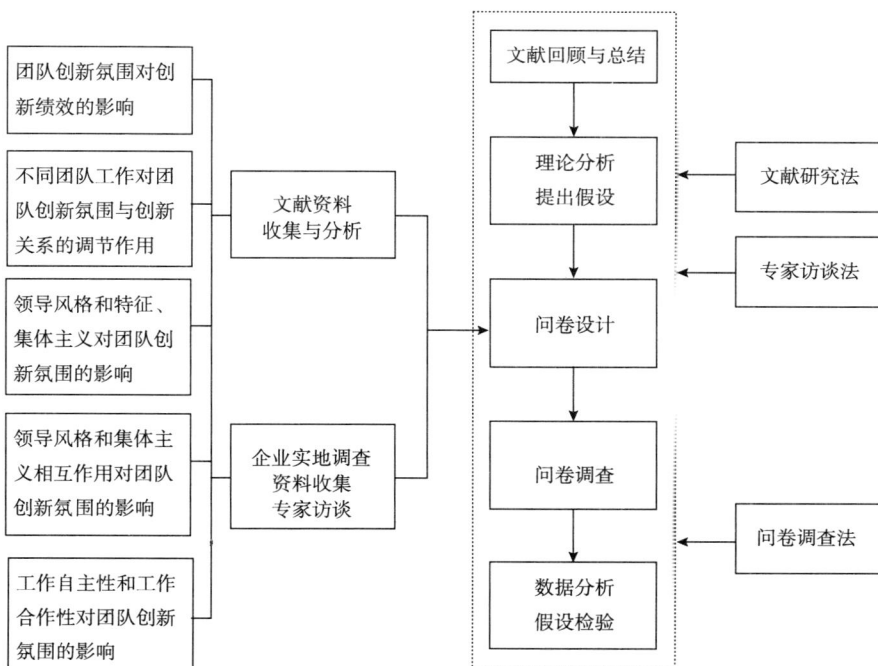

图8-4 研究思路和方法

223

第三节　团队凝聚力与团队绩效关系

一　团队凝聚力

Festinger（1950）将团队凝聚力定义为"促使团队成员留在团体内的所有作用力"。在此概念上，前人对团队凝聚力与团队绩效关系做了大量研究，得出许多不同的观点：Steiner（1972）认为团队凝聚力与团队绩效之间不存在正相关关系；Summers 等（1988）则肯定团队凝聚力能提高团队生产率；Forsythe（1990）认为在团队凝聚力高的团队中成员能更加融洽地相处，但这不代表高绩效的必然性；Worchel、Cooper和 Goethals（1991）在著作中提到"一般情况下，团队凝聚力能提高绩效水平，但也存在一些例外情况。"Sharon M. 和 Sylvia R.（2000）指出，团队凝聚力对团队的发展很重要，但并不是总能带来高的效率和团队绩效。从以上诸多观点可以看出，对于团队凝聚力能否产生绩效以及在多大程度上产生绩效仍然缺乏一个统一的解释。

Mudrack（1989）认为产生不一致研究结论的原因是没有用统一的标准对团队凝聚力进行操作化定义，在研究团队凝聚力与团队绩效关系时，应对凝聚力定义进行细分。经过多年的研究积累，目前大多数学者认为，团队凝聚力包含三个维度：人际吸引力、任务承诺和团体自豪感，具体如图 8 - 5 所示。

较早的研究认为，团队凝聚力的三个维度都会导致绩效的提高（Back，1951；Eisman，1959）。然而，后来的研究表明，这三个维度对绩效的提高并非起着相同的作用。Widmeyer（1977）认为，团队凝聚力对绩效的影响主要源于人际吸引力；而 Zaccaro 和 Lowe（1986）认为任务承诺是最主要的因素；Zaccaro 和 McCoy（1988）又提出，人际吸引力和任务承诺同时起作用。Mullen 和 Copper（1994）的元分析发现，任务承诺是三个维度中的唯一预测因子，这一发现表明，任务承诺是最关键的团队凝聚力要素。其他的研究也证明 Mullen 和 Copper（1994）的发现。例如，Zaccaro 和 Lowe（1986）以及 Hackman 等（1976）发现任务承诺提高了团队成员对团体任务的喜好和责任感，从而促进团队成员投入团队工作中。随后，Chang 和 Bordia（2001）、Knouse（2006）和 Frederick（2007）的研究都发现，任务承诺与绩效之间存在积极的相关关系，这再次表明任务承诺才是提高团队绩效的原动力。

人际吸引力和团队自豪感是指团队因良好的人际关系和声誉而产生的吸引力（Lott 等，1965），它源于成员间的好感和团队成员的归属感（Zaccaro 等，1988）。人际吸引力和团队自豪感可能产生积极作用也可能产生消极作用，即尽管二者会增强团队的合作，使得团队活动过程更为流畅，但人际吸引力和团队自豪感也会产生团队的群体思维现象，人际关系越和谐，团队决策背离理性的方法和程序就越远，从而使团队绩效受到消极影响。

二 团队凝聚力与团队绩效间关系的影响因素

研究显示，团队凝聚力与绩效间的关系会随着绩效内容的界定、团体规模以及工作流模式的变化而变化，即这些因素影响团队凝聚力与绩效关系的效果和程度。

（1）绩效内容界定的影响

Beal 等（2003）在元分析时，根据绩效侧重点的不同将其细分为行为绩效和结果绩效，并测量团队凝聚力与不同类别的绩效间的关系，结果显示，团队凝聚力与行为绩效、结果绩效均相关，但与行为绩效的关系更为显著（如图 8-5 所示）。可见，团队凝聚力更多的是使团队工作过程更流畅，体现为团队成员配合默契、更努力和投入地完成团队目标。以营销团队为例，对于非常团结的团队，他们的销售额仍会受到销售地点、销售时间、经济条件等各种外界因素的限制。但团队凝聚力可以使营销团队工作更为默契和流畅，以减少不必要的内部损耗。因此，团队凝聚力更多地体现在营销团队成员完成工作的过程和行为中，而不是销售额。

（2）团体规模大小的影响

Mullen、Johnson 和 Drake（1987）认为，团队规模会降低团队凝聚力对绩效的积极作用。毕鹏程和席酉民（2002）发现当团体规模扩大时，团队领导的参与度会降低，团队的异质性程度会加大，团队的偏见效果会更强，这些因素会降低团队凝聚力的促进作用。规模越大的团队越不易发挥 $1+1>2$ 的效应，其中一个原因是，团队成员互动减少，团队凝聚力对团队互动的润滑剂作用无法体现。相反，当团队规模越小（一般认为 5~12 人为宜），团队成员间互动的机会更多，互动的融洽和流畅有助于形成高团队凝聚力，进而加速团队工作目标的实现。

（3）工作流模式差异的影响

工作流（work flow）是指团队成员工作任务之间的相互依赖性，体现为工作信息的交流方式和工作成果的形成过程。根据工作流的方向及交流频率，工作流可以分为四种模式：一是累加型，即团队任务是个人工作成果数量上的简单加总，成员之间不需要互动或交流，例如，负责发放调查问卷的团队，每个成员各负责一个地区，最终团队成果是每个成员所完成问卷的加总；二是流水线型，即工作从团队中一个成员向另一个成员单向传递，每一个成员完成工作中的一部分，但每个成员的工作会对团队工作产生质的影响，绩效不只是个人绩效的简单相加，例如：工厂中一般的流水生产线；三是交互式，类似于流水线型，但工作的流动是双向的，例如，科研团队在完成学术论文时，尽管团队成员各负责一个部分或一个环节，但他们并非单向交流而是相互之间往返多次；四是密集型，即所有的团队成员都必须通过紧密合作才能成功完成任务，例如：足球队或篮球队。Beal 等（2003）利用工作流模式作为检验团队凝聚力—绩效之间关系的情境因素，其研究表明，工作流模式对团队凝聚力—绩效关系具有显著的调节作用，当团队成员间交流的次数增多，即工作流模式从累加型过渡到密集型时，团队凝聚力与团队产出的正相关关系也相应增强。这进一步显示，团队凝聚力更多地促进团队成员的互动，起到团队工作润滑剂的作用。

三　团队绩效对团队凝聚力的反向促进作用

大多数团队建设者会通过各种互动增进大家的相互了解，例如一同出游、多人参与的球类运动等，这些可以有效提升人际吸引力和一定程度的团队自豪感，团队建设者还会通过不断宣传灌输来增进团队成员的任务承诺。团队凝聚力与绩效关系研究的潜在假设都认为，团队凝聚力能够促使团队成员成功地完成任务，但研究忽视了团队凝聚力与团队绩效关系的方向问题，即团队凝聚力促进团队绩效，还是团队绩效提升团队凝聚力。事实上，在团队凝聚力促进绩效提升的同时，卓越的绩效也可能会使团队成员产生自豪感从而提高团队凝聚力。

Mullen 和 Copper（1994）搜索了 200 多篇文献进行元分析，得出 66 份独立的测试，其中 61 份测试（92%）显示团队凝聚力和团队绩效间的确存在正相关关系。他们进一步通过交叉滞后相关法（cross - lagged panel correlations）对团队凝聚力和绩效效应的时序模式进行分析，即分析团队凝聚力—团队绩效的作用方向，结果显示：从团队凝聚力到绩效的时滞因果参数为 0.08，而从绩效到团队凝聚力的参数则为 0.36。这表明团结和绩效并不是单一的因果关系，而是互为因果，虽然团队凝聚力可以改善绩效，但绩效的提高对团队凝聚力的影响更大。通俗地讲，团结是提高团队绩效的力量，卓越的绩效又在更大程度上促进团队团结的力量，二者相互提升，形成良性循环。这种关系也可以用球队的例子来阐述：球队凝聚力和比赛获胜互为因果，不仅凝聚力可以带来胜利，胜利同样可以提高凝聚力，并且在这种相互作用中，球队胜利对凝聚力提升的作用更为显著。相反，即使是一支非常团结的球队，过多的失败也会大大削弱球队的凝聚力。

四　团队凝聚力的作用机制

我们将以上分析结论可以用图 8 - 5 来概括：

（1）团队凝聚力更多的是通过团队成员的任务承诺，来促进团队绩效提升。

（2）团队凝聚力与绩效的关系受到几个因素的影响，团队凝聚力对行为绩效的积极作用高于对结果绩效的作用。工作流模式对团队凝聚力—团队绩效关系有显著调节作用，从累加型依次升级到流水线型、交互式和密集型时，团队凝聚力对绩效的积极作用也增加。随着团队规模增大，团队凝聚力对绩效的积极作用降低。

（3）团队凝聚力可以提升团队绩效，但团队绩效的提高对团队凝聚力的影响更大，图 8-5 中从团队绩效指向团队凝聚力的箭头比从团队凝聚力指向绩效的箭头粗，因此，提升团队凝聚力的一个重要方法就是让团队不断取得成功。在具体实施时，可以为团队设定一些较低的容易达到的目标，通过达成这些目标增进团队凝聚力，为冲击更高的目标作准备。

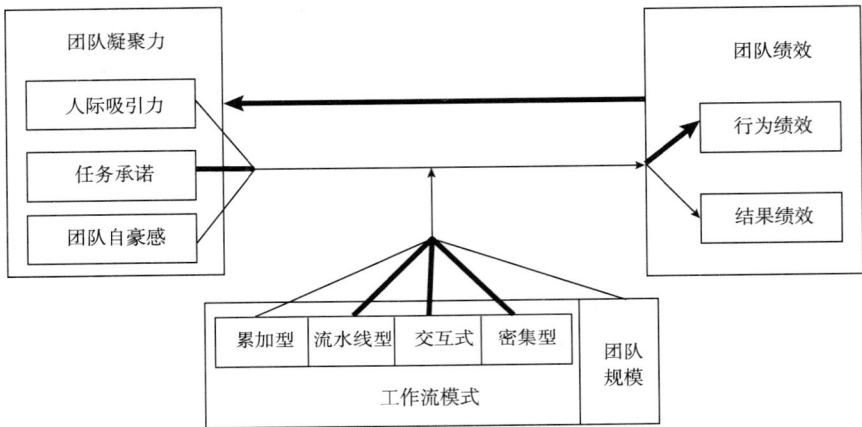

图 8-5 团队凝聚力与绩效的总体关系

说明：图中线条的粗细代表了两个变量关系之间的强弱。

五 研究与应用建议

随着信息技术和全球化的飞速发展，当今组织处在一个高度不确定性的环境当中，团队工作方式可以有效提高企业的柔性，帮助企业克服外部环境的不确定性，这就需要充分开发团队的潜能。团队凝聚力是团队的重要特征，而绩效又是企业不懈追求的目标，以上的分析可以帮助企业管理实践者更深入认识团结所带来的力量，以下是作者基于本理论探索结论为企业管理提供的一点实践建议，以供参考。

1. 多方面增进团结

团队凝聚力与团队绩效并不是简单地从 A 到 B 的因果联系，而是互相影响、互为因果，并且团队绩效的提高对团队凝聚力的作用更大，在现实工作中，我们应当充分利用二者这种相互促进的作用。第一是通过团队互动，让团队成员增进彼此了解，提高人际吸引力。开展培训宣传，提升员工对团队的自豪感和对工作的承诺；第二是将绩效的提升情况及时反馈给员工，使他们在获得成就感的基础上更加热爱团队；第三是工作需要由易入难，通过初期团队的小成功来提升员工的凝聚力，反过来促进后期团队工作，形成团队绩效→团队凝聚力→团队绩效的良性循环。

2. 提升任务承诺

在团队凝聚力的三个构成维度中，任务承诺与团队绩效有显著的正相关关系，而人际吸引力、团体自豪感与绩效的关系则不显著。这说明任务承诺是团队凝聚力中极为关键的构成要素，是团队凝聚力促进绩效提高的重要动因，为实现共同目标形成的团队凝聚力所产生的绩效要比基于其他凝聚力所产生的绩效更高。因此，在企业实践中，需要充分发挥任务承诺的作用，在建设团队文化时应把团队成员的任务承诺放在首要位置。构建任务承诺首先需要领导与员工共同制定工作目标，这样才可能使团队成员认可和明确工作目标，同时，企业管理者应当采取适当的激励措施和工作反馈，让成员在目标明确、激励及时的基础上对自身工作产生认可与热爱，并在形成高度责任心和归属感的过程中进一步提升团队凝聚力。

3. 合理利用团结的力量

前文分析表面团结并不能确保成功，但团结可以带来团队工作的流畅，即团队凝聚力与行为绩效的关系更显著。团队凝聚力是团队工作的润滑剂，当团队工作需要更多互动时，团队凝聚力会体现出更多的积极作用。当团队的工作流模式从累加型过渡到密集型，凝聚力会有更强的积极作用，这时应当着力加强团队凝聚力建设。当团队规模很大时，团队成员互动减少，团队凝聚力的作用也会削弱。这时，团队领导者应当考虑是否将一个大团队组成若干小团队（5～12 人），以便发挥团队凝聚力的积极作用，促进整体绩效提升。

参考文献

[1] Abbey, A. & Dickson, J. R & D, "Work climate and innovation in semiconductors", *Academy of Management Journal*, 25 (1983).

[2] Adams, J. S. , "Inequity in social exchange", *Advance in Experimental Social Psychology*, ed. , In L. Berkowitz (New York: Academic Press, 1965).

[3] Alexander, S. & Ruderman, M. , "The role of procedural and distributive justice in organizational behavior", *Social Justice Research*, 2 (1987).

[4] Allen, N. J. & Meyer, J. P. , "The measurement and antecedents of affective, continuance and normative commitment to the organization", *Journal of Occupational Psychology*, 63 (1990).

[5] Alvesson, M. , *Management of Knowledge – Intensive Companies* (Berlin: Walter de Gruyter, 1995).

[6] Amabile, T. M. , *Creativity in Context* (Boulder, C. O. : Westview Press, 1996).

[7] Amabile, T. M. & Conti, R. "Changes in the work environment for creativity during downsizing", *Academy of Management Journal*, 42 (1999).

[8] Amabile, T. M. , Conti, R. , Coon, H. , Lazenby, J. & Herron, M. , "Assessing the work environment for creativity", *Academy of Management Journal*, 39 (1996).

[9] Amabile, T. M. , Schatzel, E. A. , Moneta, G. B. & Kramer, S. J. , "Leader behaviors and the work environment for creativity: Perceived leader support", *The Leadership Quarterly*, 15 (2004).

[10] Anderson, N. R. & West, M. A. , "Measuring climate for work

group innovation: Development and validation of the team climate inventory", *Journal of Organizational Behavior*, 19 (1998).

[11] Andrews, F. M. & Farris, G., "Time pressure and performance of scientists and engineers: A five year panel study", *Organizational Behavior and Human Performance*, 8 (1972).

[12] Andrews, J. & Smith, D. C., "In search of the marketing imagination: Factors affecting the creativity of marketing programs for mature products", *Journal of Marketing Research*, 33 (1996).

[13] Arnold, J. A., Arad, S., Rhoades, J. A. & Drasgow, F., "The empowering leadership questionnaire: The construction and validation of a new scale for measuring leader behaviors", *Journal of Organizational Behavior*, 21 (2000).

[14] Arthur Anderson Business Consulting, *Zukai Knowledge Management* (Tokyo: Tokyo Keizai Inc., 1999).

[15] Arthur, J. B., "Effects of human resource systems on manufacturing performance and turnover", *Academy of Management Journal*, 37 (1994).

[16] Austin, J. T. & Villanova, P., "The criterion problem: 1917 – 1992", *Journal of Applied Psychology*, 77 (1992).

[17] Ayers, D., Dahlstrom, R. & Skinner, S. J., "An exploratory investigation of organizational antecedents to new product success", *Journal of Marketing Research*, 2 (1997).

[18] Bae, J. & Lawler, J. J., "Organizational and HRM strategies in korea: Impact on firm performance in an emerging economy", *Academy of Management Journal*, 43 (2000).

[19] Baer, M., Oldham, G. R. & Cummings, A., "Rewarding creativity: When does it matter", *The Leadership Quarterly*, 14 (2003).

[20] Bain, P. G., Mann, L. & Pirola – Merlo, A., "The innovation imperative: The relationships between team climate, innovation, and performance in research and development teams", *Small Group Research*, 32 (2001).

[21] Balogun, J. & Johnson, G., "Organizational restructuring and middle manager sensemaking", *Academy of Management Journal*, 47 (2004).

[22] Banker, R. D., Field, J. M., Schroeder, R. G. & Sinha, K. K., "Impact of work teams on manufacturing performance: A longitudinal field study", *Academy of Management Journal*, 39 (1996).

[23] Bass, B. M., "Two decades of research and development in transformational leadership", *European Journal of Work and Organizational Psychology*, 8 (1999).

[24] Basadur, M., "Leading others to think innovatively together: Creative Leadership", *The Leadership Quarterly*, 15 (2004).

[25] Bassett, G. A. & Meyer, H. H., "Performance appraisal based on self – review", *Personnel Psychology*, 21 (1968).

[26] Bateman, T. S. & Organ, D. W., "Job satisfaction and the good soldier: The relationship between affect and employee citizenship", *Academy of Management Journal*, 26 (1983).

[27] Beal, D. J., Cohen, R. R., Burke, M. J. et al., "Cohesion and performance in groups: A meta – analytic clarification of construct relations", *Journal of Applied Psychology*, 88 (2003).

[28] Becker, H. S., "Notes on the concept of commitment", *American Journal of Sociology*, 66 (1960).

[29] Benjamin, B. & Wolman, *Dictionary of Behavioral Sciences* (New York: Van Nostrand Rein – hold Company, 1989).

[30] Bennett, W. J., Lance, C. E. & Woehr, D. J., *Performance Measurement: Current Perspectives and Future Challenges* (Mahwah: Lawrence Erlbaum Associates Publishers, 2006).

[31] Bies, R. J. & Moag, J. S., "Interactional justice: Communication criteria of fairness", *Research on Negotiation in Organizations*, 1 (1986).

[32] Blau & Gary, "Testing the longitudinal impact of work variables and performance appraisal satisfaction on subsequent overall job satisfaction", *Human Relations*, 52 (1999).

［33］ Blau, P. M. , *Exchange and Power in Social Life* (New York: Wiley, 1964).

［34］ Bono, J. & Judge, T. , "Personality and transformational and transactional leadership: A meta - analysis", *Journal of Applied Psychology*, 89 (2004).

［35］ Borman, W. C. & Motowidlo, S. J. , "Task performance and contextual performance: The meaning for personnel selection research", *Human Performance*, 10 (1997).

［36］ Borman, W. C. & Motowidlo, S. J. , "Expanding the criterion domain to include elements of contextual performance", *Personnel Selection in Organization*, eds. N. Schmitt & W. C. Borman (San Francisco: Josey - bass, 1993).

［37］ Boswell, W. R. , Shipp, A. J. , Payne, S. C. & Culbertson, S. S. , "Changes in newcomer job satisfaction over time: Examining the pattern of honeymoons and hangovers", *Journal of Applied Psychology*, 94 (2009).

［38］ Bouckenooghe, D. & Devos, G. , "Organizational change questionnaire - climate of change, processes, and readiness: Development of a new instrument", *The Journal of Psychology*, 143 (2009).

［39］ Bowen, D. E. & Ostroff, C. , "Understanding HRM - firm performance linkages: The role of the 'strength' of the HRM system", *Academy of Management Review*, 29 (2004).

［40］ Bradley L. Kirkman, Gilad Chen, Jiing - Lih Farh, Zhen Xiong Chen & Kevin B. Lowe, "Individual power distance orientation and follower reactions to transformational leaders: A cross - level, cross - cultural examination", *Academy of Management Journal*, 52 (2009).

［41］ Bretz, R. D. Jr. & Milkovich G. T. , "Performance appraisal in large organizations: Practice and research implications", *Working Paper* (NY: Cornell University, Center for Advanced Human Resource Studies, 1989).

[42] Brown, M. E., Trevino, L. K. & Harrison, D. A., "Ethical leadership: A social learning perspective for construct development and testing", *Organizational Behavior and Human Decision Processes*, 97 (2005).

[43] Burke, R. J., Weitzel, W. & Weir, T., "Characteristics of effective employee performance review and development interview: Replication and extension", *Personnel Psychology*, 31 (1978).

[44] Burke, R. J., Weitzel, W. & Weir, T., "Characteristics of effective employee performance review and development interview: Replication and extension", *Personnel Psychology*, 31 (1978).

[45] Burns, J. M., *Leadership* (New York: Harper & Row, 1978).

[46] Burton, J. P., Lee, T. W. & Hotom, B. C., "The influence of motivation to attend, ability to attend, and organizational commitment on different types of absence behaviors", *Journal of Managerial Issues*, 11 (2002).

[47] Caldwell, S. D., Herold, D. M. & Fedor, D. B., "Toward an understanding of the relationships among organizational change, individual differences, and changes in person – environment fit: A cross – level study", *Journal of Applied Psychology*, 89 (2004).

[48] Cambell, J. P., "Modeling the performance prediction problem in industrial and organization psychology", *Handbook of Industrial and Organizational Psychology*, eds. M. D. Dunnette & L. M. Hough (Palo Alto: Consulting Psychological Press, 1990).

[49] Cambell, J. P., Mccloy, R. A. & Oppler, S. H., "A theory of performance", *Personnel Selection in Organization*, eds. N Schmitt & W C Borman (San Francisco: Josey – bass, 1993).

[50] Cappelli, P. & Newmark, D., "Do 'high performance' work practices improve establishment level outcomes?" *Industrial and Labor Relations Review*, 54 (2001).

[51] Chang, A. & Bordia, P., "A multidimensional approach to the

group cohesion – group performance relationship", *Small Group Research*, 32 (2001).

[52] Chen, X. P. & Chen, C. C., "On the intricacies of the Chinese Guanxi: A process model of Guanxi development", *Asia Pacific Journal of Management*, 21 (2004).

[53] Chen, Y. & Tjosvold, D., "Participative leadership by American and Chinese managers in China: The role of relationships", *Journal of Management Studies*, 43 (2006).

[54] Chen, Y., Friedman, R., Yu, E., Fang, W. & Lu, X. P., "Supervisor – Subordinate Guanxi: Developing a three – dimensional model and scale", *Management and Organization Review*, 5 (2009).

[55] Cheng, B. S., "Paternalistic authority and leadership: A case study of a Taiwanese CEO", *Bulletin of the Institute of Ethnology Academic Sinica*, 79 (1995).

[56] Cheng, B. S., Chou, L. & Farh, J. L., "A triad model of paternalistic leadership: The constructs and measurement", *Indigenous Psychological Research in Chinese Societies*, 14 (2000).

[57] Cheung, F. M., Leung, K. & Fan, R. M., "Development of Chinese personality assessment inventory", *Journal of Cross – culture Psychology*, 27 (1996).

[58] Choi, J. N., "Individual and contextual predictors of creative performance: The mediating role of psychological processes", *Creativity Research Journal*, 16 (2004).

[59] Choi, J. N., "Person – environment fit and creative behavior: Differential impacts of supplies – values and demands – abilities versions of fit", *Human Relations*, 57 (2004).

[60] Choi, J. N. & Price, R. H., "The effects of person – innovation fit on individual responses to innovation", *Journal of Occupational and Organizational Psychology*, 78 (2005).

[61] Chun – Pai Niu, An – Chih Wang & Bor – Shuian Cheng, "Effec-

tiveness of a moral and benevolent leader: Probing the interactions of the dimensions of paternalistic leadership", *Asian Journal of Social Psychology*, 12 (2009).

[62] Colquitt, J. A., "On the dimensionality of organizational justice: A construct validation of a measure", *Journal of Applied Psychology*, 86 (2001).

[63] Colquitt, J. A., Noe, R. A. & Jackson, C. L., "Justice in teams: Antecedents and consequences of procedural justice climate", *Personnel Psychology*, 55 (2002).

[64] Combs J., Liu Y., Hall A. & Ketchen D., "How much do high – performance work practices matter? A meta – analysis of their effects on organizational performance", *Personnel Psychology*, 59 (2006).

[65] Conger, J. A., Kanungo, R. N. & Menon, S. T., "Charismatic leadership and follower effects", *Journal of Organizational Behavior*, 21 (2000).

[66] Connors, J. L. & Romberg, T. A., "Middle management and quality control: Strategies for obstructionism", *Human Organization*, 50 (1991).

[67] Conway, J. M., "Distinguish contextual performance from task performance for managerial jobs", *Journal of Applied Psychology*, 84 (1999).

[68] Cropanzano, R. & Breenberg, J., "Progress in organizational justice: Tunneling through the maze", *International Review of Industrial and Organizational Psychology*, eds. C. L. Cooper & I. T. Robertson (New York: Wiley, 1997).

[69] Davenport, "Improving knowledge work processes", *Sloan Management Review*, Summer (1996).

[70] Deci, E. L., Connell, J. P. & Ryan, R. M., "Self – determination in a work organization", *Journal of Applied Psychology*, 74 (1989).

[71] Dennis, J. M., Phinney, J. S. & Chuateco, L. I., "The role of

motivation, parental support and peer support in the academic success of ethnic minority first – generation college students", *Journal of College Student Development*, 46 (2005).

[72] Dickeson, R. V., "Understanding knowledge worker", *Printing Impressions*, 42 (1999).

[73] Dobbins, G., Cardy, R. & Platz – Vieno, S., "A contingency approach to appraisal satisfaction: An initial investigation of the joint effects of organizational and appraisal characteristics", *Journal of Management*, 16 (1990).

[74] Drucker, P., "Knowledge – worker productivity: The biggest challenge", *California Management Review*, 41 (1999).

[75] Drucker, P., *Post – Capitalist Society* (New York: Harper Collins, 1993).

[76] Drucker, P., *Innovation and Entrepreneurship: Practice and Principles* (London: Heinemann, 1985).

[77] Drucker, P., "The age of social transformation", *Atlantic Monthly* (1994).

[78] Drucker, P., "Knowledge work", *Executive Excellence*, April (2000).

[79] Du, J. & Choi, J. N., "Pay for performance in emerging market: Insights from China", *Journal of International Business Studies*, 41 (2010).

[80] Edwards, J. R., "An examination of competing versions of the person – environment fit approach to stress", *Academy of Management Journal*, 39 (1996).

[81] Egan, T. M., "Creativity in the context of team diversity: Team leader perspectives", *Advances in Developing Human Resources*, 7 (2005).

[82] Eisenberger, R., "Learned industriousness", *Psychological Review*, 99 (1992).

[83] Ekvall, G., "Organizational climate for creativity and innovation",

European Journal of Work and Organizational Psychology, 5（1996）.

［84］Ellen M. Whitener, "Do 'high commitment' human resource practices affect employee commitment? A cross – level analysis using hierarchical linear modeling", *Journal of Management*, 27（2001）.

［85］Evans, W. R & Davis, W. D. , "High – performance work systems and organizational performance: The mediating role of internal social structure", *Journal of Management*, 31（2005）.

［86］Farh, J. L. , Earley, P. C. & Lin, S. C. , "Impetus for action: A cultural analysis of justice and organizational citizenship behavior in Chinese society", *Administrative Science Quarterly*, 42（1997）.

［87］Farmer, S. M. , Tierney, P. & Kung – McIntyre, K. , "Employee creativity in Taiwan: An application of role identity theory", *Academy of Management Journal*, 46（2003）.

［88］Festinger, L. , "A theory of social comparisons", *Human Relations*, 7（1954）: 117 – 140.

［89］Folger, R. , "Rethinking equity theory: A referent cognitions model", *Justice in Social Relations*, eds. H. W. Bierhoff, R. L. Cohen & J. Greenberg（New York: Plenum, 1986）.

［90］Folger, R. & Cropanzano, R. , *Organizational Justice and Human Resource Management*（Thousand Oaks, CA: Sage, 1998）.

［91］Folger, R. & Greenberg, J. , "Procedural justice: An interpretative analysis of personnel systems", *Research in Personnel and Human Resource Management*, 3（1985）.

［92］Folger, R. & Konovsky, M. A. , "Effects of procedural justice and distributive on reactions to pay raise decisions", *Academy of Management Journal*, 32（1989）.

［93］Folger, R. , Konovsky, M. A. & Cropanzano, R. , "A due process metaphor for performance appraisal", *Research in Organizational Behavior*, 14（1992）.

［94］Forsythe, D. *Group Dynamics*. Needham Heights. MA: Allyn & Bacon, 1990.

[95] Garavan, T. N. & David McGuire. , "Competencies and work learning: Some reflections on the rhetoric and the reality", *Journal of Workplace Learning*, 13 (2001) .

[96] George, J. M. & Zhou, J. , "Understanding when bad moods foster creativity and good ones don't: The role of context and clarity of feelings", *Journal of Applied Psychology*, 87 (2002) .

[97] George, J. M. & Zhou, J. , "When openness to experience and conscientiousness are related to creative behavior: An interactional approach", *Journal of Applied Psychology*, 86 (2001) .

[98] Ghiselli, E. E. , "The validity of aptitude tests in personnel selection", *Personnel Psychology*, 26 (1973) .

[99] Gini A. , "Moral Leadership: An overview", *Journal of Business Ethics*, 16 (1997) .

[100] Goncalo, J. A. & Staw, B. M. , "Individualism – collectivism and group creativity", *Organizational Behavior and Human Decision Processes*, 100 (2006) .

[101] Gough, H. G. , "A creative personality scale for the Adjective Check List", *Journal of Personality and Social Psychology*, 37 (1979) .

[102] Greenberg, J. , "Determinants of perceived fairness of performance evaluations", *Journal of Applied Psychology*, 71 (1986) .

[103] Greenberg, J. , "A Taxonomy of organizational justice theories", *Academy of Management Review*, 12 (1987) .

[104] Greenberg, J. , "Employee theft as a reaction to underpayment inequity: The hidden cost of pay cuts", *Journal of Applied Psychology*, 75 (1990) .

[105] Creevy, M. O. , "Employee involvement and the middle manager: Evidence from a survey of organizations", *Journal of Organizational Behavior*, 19 (1998) .

[106] Dorfman, P. W. & Howell, J. P. , "Dimensions of national culture

and effective leadership patterns: Hofstede revisited", *Advances in International Comparative Management*, ed. E. G. McGoun (Greenwich, CT: JAI Press, 1988).

[107] Doucet, O., Poitras, J. & Chênevert, D., "The impacts of leadership on workplace conflicts", *International Journal of Conflict Management*, 20 (2009).

[108] Farh, J. L. & Cheng, B. S., "A Cultural analysis of paternalistic leadership in Chinese organizations", *Management and Organizations in the Chinese Context*, eds. J. T. Li, J. T., Tsui, A. S. & Weldon, E. (London: Macmillan, 2000).

[109] Farh, J., Tsui, A. S., Xin, K. & Cheng, B., "The influence of relational demography and guanxi: The Chinese case", *Organization Science*, 9 (1998).

[110] Fedor, D. B., Caldwell, S. & Herold, D. M., "The effects of organizational changes on employee commitment: A multilevel investigation", *Personnel Psychology*, 59 (2006).

[111] Festinger, L., "Informal social communication", *Psychological Review*, 57 (1950).

[112] Floyd, S. W. & Lane, P. J., "Strategizing throughout the organization: Managing role conflict in strategic renewal", *Academy of Management Review*, 25 (2000).

[113] Frederick, W. Peterson, *Predicting Group Performance Using Cohesion and Social Network Density: A Comparative Analysis* (USA: Air Force institute of technology, 2007).

[114] Paré, G. & Tremblay, M., "The influence of high-involvement human resources practices, procedural justice, organizational commitment, and citizenship behaviors on information technology professionals' turnover intentions", *Group & Organization Management*, 32 (2007).

[115] Hackman, Johnson, Michael & Craig, *Leadership: A Communication*

240

Perspective (Pennsylvania: Waveland Press, 1991).

[116] Hao - Yi Chen & Henry Shang - Ren Kao, "Chinese paternalistic leadership and non - chinese subordinates' psychological health", *The International Journal of Human Resource Management*, 20 (2009).

[117] Helo, P., Anussornnitisarn, P. & Phusavat, K., "Expectation and reality in ERP implementation: Consultant and solution provider perspective", *Industrial Management & Data Systems*, 108 (2008).

[118] Hofstede, G., "Cultural constraints in management theories", *Academy of Management Executive*, 7 (1993).

[119] Hofstede, G. H., *Culture's Consequences: Comparing Values, Behaviors, Institutions and Organizations across Nations* (Thousand Oaks: Sage, 2001).

[120] Holt, D. T., Armenakis, A. A., Feild, H. S. & Harris, S. G., "Readiness for organizational change: The systematic development of a scale", *Journal of Applied Behavioral Science*, 43 (2007).

[121] Horgan, J. & P. Muhlau., "Human resource systems and employee performance in Ireland and the Netherlands: A test of the complementarity hypothesis", *International Journal of Human Resource Management*, 17 (2006).

[122] Horibe, F., *Managing Knowledge Worker* (Canada: John Wiley & Sons, 1999).

[123] Hornsey, M. J., Jetten, J., McAuliVe, B. J. & Hogg, M. A., "The impact of individualist and collectivist group norms on evaluations of dissenting group members", *Journal of Experimental Social Psychology*, 42 (2006).

[124] Howell, J. M. & Shamir, B., "The role of followers in the charismatic leadership process: Relationships and their consequences", *Academy of Management Review*, 30 (2005).

[125] Hunter, S. T., Bedell, K. E., & Mumford, M. D., "Climate for creativity: A quantitative review", *Creativity Research Journal*, 19

（2007）．

[126] Huselid, M. A., "The impact of human resource management practices on turnover, productivity, and corporate financial performance", *Academy of Management Journal*, 38 (1995)．

[127] Irving, P. G. & Cooper, C. L., "Further assessments of a three component model of occupational commitment: Generalizability and differences across occupations", *Journal of Applied Psychology*, 82 (1997)．

[128] J. Andrew Morris, Céleste M. Brotheridge & John C. Urbanski, "Bringing humility to leadership: Antecedents and consequences of leader humility", *Human Relations*, 58 (2005)．

[129] Janz, B. D., Colquitt, J. A. & Noe, R. A., "Knowledge worker team effectiveness: The role of autonomy, interdependence, team development, and contextual support variables", *Personnel Psychology*, 50 (1997)．

[130] Jixia Yang, Zhi-Xue Zhang & Anne S. Tsui, "Middle manager leadership and frontline employee performance: Bypass, cascading, and moderating effects", *Journal of Management Studies*, 47 (2010)．

[131] Jokisaari, M. & Nurmi, J. E., "Change in newcomers' supervisor support and socialization outcomes after organizational entry", *Academy of Management Journal*, 52 (2009)．

[132] Kane, J. S. & Elawer, E., "Performance appraisal effectiveness: Its assessment and determinants", *Research in Organizational Behavior*, ed. B. M. Staw (Greenwich: Jai Press, 1979)．

[133] Kanter, R. M., "Knowledge workers", *Executive Excellence*, January (2000)．

[134] Kanter, R. M., "The middle manager as innovator", *Harvard Business Review*, July - August (2004)．

[135] Karambayya, Rekha, "Contextual predicators of organizational citizenship behavior", *The Academy of Management Best Papers Proceedings*,

19 (1990).

[136] Katz, D. & Kahn, R. L., *The Social Psychology of Organization* (New York: Wiley, 1978).

[137] Kay, E. & Meyer, H. H., "Effects of threat in a performance appraisal interview", *Journal of Applied Psychology*, 49 (1965).

[138] Kim, H. J., "Hotel service providers' emotional labor: The antecedents and effects on burnout", *International Journal of Hospitality Management*, 27 (2008).

[139] King, A., "Expectation effects in organizational change", *Administrative Science Quarterly*, 19 (1974).

[140] Kirkman, B. L., Chen, G., Farh, J. L., Chen, Z. X. & Lowe, K. B., "Individual power distance orientation and follower reactions to transformational leaders: A cross – level, cross – cultural examination", *Academy of Management Journal*, 52 (2009).

[141] Kirton, M. J., *Adaptors and Innovators: Styles of Creativity and Problem Solving* (New York: Routledge, 1994).

[142] Knouse, S. B., "Task cohesion: A mechanism for bring together diverse teams", *International Journal of Management*, 23 (2006).

[143] Ko, Jong – Wook & Price, J. L., "Assessment of Meyer and Allen's three component model of organizational commitment in south Korea", *Journal of Applied Psychology*, 82 (1997).

[144] Koys, D. J., "Fairness, legal compliance, and organizational commitment", *Employee Responsibilities and Rights Journal*, 4 (1991).

[145] Kwang, N. A., "A cultural model of creative and conforming behavior", *Creativity Research Journal*, 15 (2003).

[146] Landy, F. J. & Shankster, L. J., "Personnel selection and placement", *Annual Review of Psychology*, 45 (1994).

[147] Landy, F. J. & Farr, J. L., "Judgmental measure of work performance", *Human Resource Development Press*, 1987 (1987).

[148] Langley, A., Smallman, C., Tsoukas, H. & Van de Ven,

A. H. （2010）. Call for papers: Special research forum process studies of change in organization and management. http: //journals. aomonline. org/amj/research – forums.

[149] Lapierre, J. & Giroux, V – P. , "Creativity and work environment in a high – tech context", *Creativity and Innovation Management*, 12 （2003）.

[150] Latham, G. P. & Yukl, G. A. , "A review of research on the application of goal setting in organization", *Academy of Management Journal*, 18 （1975）.

[151] Latham, G. P. , Mitchell, T. R. & Dossett, D. L. , "The importance of participative goal setting and anticipated rewards on goal difficulty and job performance", *Journal of Applied Psychology*, 63 （1978）.

[152] Latham, Gary P. , Dawn C. Winters & Edwin A. Locke, "Cognitive and motivational effects of participation: A mediator study", *Journal of Organizational Behavior*, 15 （1994）.

[153] Latham, G. P. & Wexley, N. , *Increasing Productivity through Performance Appraisal* (Grending. MA: Addison – Wesley, 1981）.

[154] Latham, G. P. & Saari, L. M. , "The importance of supportive relationships in goal setting", *Journal of Applied Psychology*, 59 （1979）.

[155] Lau, C. M. & Woodman, R. W. , "Understanding organizational change: A schematic perspective", *Academy of Management Journal*, 38 （1995）.

[156] Lawer Ⅲ , E. E. & Hall, D. T. , "Relationship of job characteristics of job involvement, satisfaction, and intrinsic motivation", *Journal of Applied Psychology*, 54 （1970）.

[157] Lee, C. , "Increasing performance appraisal effectiveness: Matching task types, appraisal process, and rater training", *Academy of Management Review*, 10 （1985）.

[158] Leung, K. & Li, W. , "Psychological mechanisms of process – control effects", *Journal of Applied Psychology*, 75 (1990) .

[159] Levay, C. , "Charismatic leadership in resistance to change", *The Leadership Quarterly*, 21 (2010) .

[160] Leventhal, G. S. , "What should be done with equity theory?" *Social Exchange: Advances in Theory and Research*, eds. K. J. Bergen, M. S. Greenberg & R. H. Willis (New York: Plenum press, 1980) .

[161] Leventhal, G. S. , Karuza, J. & Fry, W. R. , "Beyond fairness: A theory of allocation preferences", *Justice and Social Interaction*, ed. G. Mikula (New York: Springer – Verlag, 1980) .

[162] Levine, E. L. , Ash, R. A. & Bennett, N. , "Exploratory comparative study of four job analysis methods", *Journal of Applied Psychology*, 65 (1980) .

[163] Lewig, K. A. & Dollard, M. . , "Emotional dissonance, emotional exhaustion and job satisfaction in call center workers", *European Journal of Work and Organizational Psychology*, 12 (2003) .

[164] Liao, H. & Rupp, D. E. , "The impact of justice climate and justice orientation on work outcomes: A cross – level multifoci framework", *Journal of Applied Psychology*, 90 (2005) .

[165] Liao, H. , Toya, K. , Lepak, D. P. & Hong, Y. , "Do they see eye to eye? Management and employee perspectives of high – performance work systems and influence processes on service quality", *Journal of Applied Psychology*, 94 (2009) .

[166] Lim, B. C. & Klein, K. J. , "Team mental models and team performance: A field study of the effects of team mental model similarity and accuracy", *Journal of Organizational Behavior*, 27 (2006) .

[167] Lind, E. A. , "Fairness heuristic theory: Justice judgments as pivotal cognitions in organizational relations", *Advances in Organizational Justice*, eds. J. Greenberg, & R. Cropanzano (Stanford, CA: Stanford

University Press, 2001）.

［168］Lind, E. A. & Tyler, T. R., The Social Psychology of Procedural Justice（New York: Plenum, 1988）.

［169］Lindell, M. K. & Brandt, C. J., "Climate quality and climate consensus as mediators of the relationship between organizational antecedents and outcomes", *Journal of Applied Psychology*, 85（2000）.

［170］Locke, E. A. & Latham, G. P., *A Theory of Goal Setting and Task Performance*（Englewood Cliffs, NF: Prentice – Hall, 1990）.

［171］Lyle, M. Spencer & Signe M. Spencer, *Competence at Work: Models for Superior Performance*（New York: Willey Press, 1993）.

［172］Maier, N. R., *The Appraisal Interview*（New York: Wiley, 1958）.

［173］Mark J. Martinko, Paul Harvey, David Sikora & Scott C. Douglas, "Perceptions of abusive supervision: The role of subordinates' attribution styles", *The Leadership Quarterly*, 22（2011）.

［174］Markus. H. & Zajonc. R. B., "The cognitive perspective in social psychology", *Handbook of Social Psychology*, eds. G. Lindzey & E. Aionson（New York: Random House, 1985）.

［175］Maslach, C., Schaufeli, W. B. & Leiter, M. P., "Job Burnout", *Annual Review of Psychology*, 52（2001）.

［176］Masterson, S. S., Lewis, K., Goldman, B. M. & Taylor, M. S., "Integrating justice and social exchange: The differing effects of fair procedures and treatment on work relationships", *Academy of Management Journal*, 43（2000）.

［177］Mathisen, G. E. & Einarsen, S., "A review of instruments assessing creative and innovative environments within organizations", *Creativity Research Journal*, 16（2004）.

［178］McClelland, D. C., "Testing for competence rather than for intelligence", *American Psychologist*, 8（1973）.

［179］McCrae, R. R., "Creativity, divergent thinking, and openness to experience", *Journal of Personality and Social Psychology*, 52（1987）.

[180] McElroy, J. C., Morrow, P. C. & Laczniak, R. N., "External organizational commitment", *Human Resource Management Review*, 11 (2001).

[181] Mcfarlin, W. & Sweeney, P. D., "Distributive and procedural justice as predictors of satisfaction with personal and organizational outcomes", *Academy of Management Review*, 35 (1992).

[182] Melissa M. Sloan, "Emotion management and workplace status: Consequences for well – being", *International Journal of Work Organisation and Emotion*, 2 (2008).

[183] Meryer, H. H., Kay, E. & French, J. R. P., Jr., "Split roles in performance appraisal", *Harvard Business Review*, 43 (1965).

[184] Meyer, H. H. & Kay, E. A., Comparison of a work planning program with the annual performance appraisal interview approach. Behavioral Research Report, No. ESR17, Beneral Electric Company, 1964.

[185] Meyer, J. P., & Allen, N. J., "A three component conceptualization of organizational commitment", *Human Resource Management Review*, 1 (1991).

[186] Meyer, J. P. & Allen, N. J., "Testing the 'side – bet theory' of organizational commitment: Some methodological considerations", *Journal of Applied Psychology*, 69 (1984).

[187] Meyer, J. P. & Allen, N. J., "Commitment to organizations and occupations: Extension and test of a three component conceptualization", *Journal of Applied Psychology*, 78 (1993).

[188] Meyer, J. P., Srinivas, E. S., Lal, J. B. & Topolnytsky, L., "Employee commitment and support for an organizational change: Test of the three – component model in two cultures", *Journal of Occupational and Organizational Psychology*, 80 (2007).

[189] Micklethwait, J. & A. Wooldridge., *The Witch Doctors* (New York: Random House, 1996).

[190] Moorman, R. H. & Blakely, G. L., "Individualism – collectivism as an individual difference predictor of organizational citizenship behavior", *Journal of Organizational Behavior*, 16 (1995).

[191] Mowday, R. T., Steers, R. M. & Porter, L. W., "The measurement of organizational commitment", *Journal of Vocational Behavior*, 14 (1979).

[192] Mowday, R., Steer, R. & Porter, L., *Employee – Organization Linkage* (New York: Academic Press, 1974).

[193] Mullen, B. & Copper, C., "The relation between group cohesiveness and performance: An integration", *Psychological Bulletin*, 115 (1994).

[194] Nadler, D. A., Gerstein, M. S., Shaw, R. B., *Organizational Architecture: Designs for Changing Organizations* (San Francisco, CA: Jossey – Bass Publishers, 1992).

[195] Nathan, B. R., Mohrman, A. M. & Milliman, J. "Interpersonal relations as a context for the effects of appraisal interviews on performance and satisfaction: A longitudinal study", *Academy of Management Journal*, 34 (1991).

[196] Naumann, S. E. & Bennett, N., "A case for procedural justice climate: Development and test of a multilevel model", *Academy of Management Journal*, 43 (2000).

[197] Nembhard, I. M. & Edmondson, A. C., "Making it safe: The effects of leader inclusiveness and professional status on psychological safety and improvement efforts in health care teams", *Journal of Organizational Behavior*, 27 (2006).

[198] Nemeroff, W. & Wexley, K. N., "Relationships between performance appraisal interview outcomes by supervisors and subordinates", Paper presented at the annual meeting of the Academy of Management, Orlando, FL, 1977.

[199] Oldham, G. R. & Cummings, A., "Employee creativity: Personal

and contextual factors at work", *Academy of Management Journal*, 39 (1996).

[200] O'Reilly, C. & Chatmen, J., "Organizational commitment and psychological attachment: the effects of compliance, identification, and internalization on prosocial behavior", *Journal of Applied Psychology*, 71 (1986).

[201] Organ, D. W. & Ryan, K. A., "Meta – analytic review of attitudinal and dispositional predictors of organizational citizenship behavior", *Personnel Psychology*, 48 (1995).

[202] Organ, D. W., "The motivational basis of organizational citizenship behavior", *Research in Organizational Behavior*, 12 (1990).

[203] Organ, D. W., *Organizational Citizenship Behavior: The Good Soldier Syndrome* (Lexington, MA: Lexington Books, 1988).

[204] Ouchi, W. A., "A conceptual framework for the design of organizational control mechanisms", *Management Science*, 25 (1979).

[205] Paré, G. & Tremblay, M., "The influence of high – involvement human resources practices, procedural justice, organizational commitment, and citizenship behaviors on information technology professionals' turnover intentions", *Group & Organization Management*, 32 (2007).

[206] Patterson, M. G., West, M. A., Shackleton, V. J., Dawson, J., Lawthom, R., Maitlis, S., Robinson, D. L. & Wallace, A. M., "Validating the organizational climate measure: links to managerial practices, productivity and innovation", *Journal of Organizational Behavior*, 26 (2005).

[207] Pellegrini, E. K. & Scandura, T. A., "Paternalistic leadership: A review and agenda for future research", *Journal of Management*, 34 (2008).

[208] Piedmont, R. L., McCrae, R. R. & Costa, P. T., "Adjective checklist scales and the five – factor model", *Journal of Personality and Social Psychology*, 60 (1991).

［209］Piero Morosini, Scott Shane, & Harbir Singh, "National cultural distance and cross – border acquisition performance", *Journal of International Business Studies*, 29 (1998).

［210］Podsakoff, P. M. et al. , "Organizational citizenship behaviors: A critical review of the theoretical and empirical literature and suggestions for future research", *Journal of Management*, 26 (2000).

［211］Posdakoff, P. M. & Mackenzie, S. B. , "Organizational citizenship behaviors and sales unit effectiveness", *Journal of Marketing Research*, 31 (1994).

［212］Podsakoff, P. M. , Todor, W. D. , Grover, R. A. & Huber, V. L. , "Situational moderators of leader reward behavior and punishment behaviors: Factor fiction?" *Organizational Behavior and Human Performance*, 34 (1984).

［213］Porac, J. & Thomas, H. , "Taxonomic mental models in competitor definition", *Academy of Management Review*, 15 (1990).

［214］Quarstein, V. , Mcafee, R. & Glassman, M. , "The situational occurrences theory of job satisfaction", *Human Relations*, 45 (1992).

［215］Rafferty, A. E. & Restubog, S. L. D. , "The impact of change process and context on change reactions and turnover during a merger", *Journal of Management*, 36 (2010).

［216］Randall, M. L. , Cropanzano, R. , Bormann, C. A. & Birjulin, A. , "Organizational politics and organizational support as predictors of work attitudes, job performance, and organizational citizenship behavior", *Journal of Organizational Behavior*, 20 (1999).

［217］Raudenbush, S. W. & Bryk, A. S. , *Hierarchical Linear Models* (Newbury Park, CA: Sage, 2002).

［218］Ray, S. , "An insight into the vision of charismatic leadership: Evidence from recent administrative change in west Bengal Province of India", *European Journal of Business and Management*, 9 (2011).

［219］Reichers, A. E. , "A review and reconceptualization of organizational commitment", *Academy of Management Review*, 10 (1985).

[220] Robbins, Stephen P., *Organizational Behavior*, Prentice – Hall, Inc. (1998).

[221] Rodell, J. B. & Colquitt, J. A., "Looking ahead in times of uncertainty: The role of anticipatory justice in an organizational change context", *Journal of Applied Psychology*, 94 (2009).

[222] Rosenman, R. H. & Friedman, M., "Behavior patterns, blood lipids, and coronary heart disease", *The Journal of the American Medical Association*, 184 (1963).

[223] Salancik, Gerald R. & Jeffrey Preffer, "An examination of need satisfaction models of job attitudes", *Administrative Science Quarterly*, 22 (1977).

[224] Samuel Aryee, Zhen Xiong Chen, Li – Yun Sun & Yaw A. Debrah, "Antecedents and outcomes of abusive supervision: Test of a trickle – down model", *Journal of Applied Psychology*, 92 (2007).

[225] Schneider, B., Salvaggio, A. N. & Subirat, M., "Climate strength: A new direction for climate research", *Journal of Applied Psychology*, 87 (2002).

[226] Scratchley, L. S. & Hakstian, A. R., "The measurement and prediction of managerial creativity", *Creativity Research Journal*, 13 (2000).

[227] Sethi, R. & Nicholson, C. Y., "Structural and contextual correlates of charged behavior in product development teams", *The Journal of Product Innovation Management*, 18 (2001).

[228] Shalley, C. E., "Effects of coaction, expected evaluation, and goal setting on creativity and productivity", *Academy of Management Journal*, 38 (1995).

[229] Shalley, C. E. & Oldham, G. R., "Competition and creative performance: Effects of competitor presence and visibility", *Creativity Research Journal*, 10 (1997).

[230] Shalley, C. E. & Perry – Smith, J. E. , "Effects of social – psycho-logical factors on creative performance: The role of informational and controlling expected evaluation and modeling experience", *Organizational Behavior and Human Decision Processes*, 84 (2001).

[231] Shalley, C. E. , Zhou, J. & Oldham, G. R. , "The effects of personal and contextual characteristics on creativity: Where should we go from here?" *Journal of Management*, 30 (2004).

[232] Sharon, M. & Sylvia, R. , "Characteristics of effective teams: A literature review", *Australian Health Review*, 23 (2000).

[233] Shin, S. & Zhou, J. , "Transformational leadership, conservation, and creativity: Evidence from Korea", *Academy of Management Journal*, 46 (2003).

[234] Shore, L. M. & Wayne, S. J. , "Commitment and employee behavior: Comparison of affective commitment and continuance commitment with perceived organizational support", *Journal of Applied Psychology*, 78 (1993).

[235] Smith, C. A. , Organ, D. W. & Near, J. P. , "Organizational citizenship behavior: its nature and antecedents", *Journal of Applied Psychology*, 68 (1983).

[236] Smith, C. , Kendall, L. M. & Hullin, C. L. , *The Measurement of Satisfaction in Work and Retirement* (Chicago: Rand McNally, 1969).

[237] Somech, A. , "Relationships of participative leadership with relational demography variables: A multi – level perspective", *Journal of Organizational Behavior*, 24 (2003).

[238] Spector P. , *Job Satisfaction: Application, Assessment, Causes and Consequence* (Thousand Oaks, CA: Sage, 1997).

[239] Steers, R. E. , "Antecedents and outcomes of organizational commitment", *Administrative Science Quarterly*, 22 (1977).

[240] Steiner, I. , *Group Processes and Productivity* (San Diego: Academic

Press, 1972).

[241] Stephen J. Jaros, "An assessment of Meyer and Allen's three – component model of organizational commitment and turnover intentions", *Journal of Vocational Behavior*, 4 (1997).

[242] Stogdill, R. M., "Group productivity, drive, and cohesiveness", *Organizational Behavior and Human Performance*, 8 (1972).

[243] Suer, D. E., Dorothy & Nevill, D. D., *The Values Scale* (California: Consulting Psychologists Press, 1985).

[244] Summers, I., Coffelt, T. & Horton, R. E., "Work – group cohesion", *Psychological Reports*, 63 (1988).

[245] Sun LY, Aryee S & Law KS, "High performance human resource practices, citizenship behavior, and organizational performance: A relational perspective", *Academy of Management Journal*, 50 (2007).

[246] Tang, Thomas Li – Ping & Linda J. Sarsfield – Baldwin, "Distributive and procedural justice as related to satisfaction and commitment", *SAM Advanced Management Journal*, 61 (1996).

[247] TaoMasao, Takagi Hiroto, Ishidamasa Hiro, et al., "A study of antecedents of organizational commitment", *Japanese Psychological Research*, 40 (1998).

[248] Taylor, S. E. & Grocker, J., "Schematic bases of social information processing", *Social Cognition: The Ontario Symposium*, ed. E. T. Higgins, G. P. Herman & M. P. Zanna (Hillsdale, NJ: Erlbaum, 1981).

[249] Terrence Hoffman, "The meanings of competency", *Journal of European Industrial Training*, 23 (1999).

[250] Tesluk, P. E., Farr, J. L. & Klein, S. R., "Influences of organizational culture and climate on individual creativity", *Journal of Creative Behavior*, 31 (1997).

[251] Thamhain, H. J., "Managing innovative R & D teams", *R&D*

Management, 33 (2003).

[252] Thibaut, J. & Walker, L., *Procedure Justice: A Psychological Analysis* (Hillsdale, NJ: Erlbaum, 1975).

[253] Thorndike, R. L., *Personnel Selection: Test and Measurement* (New York: Wiley, 1949).

[254] Tice, L. E., *A Better World a Better You* (Englewood Cliffs, NJ: Prentic - Hall, 1989).

[255] Tierney, P., Farmer, S. M. & Graen, G. B., "An examination of leadership and employee creativity: The relevance of traits and relationships", *Personnel Psychology*, 52 (1999).

[256] Tierney, P. & Farmer, S. M., "Creative self - efficacy: Potential antecedents and relationship to creative performance", *Academy of Management Journal*, 45 (2002).

[257] Trevino, L. K., Hartman, L. P. & Brown, M., "Moral person and moral manager: How executives develop a reputation for ethical leadership", *California Management Review*, 42 (2000).

[258] Trevor, B., "The knowledge workers", *Management Accounting*, 68 (1990).

[259] Triandis, H. C., "The psychological measurement of cultural syndromes", *American Psychologist*, 51 (1996).

[260] Tsui, A. & Farh, J. L., "Where guanxi matters: Relational demography and guanxi in the Chinese context", *Work Occupation*, 24 (1997).

[261] Tsui, A. S., Pearce, J. L., Porter, L. W. & Tripoli, A. M., "Alternative approaches to the employee - organization relationship: Does investment in employees pay off?" *Academy of Management Journal*, 40 (1997).

[262] Tyler, T. R., "The psychology of procedural justice: A test of the group - value model", *Journal of Personality and Social Psychology*, 57 (1989).

[263] Unsworth, K. L., Wall, T. D. & Carter, A., "Creative Requirement: A neglected construct in the study of employee creativity?" *Group & Organization Management*, 30 (2005).

[264] Van Scotter, Motowidlo, "Interpersonal facilitation and dedication as separate facet of contextual performance", *Journal of Apply Psychology*, 81 (1996).

[265] Siu, V., Managing by competencies: A study on the managerial competencies of hotel middle managers in Hong Kong, *Hospital Management* (1998).

[266] Vroom, V. H., *Work and Motivation* (New York: Wiley, 1964).

[267] Waldman, D. A., Ramirez, G. G., House, R. J. & Puranam, P., "Does leadership matter? CEO leadership attributes and profitability under conditions of perceived environmental uncertainty", *Academy of Management Journal*, 44 (2001).

[268] Wanous, S. R., "Installing a realistic job preview: Ten tough choices", *Personnel Psychology*, 42 (1989).

[269] Way, S. A., "High performance work systems and intermediate indicators of firm performance within the US small business sector", *Journal of Management*, 28 (2002).

[270] Weiss, David J., Rene V. Dawis & George W. England, "Manual for the Minnesota satisfaction questionnaire", *Minnesota Studies in Vocational Rehabilitation* (1967).

[271] West, M. A. & Anderson, N. R., "Innovation in top management teams", *Journal of Applied Psychology*, 81 (1996).

[272] West, M. A., Smith, H., Feng, W. L. & Lawthom, R., "Research excellence and departmental climate in British universities", *Journal of Occupational and Organizational Psychology*, 7 (1998).

[273] Wexley, K. N., Singh, J. P. & Yukl, G. A., "Subordinate personality as a moderator of the effects of participation in three types of appraisal interview", *Journal of Applied Psychology*, 58 (1973).

[274] Whitener, E. M., "Do 'high commitment' human resource practices affect employee commitment? A cross – level analysis using hierarchical linear modeling", *Journal of Management*, 27 (2001).

[275] Williams, D. N., *Mining the Middle Ground: Developing Mid – level Managers for Strategic Change* (Boca Raton, FL: CRC Press, 2001).

[276] Woodman, R. W., Sawyer, J. E. & Griffin, R. W., "Toward a theory of organizational creativity", *The Academy of Management Review*, 18 (1993).

[277] Worchel, S, Cooper, J. & Goethals, G. R., *Understanding Social Psychology* (Pacific Grove, CA: Brooks/Cole, 1991).

[278] Wright, P. M. & Boswell, W. R., "Desegregating HRM: A review and synthesis of micro and macro human resource management research", *Journal of Management*, 28 (2002).

[279] Wright, P. M., Gardner, T. M., Moynihan, L. M. & Allen, M. R., "The relationship between HR practices and firm performance: Examining causal order", *Personnel Psychology*, 58 (2005).

[280] Wu, P. C. & Chaturvedi, S., "The role of procedural justice and power distance in the relationship between high performance work systems and employee attitudes: A multilevel perspective", *Journal of Management*, 35 (2009).

[281] Xiao – Ping Chen, Marion B. Eberly, Ting – Ju Chiang, Jiing – Lih Farh & Bor – Shiuan Cheng, "Affective trust in Chinese leaders: Linking paternalistic leadership to employee performance", *Journal of Management* (2011).

[282] Xin, K. R. & Pearce, J. L., "Guanxi: Connections as substitutes for formal institutional support", *Academy of Management Journal*, 39 (1996).

[283] Yu, B. B. & Egri, C. P., "Human resource management practices and affective organizational commitment: A comparison of Chinese

employees in a state – owned enterprise and a joint venture", *Asia Pacific Journal of Human Resources*, 43（2005）.

[284] Zha, P. J., Walczyk, J. J., Griffith-Ross, D. A., Tobacyk, J. J. & Walczyk, D., "The impact of culture and individualism – collectivism on the creative potential and achievement of American and Chinese adults", *Creativity Research Journal*, 18（2006）.

[285] Zheng, C., Morrison, M. & O'Neill, G., "An empirical study of high performance HRM practices in Chinese SMEs", *International Journal of Human Resource Management*, 17（2006）.

[286] Zhou, J., "Feedback valence, feedback style, task autonomy, and achievement orientation: Interactive effects on creative performance", *Journal of Applied Psychology*, 83（1998）.

[287] Zhu, C. J., Cooper, B., De Cieri, H. & Dowling, P. J., "A problematic transition to a strategic role: Human resource management in industrial enterprises in China", *International Journal of Human Resource Management*, 16（2005）.

[288] Zhu, Y., Warner, M. & Rowley, C., "Human resource management with 'Asian' characteristics: A hybrid people management system in East Asia", *International Journal of Human Resource Management*, 18（2007）.

[289] Zidle, M., "Retention hooks for keeping knowledge worker", *Manage*, 50（1998）.

[290] 贝克尔:《人类行为的经济分析》,上海人民出版社,1996。

[291] 贝克尔:《人力资本》,北京大学出版社,1986。

[292] 毕鹏程、席酉民:《群体决策过程中的群体思维研究》,《管理科学学报》2002 年第 1 期。

[293] 陈荣平:《领导知识员工:企业领导新挑战》,《粤港信息报》2002 年 1 月 29 日。

[294] 陈威豪:《创造与创新氛围主要测量工具述评》,《中国软科学》2006 年第 7 期。

[295] 陈雪峰、时勘：《参与式领导行为的作用机制：来自不同组织的实证分析》，《管理世界》2008 年第 3 期。

[296] 陈禹：《人力资源管理视角下的员工工作倦怠研究》，《科技与管理》2009 年第 1 期。

[297] 程德俊、赵曙明：《高参与工作系统与企业绩效：人力资本专用性和环境动态性的影响》，《管理世界》2006 年第 3 期。

[298] 程德俊、赵曙明：《高参与工作系统中的社会关系网络及其变革障碍》，《中国工业经济》2006 年第 12 期。

[299] 崔勋：《员工个人特性对组织承诺与离职意愿的影响研究》，《南开管理评论》2003 年第 4 期。

[300] 董临萍、吴冰、黄维德：《魅力型领导风格、群体效能感与群体绩效：中国企业情境下的实证研究》，《经济管理》2008 年第 30 期。

[301] 杜旌、汤雪莲：《集体主义对个人创新影响的理论探索》，《科技进步与对策》2013 年第 30 期。

[302] 杜旌、徐珏：《团队创新氛围：以团队水平促进个人创新》，《科技进步与对策》2010 年第 27 期。

[303] 杜旌、尹晶：《无领导小组讨论中个人绩效的影响因素：基于性格、价值观、团队经验的研究》，《南京大学学报》（哲学人文社会科学版）2009 年第 4 期。

[304] 杜爽：《知识员工企业中最难对付的人》，《中国经营报》2003 年第 5 期。

[305] 方中秀：《情绪管理在现代人力资源管理中的应用》，《科教文汇》2006 年第 7 期。

[306] 甘怡群、张妙清、宛小昂、孙增霞：《用中国人个性量表（CPAI）预测国有企业中高层管理者的绩效》，《应用心理学》2002 年第 3 期。

[307] 宫惠民：《海尔与 IBM：英雄崇拜 VS 制度建设》，《经济观察报》2005 年第 7 期。

[308] 胡慧萍：《企业人本化管理探讨——以"海底捞火锅店"为例》，

《经营管理者》2009 年第 22 期。

[309] 胡卫鹏、时勘：《组织承诺的进展与展望》，《心理科学进展》2004 年第 1 期。

[310] 黄铁鹰、梁钧平、潘洋：《"海底捞"的管理智慧》，《哈佛商业评论》2009 年第 4 期。

[311] 康锦江、杨春江、张化东：《知识员工组织承诺、职业承诺问题研究》，《科技和产业》2004 年第 8 期。

[312] 黎昌意：《洞悉二十一世纪两大趋势的大师（聚变时代的管理序）》，中天出版社，1998。

[313] 李超平、时勘：《员工素质测评系统建立中的几个问题》，《中国人力资源开发》2000 年第 5 期。

[314] 李海、张勉：《凝聚力的结构、形成和影响——一个研究述评》，《经济管理》2008 年第 7 期。

[315] 李玲、彭学强：《饭店员工工作倦怠影响因素的实证研究——以长沙市星级饭店为例》，《长沙大学学报》2009 年第 3 期。

[316] Kim，W. Chan. & Renee Mauborgne：《程序公平，结果会更好》，李田树译，《世界经理文摘》1997 年，132：22～49。

[317] 李晔、龙立荣、刘亚：《组织公平感的形成机制研究进展》，《人类工效学》2002 年第 1 期。

[318] 李晔、龙立荣、刘亚：《组织公平感研究进展》，《心理科学进展》2003 年第 1 期。

[319] 廖建桥、杜旌：《脑力劳动工作测量方法认可度实证研究》，《工业工程与管理》2004 年第 4 期。

[320] 廖建桥、张光进：《绩效特征导向的知识员工考评方法的思考》，《商业经济与管理》2006 年第 3 期。

[321] 刘帮成、张海燕：《情绪劳动管理：组织与人事管理中的新课题》，《中国人力资源开发》2006 年第 8 期。

[322] 刘惠琴、张德：《高校学科团队创新气氛结构研究》，《清华大学学报》2007 年第 2 期。

[323] 刘惠琴、张德：《高校学科团队中魅力型领导对团队创新绩效影

响的实证研究》,《科研管理》2007 年第 4 期。

[324] 刘敬孝、杨晓莹、连铃丽:《国外群体凝聚力研究评介》,《外国经济与管理》2006 年第 3 期。

[325] 刘善仕、周巧笑、晁罡:《高绩效工作系统与组织绩效:中国连锁行业的实证研究》,《中国管理科学》2005 年第 1 期。

[326] 刘善仕、周巧笑:《中国企业高绩效工作系统研究》,华南理工大学出版社,2007。

[327] 刘善仕、周巧笑:《高绩效工作系统与绩效关系研究》,《外国经济与管理》2004 年第 7 期。

[328] 刘小平:《组织承诺研究综述》,《心理学动态》1999 年第 7 期。

[329] 刘小平、王重鸣:《中西方文化背景下的组织承诺及其形成》,《外国经济与管理》2002 年第 1 期。

[330] 刘子安、陈建勋:《魅力型领导行为对自主技术创新的影响:机制与情景因素研究》,《中国工业经济》2009 年第 4 期。

[331] 龙立荣:《公正的启发理论述评》,《心理科学进展》2004 年第 3 期。

[332] 卢家楣、贺雯、刘伟、卢盛华:《焦虑对学生创造性的影响》,《心理学报》2005 年第 6 期。

[333] 卢小君、张国梁:《工作动机对个人创新行为的影响研究》,《软科学》2007 年第 6 期。

[334] 孙恩泽:《企业情绪管理的意义和途径》,《山西财经大学学报》2009 年第 2 期。

[335] 孙飞:《情绪管理对工作绩效的影响探究》,《知识经济》2012 年第 10 期。

[336] 孙健敏、焦长泉:《对管理者工作绩效结构的探索性研究》,《人类工效学》2002 年第 3 期。

[337] 唐翌:《团队心理安全、组织公民行为和团队创新:一个中介传导模型的实证分析》,《南开管理评论》2005 年第 6 期。

[338] 王辉:《组织中的领导行为》,北京大学出版社,2011。

[339] 王新华、孙剑平:《国内外人力资本定价理论研究综述》,《科学

学与科学技术管理》2003 年第 8 期。

[340] 王雁飞、朱瑜：《组织创新气氛的研究进展与展望》，《心理科学
进展》2006 年第 3 期。

[341] 王重鸣：《管理心理学》，人民教育出版社，2000。

[342] 魏峰、袁欣、邸杨：《交易型领导、团队授权氛围和心理授权影
响下属创新绩效的跨层次研究》，《管理世界》2009 年第 4 期。

[343] 吴佳辉、林以正：《中庸思维量表的编制》，《本土心理学研究》
2005 年第 24 期。

[344] 吴青：《从"海底捞"的激励模式看我国连锁餐饮业一线员工的
激励问题》，《经营管理者》2009 年第 13 期。

[345] 吴维库、富萍萍、刘军：《基于价值观的领导》，经济科学出版
社，2002。

[346] 吴隆增、刘军、刘刚：《辱虐管理与员工表现：传统性与信任的
作用》，《心理学报》2009 年第 16 期。

[347] 谢晋宇等：《企业人力资源开发与管理创新》，经济管理出版
社，2000。

[348] 徐长江、时勘：《对组织公民行为的争议与思考》，《管理评论》
2004 年第 3 期。

[349] 杨杰、方俐洛、凌文铨：《关于绩效评价若干基本问题的思考》，
《自然辩证法通讯》2001 年第 2 期。

[350] 杨杰、凌文铨、方俐洛：《关于知识工作者与知识性工作的实证
解析》，《科学学研究》2004 年第 4 期。

[351] 杨中芳：《中国人的时间观：中庸实践思维初探》，《如何理解中
国人》，远流出版公司，2001。

[352] 叶龙、张文杰、姜文生：《管理人员胜任力研究》，《中国软科
学》2003 年第 2 期。

[353] 叶许红、张彩江、廖振鹏：《组织氛围对企业创新实施影响研
究》，《科研管理》2006 年第 1 期。

[354] 余凯成：《关于我国企业职工组织归属感研究》，《中国行为学会
"学术通讯"》1985 年第 2 期。

［355］ 袁炎林：《企业变革的动因及关键成功因素研究》，《企业经济》
2004 年第 2 期。

［356］ 曾垂凯、时勘：《工作压力与员工心理健康的实证研究》，《人类
工效学》2008 年第 4 期。

［357］ 张钢、倪旭东：《知识差异和知识冲突对团队创新的影响》，《心
理学报》2007 年第 5 期。

［358］ 张勉、张德、王颖：《企业雇员组织承诺三因素模型实证研究》，
《南开管理评论》2002 年第 5 期。

［359］ 张望军、彭剑锋：《中国企业知识型员工激励机制实证分析》，
《科研管理》2001 年第 6 期。

［360］ 张小林、戚振江：《组织公民行为理论及其应用研究》，《心理学
动态》2001 年第 3 期。

［361］ 赵一飞、胡近：《人才综合素质测评中诸因素的权重计算探索》，
《上海交通大学学报》1999 年第 4 期。

［362］ 赵志裕：《中庸思维的测量》，《香港社会科学学报》2000 年第
18 期。

［363］ 郑伯壎、周丽芳、樊景立：《家长式领导量表：三元模式的建构
与测量》，《本土心理学研究》2000 年第 14 期。

［364］ 周明建、阮超：《威权型领导力对下属工作绩效的影响：领导 -
成员交换的调节作用》，《管理学家学术版》2010 年第 4 期。

［365］ 宗骞、赵曙明、Guthrie, J. P.：《企业高绩效工作系统理论评
述》，《人力资源管理研究新进展》，南京大学出版社，2002。

［366］〔加〕弗朗西斯·赫瑞比：《管理知识员工》，机械工业出版
社，2000。

［367］〔美〕彼得·德鲁克：《现代管理宗师德鲁克文选》（英文版），
机械工业出版社，1999。

［368］〔美〕沃尔特·艾萨克森：《史蒂夫·乔布斯传》，管延圻译，中
信出版社，2011。

［369］〔美〕Fields, D. L.：《工作评价——组织诊断与研究实用量
表》，阳志平、王薇等译，中国轻工业出版社，2004。

致　谢

　　本书在撰写过程中得到了武汉大学经济与管理学院骆元静、李难难、张海雯、汤雪莲四位同学的大力支持。骆元静和李难难两位同学在武汉酷热的夏季，协助我完成了书稿的整理和润色工作。张海雯和汤雪莲协助我分别完成了第八章第三节和第六章第三节的主要文字撰写工作。在此向这四位同学表示衷心的感谢！

杜　旌

2013 年 12 月

图书在版编目（CIP）数据

绩效考评变革研究 / 杜旌著 . —北京：社会科学文献
出版社，2014.1
ISBN 978 - 7 - 5097 - 5073 - 5

Ⅰ. ①绩…　Ⅱ. ①杜…　Ⅲ.①企业绩效 - 企业管理 -
研究 - 中国　Ⅳ. ①F279. 23

中国版本图书馆 CIP 数据核字（2013）第 218316 号

绩效考评变革研究

著　　者 / 杜　旌

出 版 人 / 谢寿光
出 版 者 / 社会科学文献出版社
地　　址 / 北京市西城区北三环中路甲 29 号院 3 号楼华龙大厦
邮政编码 / 100029

责任部门 / 经济与管理出版中心（010）59367226　　责任编辑 / 张　扬
电子信箱 / caijingbu@ ssap. cn　　责任校对 / 师旭光　邓晓春
项目统筹 / 恽　薇　　责任印制 / 岳　阳
经　　销 / 社会科学文献出版社市场营销中心（010）59367081　 59367089
读者服务 / 读者服务中心（010）59367028

印　　装 / 三河市尚艺印装有限公司
开　　本 / 787mm × 1092mm　1/16　　印　　张 / 17
版　　次 / 2014 年 1 月第 1 版　　字　　数 / 252 千字
印　　次 / 2014 年 1 月第 1 次印刷
书　　号 / ISBN 978 - 7 - 5097 - 5073 - 5
定　　价 / 59. 00 元